KB261535

우리의 소박한 꿈을 응원해 줘

사진을 제공해 주신 분들의 동의에 따라 책 수익금의 1퍼센트를 이랜드 투쟁에 지원합니다.
〈프레시안〉, 〈민중의소리〉, 〈미디어오늘〉의 이용우 화백, 〈레디앙〉의 이창우 화백,
민중언론 참세상의 김용욱 편집장님, 『노동자의힘』의 강우근 화백, 〈오마이뉴스〉 최윤석 님, 조혜원 님이 참여해 주셨습니다.

우리시대의 논리❻

우리의 소박한 꿈을 응원해 줘

이랜드 노동자 이야기

1판1쇄 펴냄 2008년 6월 23일
1판3쇄 펴냄 2008년 7월 28일

엮은이 | 권성현, 김순천, 진재연
기획 | 삶이보이는창 르포문학모임, 이랜드일반노조 월드컵분회지원대책위

펴낸이 | 박상훈
부대표 | 정민용
편집장 | 안중철
책임편집 | 박후란, 정민용
편집 | 성지희, 박미경, 최미정
디자인 | 서진
경영지원 | 김용운
제작·영업 | 김재선, 박경춘

펴낸곳 | 후마니타스
등록 | 2002년 2월 19일 제300-2003-108호
주소 | 서울 마포구 서교동 464-46 서강빌딩 301호(121-841)
편집 | 02-739-9929, 9930 제작·영업 | 02-722-9960 팩스 | 02-733-9910
홈페이지 | www.humanitasbook.co.kr

값 12,000원

이 도서의 국립중앙도서관 출판시도서목록(CIP)은 e-CIP홈페이지(http://www.nl.go.kr/ecip)에서
이용하실 수 있습니다(CIP 제어번호: CIP2008001876).

우리의 소박한 꿈을 응원해 줘

이랜드 노동자 이야기

권성현 · 김순천 · 진재연 **엮음**
삶이보이는창 르포문학모임 · 이랜드일반노조 월드컵분회지원대책위 **기획**

후마니타스

차례

책을 내며

1

"끝난 거 아니었나요? 아직도 하고 있어요?"

얼마 전 홈에버 월드컵점 앞에서 길을 지나던 누군가가 내게 물었다. 이제 '이랜드 투쟁'은 언론에서도 찾아보기 어렵고, 사람들의 기억 속에서도 어느덧 잊혀 가고 있는지도 모르겠다. 2007년 6월 점거 농성으로 한국 사회를 떠들썩하게 했던 용감한 여성 노동자들. 스무날을 버티다 공권력에 의해 짓밟히고 연행되었던 비정규직 노동자들. 지금도 여전히 이랜드 노동자들은 거리에서 싸우고 있다. 어느새 그/녀들의 파업 투쟁은 1년이 되었다. 이 책은 그 1년의 시간을 담으려 했다.

2

"도대체 비정규직법의 보호를 받고 있는 사람은 누군가요?" 이랜드 노동자들이 절규하듯 외쳤다. "그런 사람 있으면 나와 보세요. 한 명도 없어요?"

2007년 7월 1일 시행된 비정규직법은 비정규직 노동자들의 대량 해고를 불러왔다. 많은 사업장에서 '2년 이상 일한 비정규직을 정규직 화하지 않기 위해' 계약 해지를 통보했다. 그러고는 '외주 용역'으로 전환했다. 홈에버와 뉴코아에서 계산 업무를 담당하던 비정규직 노동자 700여 명도 이때 일터를 잃었다. 비정규직법이 노동자들을 '보호'하기는커녕 노동자의 목줄을 죄는 것임을 몸으로 경험한 이랜드 노동자들은 부당함을 주장했다. 계산대를 멈추고 파업 투쟁을 했다. 노동자의 권리를 외쳤다. 저임금, 열악한 노동조건의 비정규직으로 일하며 가족의 생계를 감당해 왔던 여성 노동자 자신의 삶도 이야기하기 시작했다. 노동하는 이들의 건강한 감수성으로, 꿋꿋한 여성 노동자로서 싸워 온 세월뿐 아니라 지치고 힘든 일상에 스며드는 서운하고 속상한 속내를 말했다. 이 책은 그들의 이야기를 받아 적은 것인데, 그것만으로 우리 사회가 얼마나 여성 노동자들의 삶에 가혹한가를 증거할 수 있다고 생각한다.

3

"승리하기 위해 파업 투쟁한 게 아니라, 파업 투쟁을 했기 때문에 우리는 승리한 거예요."

어느 토요일 저녁, 홈에버 면목점 앞 집회를 마치고 집으로 돌아오는 지하철 안에서 월드컵분회 최현미 조합원은 내게 그렇게 말했다. 노동조합과 파업은 노동자들에게 민주주의의 학교라는데, 그/녀에게 파업의 경험은 정말 그런 것이었을까. 그/녀들이 노동조합을 만들고 파업 투쟁을 시작하는 과정은 두렵고 떨리는 일이었다. 구호를 외치는 것이 어색하기만 했다. 계산대를 막으러 들어갈 때도 얼굴이 화끈

거려 고개를 들 수가 없었단다. 매일 관리자의 눈치를 보며 숨죽이고 일했던 매장을 자신들의 힘으로 멈추었을 때 비로소 그곳은 해방의 공간이 되었다. 그/녀들의 싸움은 삶의 존엄을 지키면서 일하고 싶다는 소박한 꿈을 보여 주었다. 그/녀들은 자신의 노동으로부터 소외되지 않는 노동자로서의 온전한 존재감을 원했을 뿐이다. 최현미 조합원은 투쟁의 과정에서 그런 자존감을 느꼈다고 말했다. 바로 그것이 여러 차례 이루어진 공권력의 폭력과 연행에도 또다시 '점거'를 시도하고 투쟁을 이어 갔던 이유다.

4

그/녀들의 투쟁은 무수한 갈등과 아픔의 흔적들로 점철되어 있다. 그 갈등은 겹겹의 얇은 막과 같아서 하나의 고통에도 여러 층이 있었다. 생계로 인한 어려움은 투쟁의 길을 몇 번씩 돌아보게 했고 멈칫하게 만들었다. 회사의 회유와 협박 또한 끊이지 않았다. 현장으로 복귀하라는 관리자들의 전화며 가족들 앞으로 보내는 회사의 편지를 받을 때마다 마음이 오그라들었단다. 아내, 엄마, 며느리로서 투쟁을 지속하기란 상상하기 어려울 만큼 힘들었다고 한다.

어느덧 함께 시작했던 동지들이 하나 둘씩 떠나가기 시작했다. 파업을 그만두고 현장으로 되돌아가거나 노조를 탈퇴하기도 했다. 서로에게 상처가 되고 마음 아프게 한 날들도 있었다. 남겨진 사람과 떠나간 사람들. 서로의 마음을 무겁게 만든 돌덩이 같은 응어리들.

이 책을 통해 우리는 그 모든 것을 감추지 않고 드러내려 했다. 이 책에 실린 모든 말들은 그저 개인적인 소회나 회고에 머물지 않는다.

그것은 운동에 참여한 노동자들의 인간적 모습에 대한 하나의 기록이
고, 신자유주의에 굴종하고 만 우리 사회와 우리 시대의 야만을 넘어
서기 위한 몸부림이었기 때문이다.

5

　어느 비 오는 날, '파업투쟁소식지'를 들고 매장 안으로 들어가는 조
합원들의 뒷모습을 본 적이 있다. 분회별로 진행하는 현장 선전전을
하기 위해서였다. 그들은 직원 휴게실로 들어가 입구에 있는 노조 게
시판에 선전지를 한 장 붙이고, 쉬고 있는 노동자들에게 투쟁 상황을
전했다. 그들은 매장에서 함께 일했던 동료들이었고, 멈춰진 계산대
아래서 종이 박스를 나눠 함께 잠을 청하던 동지들이었다.

　현장에서 함께 일해야 할 동료를 이렇게 만나는 상황이 너무 마음
아파서, 그/녀들에게 현장 선전전은 그 어떤 투쟁보다 힘든 일이었단
다. 1년이라는 투쟁의 시간은 많은 사람들의 자리를 그렇듯 비틀어 놓
았다. 어느 늦은 밤, 현장으로 돌아간 동료의 전화를 받는 일이 많았다
고 한다. 미안하다며 흐느끼는 전화 목소리에, 괜찮다고, 힘들겠지만
그래도 견디라고, 그래야 다시 만나서 함께 일하지 않겠냐고 다독거
리기도 했다. 정작 위로받고 싶은 자신들의 마음은 꾹 누른 채 다른 누
군가를 위로하며 그/녀들은 하루하루를 살아 냈다. 점거 농성을 하고
경찰의 탄압에 맞서 싸우다 연행되기를 여러 날, 그래도 놓아 버릴 수
없어 돌멩이 맞고 물대포 맞으며 여기까지 왔다.

　그런 그/녀들을 응원하고 싶은 절박한 심정으로, 우리는 이 책을 만
들었다.

6

이 책의 출발은 '이랜드일반노조 월드컵분회지원대책위원회'의 기획에서 시작되었고, '삶이보이는창 르포문학모임'이 참여해 인터뷰를 진행했다. 지원대책위는 홈에버 월드컵점에서 노조를 만들 때부터 함께 한 서울 서부 지역의 진보정당 당원들과 사회운동단체들이 결성했고 지금까지 활동을 이어 오고 있다. 르포문학모임은 낮고 가난한 사람들의 삶을 기록하고 그들의 언어를 복원하는 일을 해 왔다. 청계천 사람들의 삶의 기록인 『마지막 공간』, 세계화 시대 비정규직의 이야기 『부서진 미래』는 대표적인 성과였다.

이랜드 노동자들의 목소리를 기록하기 위해 모인 필자들은, 그/녀들의 투쟁과 삶이 보여 준 감동의 울림을 널리 전하고 싶었다. 필자들 중에는 투쟁 초기부터 함께한 이들도 있었고, 언론을 통해 소식을 접한 이들도 있었다. 각자 다른 조건 속에서 우리는 공동 작업을 시작했고, 이랜드 투쟁이 그/녀들의 삶에 어떤 의미였는지를 좀 더 깊이 들여다보려 했다. 우리 스스로 외부자나 제3자로 머물지 않으려 노력했다.

인터뷰를 처음 시작한 건 2007년 12월이었다. 하루에도 서너 군데 사업장을 돌아다니며 연대 투쟁을 하는 조합원들에게 인터뷰를 부탁할 때마다 미안한 마음이 앞서곤 했다. 때론 지친 몸을 이끌고 이야기를 나누었고 인터뷰가 끝나면 다시 바쁜 걸음을 옮겨 함께 집회에 가기도 했다. 생각하면 스스로 대견한 순간들도 있지만 묻어 둘 수밖에 없었던 말들도 있었다. 이야기를 하다 코끝이 시큰해지고 눈물을 쏟는 일도 많았다.

우리는 그/녀들의 싸움과 그/녀들의 이야기가 힘든 일상을 이어가

는 사람들 모두에게 든든한 힘이 되고 '빽'이 되고 위로가 되기를 희망
한다.

7

인터뷰를 시작한 뒤에도 작업은 더디기만 해 한동안 길을 잃고 머
뭇거렸다. 그 과정에서 후마니타스를 만났고 작업을 마칠 수 있게 되
었다. 집회에서 만날 때마다 '책이 정말 나오기는 하는 거야?'라고 묻던
조합원들에게 이제야 고개를 들 수 있게 되었다.

이 책은 한없이 자랑하고픈 이랜드 노동자들이 있었기 때문에 세상
에 나올 수 있었다. 정말 그렇게 생각한다. 우리의 삶 모든 자리가 누
군가의 노동 덕분이라는 것을 배우고 그렇게 함께한 지난 1년은 이미
승리한 시간들이었다. 모두에게 감사한다.

2008년 6월 23일
필자를 대표해 진재연 씀

나를 이끌어 준 힘

오늘 집회 현장에서 입을 파란색 스머프 티를 찾으려고 서랍장을 뒤졌습니다.

이 파란색 스머프 티는 지난해 여름을 뜨겁게 달구었던 이랜드 노동자들 투쟁의 상징물입니다.

지난여름 이 파란 스머프 티를 벗어 놓을 땐 다시 입게 되리라고 꿈에도 생각하지 못했습니다. 그러기에 오늘 이 파란 스머프 티를 다시 입는 것이 너무도 두렵고 고통스러웠습니다.

지난여름 이 땅의 노동자로 당당하게 살고자 정당함을 부르짖고 인간답게 살아 보자며 외쳤습니다. 그런 저희들 곁엔 늘 우리 투쟁을 지지하는 많은 동지들이 함께하셨기에 더욱더 당당하게 결의에 찬 모습으로 '투쟁! 투쟁!'을 외칠 수 있었습니다.

어색하기 짝이 없는 팔뚝질, 그동안 관심조차 없었던 투쟁가 등 모두 낯설기만 한 우리에게 울분을 팔뚝질과 투쟁가로 만들어 준 힘도 동지들이었습니다. 무참하게 가해지는 공권력 앞에선 방패막이가 되어 주시고 처절하게 쏟아져 내리는 물대포 앞에선 든든한 버팀목이

이랜드 투쟁 300일 문화제에서 편지글을 낭독 중인
황선영 조합원. 누려 마땅한 것을 누리고자 할 뿐인 일
이 더 없는 고통이 되는 사회는, 과연 어떤 사회일까.
ⓒ조혜원

되어 주신 동지들……. 항상 그들이 함께하기에 어떤 폭력 앞에서도
당당할 수 있었습니다.

그러나 인정하고 싶진 않지만 어느덧 300일이라는 기나긴 투쟁으
로 저희들은 많이 지쳐 가고 있습니다. 어려워진 생활고로 가족들의
지지도 많이 낮아졌고, 이젠 끝냈으면 하는 가족들의 무언의 압력이
그 어느 고통보다 저희를 더욱 힘들게 합니다.

지난겨울 어느 날 "드뎌 전기가 끊어졌다"는 큰아이의 문자를 받았
습니다. 전 답문을 보내지 못했습니다. 늦은 시간까지 진행된 투쟁 일
정과 회의를 마치고 현관에 들어섰습니다. 칠흑 같은 어둠 속에서 촛
불 하나 켜 놓고 공부하고 있는 큰아이의 뒷모습을 보고도 전 아무런
말도 할 수가 없었습니다.

아이도 제게 눈길조차 주질 않았습니다. 전 밤새 베갯잇을 적시며 고민했습니다. 나와 우리 가족이 처해 있는 현실 속에서 지금 내 선택이 과연 옳은가. 지금 당장 먹을거리가 없고 기본적인 삶이 영위되질 않는데 이런 가족의 고통을 뒤로하고 길바닥에 앉아 투쟁만을 외치는 내 모습이 진정 우리 아이들의 엄마로서의 모습인가……

또한 며칠 전엔 작은아이가 '급식비 못 내서 점심 못 먹으면 운동장 수돗가에서 물이나 먹지 뭐……' 하며 제 가슴을 긁어내리는 문자를 보내왔습니다. 빨리 급식비 내 달라는 말보다 몇 십 배 아니 몇 백 배 고통으로 다가왔습니다.

이런 문자를 보내려 맘먹고 한 자 한 자 찍어 내려가는 그 아이의 고통스러웠을 순간을 생각하니 지금도 가슴이 무너집니다. 전 300일의 긴 투쟁 기간 동안 나름 강한 결의로 투쟁에 임했지만 그 순간들만큼은 저 자신의 결의만으론 극복하기 어려운 가장 큰 고통이었습니다.

하지만 그 많은 고통을 딛고 오늘 이 자리에 있게 한 힘은 "엄마, 전기 끈긴 열흘 동안 오히려 집중도 더 잘 됐고, 책도 10여 권이나 읽었어요" 하고 말해 주는 큰아이의 한마디와, "급식비 못 내서 굶는 아이들이 많다는 말 안 믿었었는데 진짜 그럴 수 있겠구나 생각돼서 잔반 없이 먹어야겠다"는 작은 아이의 일기장에 적힌 두 줄, 또한 오늘도 투쟁 현장에 가면 볼 수 있는 우리 조합원 동지들……. 저 못지않게 힘겨운 현실 속에서 그 모든 고통을 감수하고 극복해 나가며 서로 어깨 걸고 보듬어 안고 힘찬 팔뚝질과 투쟁을 외치는 밝고 당당한 모습들이 이 자리까지 절 이끌고 와준 힘이라 믿습니다.

그보다 더 큰 힘은 우리 이랜드 노동자들의 투쟁 현장이라면 언제든지 달려와 주시는 동지들, 우리 조합원들이 힘들고 지쳐 있을 때 용기와 힘이 되어 주신 수많은 동지들의 사랑과 관심이 오늘 이 자리에서 동지들께 감사의 글을 읽을 수 있는 자리를 만들어 주었습니다.

노동자를 탄압하는 자본가에 맞서 300일이라는 긴 시간 동안 흔들림 없이 당당히 투쟁할 수 있는 원동력이 되어 주신 동지들께 진심으로 감사의 뜻을 전합니다.

이 자리에 함께해 주시고 저희 투쟁의 지지자가 되어 주시는 모든 동지들의 사랑으로 저희 투쟁 승리하는 그날까지 흔들림 없이 투쟁할 것이며 반드시 승리해 현장에서 당당하게 일하는 모습으로 보답하겠습니다.

또한 저희 투쟁뿐만 아니라 모든 노동자들의 투쟁은 우리 동지들의 단결과 사랑으로 만들어 나갈 것이며, 이 땅의 모든 노동자가 인간답게 당당히 살아갈 수 있는 결실로 남을 것입니다.

그러기에 전 동지 여러분들을 사랑합니다. 끝까지 함께하겠습니다. 감사합니다.

이랜드일반노동조합 월드컵분회 조합원 황선영

1부 따사로운 봄날, 투쟁이 만개했다

1부 따사로운 봄날, 투쟁이 만개했다

1

우리가 견딜 수 없는 건 모멸감이에요

● 조희숙(월드컵분회 조합원, 40)　●인터뷰 : 김순천

2007년 12월 26일 오후 5시 30분, 나는 신촌에 있는 작은 음식점에서 조희숙 씨를 만났다. 마른 겨울인데도 비가 내릴 것 같은 싸늘하면서 젖은 느낌을 주는 그런 날이었다. 조희숙 씨는 동네에서, 이마트에서, 할인매장에서 흔히 볼 수 있는 젊은 엄마였다. 이야기를 들으면서 뭔가 이상하다고 생각했다. 희숙 씨는 자신의 일상생활을 세세하게 반복해서 이야기하고 또 이야기했다. 처음에 나는 희숙 씨가 말하려는 것이 무엇인지 감을 잡기가 쉽지 않았다. 언어의 시계를 희숙 씨에게 맞춰 느.리.고.깊.게 이야기를 들었다. 그녀는 말하고 싶었던 것이다. 자신을 변화시킨 일상 속에 깊게 박힌 '고통'에 대해서, '모욕'에 대해서. 그것은 너무 세밀하여 귀를 기울이지 않으면 그 의미와 가치를 포착하기 힘든 것이었다. 추운 겨울에도 스웨터를 입지 못하게 하는 회사, 청소 아주머니들을 해고해 쓰레기가 쌓인 채 근무했던 일터, 밥도 제대로 먹을 수 없을 만큼 심한 일의 강도, 손님인 척 가장해 자신들을 감시하는 모니터링제, 강제로 발리는 빨간색 립스틱, 정규직만 회원 가입할 수 있는 회사 홈페이지, 손님과 회사 사이에서 정지해야만 하는 자신의 감정과 생각들, 늘 두렵고 쫓기는 생계. 말하기조차 구차하게 일상적으로 반복되는 그 고통과 모욕이 어떻게 자신들의 삶을 파괴하고 있는지 그녀는 말하고 싶었던 것이다.

언젠가 희숙 씨와 함께 상암 경기장 옆 한 술집에서 홈에버에서 일했던 동료 여성들을 만난 적이 있었다. 대부분이 가정을 책임진 아주머니들이었다. 그 여성들도 조희숙 씨처럼 삶의 임계점을 넘고 있었다. 대부분 깊게 또는 엷게 우울증을 앓고 있었다. 그이들을 만나고 나서 나는 '아줌마들은 강하다'라는 말이 싫어졌다. 그들의 가슴에 쌓인 고통과 모욕을 깊고 섬세하게 들여다보기 전에 '강할' 것을 강요하는 그 언술이 폭력이고, 억압일 수 있다고 생각했다. 그들이 어떻게 견디고 있는지, 경제적 고통뿐만 아니라 세상에 대한 두려움, 공포, 증오까지 뒤섞인 그 복잡한 마음을 있는 그대로 봐 주기를 원했다. 그들의 마음을 한 번만이라도 이 사회에서 충분히 이해하고 돌보아 주었으면 한 것이다. 그들이 처한 '인간의 조건'이 어떤 것인지.

까르푸에서 홈에버로 바뀌고 나서도 장사가 너무 잘돼서 우리에게는 아무 일도 없을 거야, 하고 자만하고 있었어요. 이 상암점이 아시아에서 매출 1위였거든요. 굉장히 바빴어요. 지금도 사람이 없어서 이렇게 바쁜데 우리를 어떡하겠어! 자르기야 하겠어? 그러고 안심하고 있었어요. 우리가 제일 억울했던 것은 이렇게 잘릴 줄도 모르고 그동안 바보같이 너무 열심히 일했다는 거예요.(울음) 근데 말 시작부터 눈물이 나오냐.

괜찮아요. 편하게 말씀하세요.

오늘도 계속 울다 왔어요. 총회가 있었거든요. 회사에서 노조 간부들은 해고하면서 단순 가담자들은 복귀하라고 회유책을 쓴 거예요. 우리가 어떻게 그렇게 할 수 있겠어요. 이제까지 다 같이 고생했는데 들어가려면 다 함께 들어가야지. 그동안 너무 고생들을 많이 했어요. 오늘 위원장이 처음으로 자기 이야기를 하더라고요. 생활비도 못 갖다 주고 가정생활이 제대로 안 돼 아내에게 미안해서 이혼 이야기를 먼저 꺼냈대요. 그 이야기 듣고 다 울었어요.

아, 그랬어요?

저도 이혼을 생각하고 있어요. 몸이 좀 아프거든요. 허리도 아프고 지금은 달팽이관에서 돌이 떨어져서 어지럽고 구토가 나고 그래요. 생활비도 없어서 적금 통장 해약하고 쓰고 남은 푼돈 긁어서 쓰고 있는 상황인데 남편은 신경도 안 써요. 남편이 그런 지 몇 년째인지 몰라요. 친정아버지는 제가 이런 상황이니까 이혼하면 어떻겠냐고 그러셔요. 내가 너 하나 살게 해주지 못하겠냐고 하시면서요.(다시 울음) 회사일도, 내 건강도, 가정생활도 모든 게 다 꽉 막혔어요. 살면서 이렇게 어려운 적은 없었어요. 너무 힘들어요, 정말.

다른 가족들은 어때요?

딸이 하나 있어요. 열세 살이에요. 애를 정말 어렵게 낳았어요. 제가 자궁이 약해서 임신하고 꼼짝없이 누워 있었어요. 8개월이 넘어서 입원했다가 9개월 만에 수술해서 낳았는데 아이가 정말 주먹만 했어요. 1.9킬로그램이어서 인큐베이터에서 20일 넘게 있었어요. 이렇게 소중하게 얻은 아이를 제가 이혼하면 편모슬하에서 자라게 하는 거잖아요. 그것이 아이에게 미안해서 아직 결정을 못 내리고 있어요.

남편은 일을 갖고 있지 않은 거예요?

결혼하고 3년 만에 그러니까 IMF 때 회사를 그만두었어요. 집에서 계속 놀기만 하는 거예요. 같이 일하는 언니들은 남편하고 같이 벌어도 살림을 꾸려 갈 수 없다고 하는데 남편이 놀고 있으니 살림이 어떻겠어요. 남편한테 돈 대 줄 테니까 차라리 공부를 하라고 했어요. 그랬더니 공인중개사 자격시험을 보더라고요. 그것 따서 부동산 중개업 한다고 돌아다니는데 집에 보태 주는 건 없어요. 제가 답답하면 시어머니에게 이런저런 이야기를 하죠. 그러면 시어머니께서 미안해하시면서 그러셔요. 너 간다면 나 못 잡는다. 하지만 조금만 참자, 참자.

시어머니랑 함께 사세요?

시어머니께서 일주일에 두세 번 가사 도우미로 일 나가세요. 당신 용돈이라도 버신다고. 애들 힘든데 손 벌릴 수 없지 않냐, 하시면서요. 어머니도 힘드신지 저 있으면 숟가락 하나 놓아 주지 않으세요. 상 다

차려서 어머니 진지 잡수세요, 그러면 그때 나오셔서 밥을 드세요. 청소도 해주지 않으세요. 그래도 저 없으면 애 건사하고 밥해 주시고 그러죠. 남편은 집에서 놀아도 설거지 한번 안 도와줘요. 너 있는데 내가 왜 설거지를 하냐, 하면서요. 딸은 제가 일하니까 세 살 때부터 어린이 집에 맡겼어요. 초등학교 때는 시어머니가 중간에 알하러 나가시니까 점심을 주는 방과 후 학원에 맡겼어요. 요새는 크니까 4학년 때부터 혼자 지내고 있어요. 무섭다, 그러면서도 혼자 있어요. 열쇠 가지고 다니면서.

모두 다 고생이네요.

딸이 커서 자기는 결혼을 안 하겠대요. 엄마하고 산대요. 그래도 제가 애 봐줄 테니까 결혼하라고 해요. 그런데 사실 저도 생각이 많이 바뀌었어요. 예전에는 '결혼하자'주의였는데 지금은 능력 있으면 혼자 살아라, 그렇게 됐어요. 결혼해서 너무 고생하니까.

일하랴 집안일 하랴 쉽지 않겠어요.

오후 4시부터 일이 시작돼서 정산까지 다하면 새벽 1시 20분에 일이 끝나요. 집에 가면 2시가 넘어요. 씻고 나면 3~4시가 돼요. 애 학교 보내고 남편 내보내려면 6~7시에는 일어나야 해요. 식구들 밥해 주고 나면 청소하고 빨래하고 시장보고…… 너무 힘들 때는 청소도 안 하고 그냥 잘 때도 있어요. 밤에 제대로 못 자니까 낮에 안 자면 저녁에 일을 할 수가 없어요. 밥이나 간신히 먹고 반찬 만들어 놓고 만날 하루하루가 다람쥐 쳇바퀴 돌듯이 가는 거예요. 토막잠을 자니까 피곤에 찌들어 있어요. 그래서 몸이 항상 예민해져 있고요. 게다가 서비스 직종이라 고객 컴플레인(불만)이 많아서 항상 긴장돼 있어요.

홈에버에 오기 전에는 무슨 일을 하셨어요?

처녀 때는 전화교환원으로 7년 동안 일했어요. 결혼하고 나서 남편이 일을 안 하니까 할 수 없이 생계비를 벌려고 GS 슈퍼에 다녔죠. 거기 야채 코너에서 2년 넘게 일했는데 허리 병이 났어요. 쌀 포대랑 술 박스랑 무거운 것을 막 들고 나르고 그랬거든요. 실업수당 받으면서 치료도 하고 좀 쉬었는데 GS 슈퍼에서 다시 오래요. 근데 거기는 오전 근무에 40~50만 원밖에 못 받아요. 그걸 받아 가지고는 네 식구가 도저히 생활할 수가 없었어요. 같이 일했던 언니가 까르푸에서 일하고 있었는데, 밤에 일하면 택시비랑 연장 수당까지 합해서 100만 원은 받으니까 와라, 해서 그 언니 소개로 들어갔어요. 까르푸에서 일하다가 2006년 4월에 홈에버로 넘어갔고, 그해 12월에 정식 오픈했어요.

어느 부서에서 일하나요?

저는 수납 직원으로 일하고 있어요. 돈에 관련된 일을 처음 해봐서 돈 맞추는 게 쉽지 않았어요. 지금도 돈 세는 게 긴장돼요. 첫날 배우고 이튿날 배우는데 내가 정말 이 일을 계속할 수 있을까, 사람들이 많이 오면 디퍼(계산 마감할 때 나온 총매출 금액과 계산원이 받은 돈의 차이) 날 수도 있는데 걱정이 됐어요. 디퍼 나면 메워야 되거든요. 저는 소량 디퍼가 나면 메우지만 액수가 너무 많으면 못 메워요. 그렇게 메워 버리면 월급이 정말 적어지잖아요. 근데 어떤 직원은 수표 한 장이 없어져도 그걸 메워요. 저는 빈 돈이 너무 많으면 디퍼를 띄워요. 원인을 모르죠. 아, 기억이 안 나요. 어떤 때는 돈 주다가 아차 싶어요. 돈이 더 나가 있어요. 잠깐만요. 고객님, 5천 원짜리를 줘야 하는데 1만 원짜리를 줬어요. 디퍼를 띄우면 팀장 면담을 해야 하고 사유서도 써야 해요. 다음에는 안 그러겠습니다, 하고요. 축구 경기가 있으면 포스(계산대)를 2~9번 포스 앞은 귀가 떨어져 나가요. 너무 시끄러워서 혼이 나가요. 그러면 정말 불안해져요. 나, 오늘 디퍼 안 나는지 몰라, 하고요.

야채 코너에서 수납으로 옮기니까 어떤가요?

처음에는 포스에서 혼자 일하니까 다른 일 신경 안 쓰고 좋을 거라 생각했어요. 제가 내성적인 편이라 조용히 제 일만 하면 좋았거든요. 근데 밥도 제대로 먹을 수 없는 상황인 거예요. 4시부터 일하면 최소한 네 시간 후인 8시에는 저녁을 먹어야 해요. 그래야 또 일할 수 있잖아요. 손님이 7시 반, 8시에 밀리기 시작해요. 그러면 9시도 넘고 10시도 넘어야 밥 먹으러 나가는 거예요. 직원 식당이 있는데 7시 반에 문을 닫아요. 저희에게는 아무 소용이 없는 거죠. 그래서 도시락을 싸 가지고 다녀요. 근데 정말 재미있는 일은 노조에 가입하고 한 달인가부터는 두 시간 일하고 15분 쉬고 한 시간 밥 먹고 두 시간 일하고 15분 쉬고 이게 된 거예요. 야, 노조 가입하니까 이렇게 되는구나, 그걸 몰랐던 거예요. 미련하게 일만 했어요. 노조 가입하고 안 사실인데 저희가 근무일이 일주일에 5일이거든요. 이것도 전에 까르푸가 주 50시간 일시키고 월급도 제대로 안 줘서 노조가 싸워서 얻어 낸 거라 하더라고요.

아, 그랬군요.

저희가 회사 안에서 일하는 곳이 정해져 있지 않아요. 회사에서 그때그때 정해 준 곳에 가서 일해야 돼요. 일요일 저녁 정도면 2주 스케줄이 나와야 다음 주 계획을 세울 수가 있어요. 평일에 쉬기 때문에 딸하고 놀 계획도 세우고 친척 집 행사에 참여할 수 있을지도 생각하고요.

근데 저희가 일하는 곳도 출근 시간이 돼서 봉투랑 돈 가방 다 들고 가서 저 포스 몇 번이에요, 하고 물어보면 그때서야 가르쳐 주는 거예요. 그런 상황이니 휴일에 대한 계획을 세우기가 상당히 힘들어요. 일하는 자리도 조장이 마음대로 해요. 예쁜 애는 가운데 주고 미운 애는 앞 포스나 뒷 포스 소량 계산대 주고. 화장실 갈 때도 인터폰으로 조장에게 화장실 갈 수 있냐고 물어봐야 해요. 안 된다고 하면 못 가요.

홈에버로 바뀌면서 변한 게 있나요?

청소 아줌마들이 엄청 잘렸어요. 보안·카트·주차 요원들도요. 계약 해지되고 용역직까지 다 합하면 전국적으로 1,000여 명쯤 된다고 들었어요.

1,000여 명이나요?

1,000명에는 뉴코아에서 일했던 저희 같은 수납 직원 350명도 포함되어 있어요. 이랜드에서 수납 부서를 외주화하고 거기서 일하는 직원을 모두 자른 거예요. 그러니 저희가 얼마나 고용 불안을 느꼈겠어요. 저희가 파업에 참여하게 된 건 그런 위기의식을 함께 느꼈기 때문이에요. 이랜드에서 없는 자본으로 인수하다 보니까 그 희생을 힘없는 저희 같은 사람에게 다 전가해 버린 거예요. 인건비 줄이려고 사람을 자른 거예요. 휴게실 청소하는 아줌마들뿐만 아니라 바닥 청소하는 아줌마들까지 줄여서 휴게실과 화장실에는 휴지가 쌓였고 비 오고 눈 오면 매장 바닥에 줄이 빽빽 그어지고 비닐봉투가 쌓여도 못 치우는 거예요.

바뀌고 나서 희숙 씨처럼 포스에서 일하는 수납 직원들의 생활은 어떻게 변했어요?

여기가 월드컵 경기장이잖아요. 휴일이면 사람들이 엄청 몰려요. 작년 3월 1일에도 그랬어요. 근데 2층에 포스가 한 일고여덟 개 되는데 세 개밖에 열리지 않았어요. 그만큼 인원을 줄여 버린 거예요. 제가 원래는 두 시간 일하고 15분 쉬어야 하는데 그날은 여섯 시간 15분 동안 쉬지 않고 계속 일했어요. 화장실도 못 가고 저녁밥도 못 먹고 일했어요. 다리가 후들후들 떨리고 어지럽더라고요. 그렇게 힘들게 일하고 있는데 긴 줄을 서서 30분 동안 기다리던 손님이 저한테 와 가지고 항의하는 거예요. 너네 지금 뭐하는 짓이냐, (포스를) 더 열어야 될 것 아니냐, 왜 안 여냐, 그래요. 고객님 죄송합니다. 지금 직원이 없어서 포스를 못 엽니다. 이렇게 말해도 다 필요 없대요. 고객들이 불편하면 죄 없는 우리들이 그 불평을 다 당하는 거예요. 이런 일이 한두 번이 아니에요.

그런 상황에서 매니저들은 어떻게 하고 있어요?

그 사람들은 다 밥 먹으러 가고 조장은 멀거니 쳐다보기만 하더라고요. 그래서 제가 고객한테 그랬어요. 고객님, 죄송합니다만 회사 매니저들에게 가서 항의하십시오, 저희한테 그러지 마시고. 고객들이 그건 또 안 해요.

일이 원활히 돌아가려면 수납 직원이 원래는 몇 명이 필요한가요?

수납 팀장이 한번은 그래요. 상암점이 원활하게 돌아가려면 수납 직원이 140명은 있어야 한다고요. 그래야 교대도 정상으로 돌아가고 휴식도 잘할 수 있다고요. 그런데 지금은 70~80명밖에 안 되니까 엄청 힘들죠. 까르푸 때는 그래도 최소한 110여 명은 있었어요. 까르푸는 인원을 뽑으려고 했지만 일이 어려워 입사 원서 내는 사람들이 별로

없었어요. 홈에버는 뽑으려는 노력 자체를 안 하는 거예요. 너네 힘이
다 빠지면 그때쯤 한번 생각해 보겠다, 그런 식인 거예요. 그런데 우리
가요, 파업하고 나서야 이 사실을 안 거예요. 정말 저는 아무것도 몰랐
어요. 2월 중순부터 방학 때 아르바이트하던 학생들이 개강하면서 다
빠져나갔어요. 아르바이트생들이 한 30여 명 되거든요. 그러면 빠져
나간 자리에 인원을 뽑아야 하잖아요. 그런데 회사에서 뽑지를 않는
거예요. 그때부터 이미 용역으로 돌리려고 인원을 안 뽑았던 거예요.
용역 전환 작업을 이미 시작하고 있었던 거죠.

파업하고야 알았어요?

저희는 일만 열심히 하면 되는 줄 알았어요. 그런데 그게 아니었어요.
인원이 부족해 이렇게 힘들게 일하는데 눈썹 칠하고 입술 칠하는 색
까지 체크했어요.

입술 칠하는 색까지 검사했다고요?

샤도우 같은 것도 브라운 계열로 해라, 입술은 무조건 빨간색으로 칠
해라, 그랬어요. 만약 입술을 안 발랐거나 다른 색이면 점장이나 수납
팀장이 와서 막 칠해 줘요. 빨간색으로 칠해야 이가 하얘 보이고 웃는
모습이 예뻐 보인다면서요. 박성수 회장이 좋아하는 색이 빨간색이라
는 말도 있어요. 양말도 '카바' 신어라, 귀걸이 팔찌는 무조건 빼라. 그
래도 까르푸 때는 조그만 귀걸이는 했거든요. 그러고는 아침에 출근
해서 거울보고 인사 연습을 하래요. '안녕하십니까, 고객님. 무얼 도와
드릴까요' 등등을 웃으면서 하래요. 억지로 하려면 얼굴에 경련이 일
어요. 거기다가 몇 시부터 몇 시까지 했다, 체크까지 하래요. 머리도

잔머리가 나오면 애네들이 무스를 머리에 발라 줘요. 그런 게 정말 미쳐 버리겠는 거예요. 사람을 사람으로 보지 않는 거죠.

홈에버로 바뀐 뒤로 모니터링제도가 강화되었다는데요.

회사 사람들이 고객으로 가장해서 우리 일하는 것을 감시하는 거예요. "어서 오십시오, 고객님. 봉투 필요하십니까? 포인트 카드 있으십니까? 고객님, 얼마입니다. 얼마 받았습니다. 거스름돈은 여기 있습니다. 고객님, 행복한 하루 되십시오." 이 인사말을 하나라도 빠뜨리면 안돼요. 언제 어느 때 걸릴지 몰라요. 계산기에서 영수증을 뽑으면 고객수가 나와요. 하루에 많으면 400명 쯤, 적으면 280명 정도 되요. 그 정도 받으려면 여덟 시간 정도 서서 긴장하며 고객들 항의를 들으면서, 두세 사람 몫을 혼자 감당하면서, 화장실도 못 가고 쉬지도 못하면서 일해야 해요. 근데 어떻게 그 친절이 나오겠냐고요. 하루이틀도 아니고 만날. 바쁘다 보면 기계가 아니고 사람인지라 하나씩 빼먹을 수도 있잖아요. 안 웃었다, 봉투 한 손으로 줬다, 귀걸이 했다, 이런 것들을 다 체크하는 거예요. 소량 계산대 가면 고객이 더 많아요. 말을 더 많이 해야 돼요. 한 개 두 개 사는 사람들한테 일일이요. 집에 갈 때 되면 목소리가 잠겨 버려요. 그중에 하나라도 모니터링 요원한테 걸리면 점프 교육을 받아야 해요.

점프 교육이라니요?

지하 공간에 30명씩 가둬 놓고 친절 교육을 시키는 거예요. 심한 경우는 매장 안에 보안들이 서 있는 곳에서 창피하게 세 시간 동안 인사하게 만들어요. 어떤 언니는 열 번 이상 하고는 어지러워서 쓰러질 뻔했

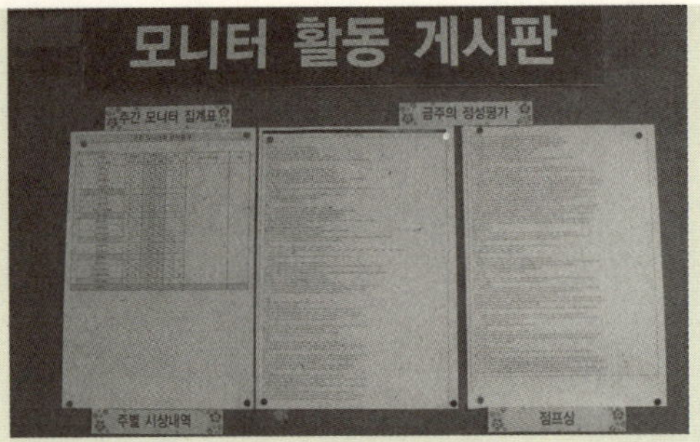

홈에버로 바뀐 뒤 한층 더 강화됐다는 서비스 모니터링 게시판. CF에서 곧잘 약속하는 '친절 서비스'는 이처럼 일상화된 (자기) 감시의 고통 속에서 맺히는 '진물'인 경우가 대부분이다.
ⓒ이랜드일반노조

대요. 이것은 인격을 모독하는 거잖아요. 홈에버로 바뀌면서 그런 게 많아졌어요. 예전에는 나를 기계 취급하는구나, 사람으로 대하지 않는구나, 무지해서 그런지 그런 느낌이 없었는데 바뀌고는 확 와 닿는 거예요. 박성수 회장은 직원을 가족으로, 사랑으로 대한다고 했는데 그 사람이 말하는 직원 속에 나는 있는가, 너무 괴리감이 느껴지는 거예요.

회사에 대해서 그런 배신감이 느껴질 때 가장 힘들어지는 것 같아요.

예. 작년 겨울에 엄청 추웠어요. 문가라서 바람이 엄청 들어오는데 회사에서는 블라우스에 조끼만 입고 일하라는 거예요. 한겨울에 스웨터도 없이 덜덜 떨면서 일했어요. 여자들은 아이 낳고부터 몸이 차가워지면 추위를 견디기가 힘들잖아요. 그럴 때는 정말 포스 닫고 집에 가고 싶었어요. 어떻게……. 나는 그런 곳 처음 봤어요. 스웨터도 안 주는 데는 홈에버가 처음이에요.

그 정도였어요?

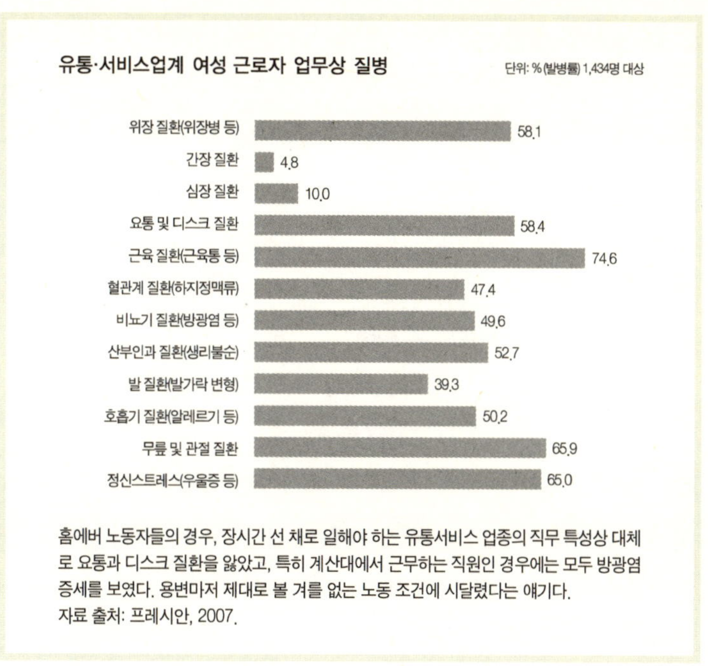

홈에버 노동자들의 경우, 장시간 선 채로 일해야 하는 유통서비스 업종의 직무 특성상 대체로 요통과 디스크 질환을 앓았고, 특히 계산대에서 근무하는 직원인 경우에는 모두 방광염 증세를 보였다. 용변마저 제대로 볼 겨를 없는 노동 조건에 시달렸다는 얘기다.
자료 출처: 프레시안, 2007.

그것뿐만이 아니라 주말에 경기라도 있으면 소음이 장난 아니에요. 소리가 너무 커서 일할 때도 혼이 빠져서 일을 해요. 집에 갈 때는 멍해져서 돌아가요.

지금 귀가 아픈 게 그거 하고 연관이 있나요?

그것도 영향이 있었대요. 일할 때 잠시 어질하다가 말고 어질하다가 말고 그런 적이 있었거든요. 의사 선생님이 그게 다 이 병이 있어서였는데 심하지 않으니까 그냥 지나갔었다고 하더라고요. 울리는 소리가 너무 커서 귀에 영향을 줬을 수도 있고 그 소리에 스트레스를 받았을 수도 있대요. 달팽이관에서 돌이 떨어지는 원인은 여러 가지가 있는데요. 혈액순환이 안돼서 그럴 수도 있고 스트레스에서 오는 경우도 있는데 거의 스트레스성이라고 생각하면 돼요. 한번은 제가 안구건조증이 생겨서 병원에 갔는데 의사 선생님이 그렇게 환경이 안 좋은 데서 일하니까 안구건조증이 오죠, 그러더라고요. 어, 저 일하는 데를 아세요, 하니까 보험카드에 나와 있잖아요. 저는 거기 가면 한두 시간 있기도 힘들어요, 그러더라고요.(웃음)

홈에버에는 어떤 부서들이 있어요? 수납도 있고 또……

수납, 농산, 고객만족센터, 리빙관 등이 있어요. 2층 리빙관에는 홈에버에서 만들어 놓은 이불, 침대, 목욕 물품, 주방 용품들이 있어요. 홈에버에서 자기들 물건 넣을 자리를 만드느라 기존의 물품들을 다 줄여 버린 거예요. 정작 손님들이 와서 물건을 사려고 하면 물건이 없는 거예요. 종류를 너무 많이 줄였어요. 저희들이 봐도 살 게 없더라고요. 스케치북 같은 경우도 달랑 한 종류만 있어요. 묶음도 여러 종류, 매수도 여러 개가 있어야 하잖아요. 색종이, 풀, 연필 같은 경우도 마찬가지예요. 그러니까 저는 여기서 물건을 안 사요. 동네 문방구에 오히려 문구가 더 많아요. 모든 물건을 그런 식으로 다 줄여 버리니까 고객들이 예전에 내가 사던 물건인데 왜 없냐, 그러면서 컴플레인 걸어요. 왜, 물건 안 갖다 놔! 그래요. 저희 잘못이 아니잖아요. 회사가 하는 건데 저희들이 다 받으니 엄청난 스트레스죠. 바코드 안 돼도 우리 탓, 물건 없어도 우리 탓, 가격표가 없어도 우리 탓. 우리는 계산원으로 일한 잘못밖에는 없어요. 우리는 찍는 기계라고 해요. 찍새, 일명 찍순이. 찍는 죄 밖에 없는데 그 모든 욕을 우리가 다 먹는 거예요.

손님 중에 힘든 손님 있었어요?

바코드 같은 게 제대로 안 붙어 있는 경우가 있어요. 제가 캔으로 찍을 때는 1만 2,000원인데 매장 앞에 붙어 있는 바코드에는 1만 원이라고 쓰여 있어요. 그러면 그게 다 저희 잘못이 되는 거예요. 너네 똑 바로 못해! 그렇게 해서 돈 벌어 먹어, 그래요. 고객님, 죄송합니다. 조금만 기다려 주시겠습니까. 예전 까르푸 때는 롤러가 있어서 직접 해줬는 데 지금은 인터폰으로 가격을 확인해야 돼요. 시간이 좀 걸려요. 그러 면 손님이 니들이 잘못 했는데 내가 왜 기다려야 되는데, 하면서 미친 년 똑바로 해, 아, 재수 없어, 그렇게 욕하고 가요. 황당해요. 완전히 '킹 오브 진상'이에요. 소량 계산대에서 일할 때가 가장 힘들어요. 손 님이 소량 계산대로 오려면 물건이 다섯 개 미만이어야 되거든요. 그 런데 카트에 물건을 잔뜩 실은 고객이 그 줄에 서 있어요. 여기는 소량 계산대입니다. 다른 곳을 이용해 주시겠습니까, 하면 나 줄 서서 여기 까지 왔는데 그냥 해! 그래요. 고객님, 죄송합니다, 다른 고객님이 오 래 기다리시니까 지켜 주셔야 합니다. 그러면 너나 잘해! 그러는 거예 요. 모녀가 와서 그렇게 해 대는데 정말 너무 심할 때는 눈물부터 나와 요. 예전에는 포스 안에 쪼그리고 앉아서 울었어요. 제가 욕을 할 줄 몰랐는데 지금은 잘해요. 그런 사람 만나면 욕이 나와요. 물론 속으로 요. 진짜로 하면 큰일 나요.(웃음) 제가 이런 식으로 살 줄 몰랐고 이런 식으로 욕할 줄도 몰랐어요.

손님들이 그렇게 심한 욕을 해요?

그래도 저희 수납계는 약한 편이에요. 고객만족센터에서 일하는 직원 들은 더 심하죠. 계산원으로 일하다가 강제로 고객센터로 간 어린 직

조합원들이 파업 과정에서 발휘하는 응집력은 대체로 자신의 노동·직무 조건을 둘러싼 '관계'에 대한 모멸감·열 받음에서 비롯한다. 이른바 '임금 인상'은, 단지 이런 열 받음을 수로 표현한 데 불과한 것일 테다. ⓒ민중언론 참세상 김용욱

원이 있었어요. 한번은 그 직원이 번호를 누르며 몇 번 고객님, 어서 오십시오, 무얼 도와드릴까요, 말하는 순간 뒤로 머리를 획 얻어맞은 거예요. 손님이 양복을 하나 샀는데 자신의 치수하고 다르다고 그 직원 머리 위에다 집어던진 거예요. 바닥에 떨어진 옷을 주우면서 오만 가지 생각이 다 들더래요. 아, 내가 이런 비인간적인 대접을 받으면서 일을 해야 하나. 하지만 일어나서 웃으면서 고객님, 무슨 일 때문에 그러세요, 그랬대요. 안 웃으면 더 난리가 나니까. 장사 똑바로 해야 될 것 아니야. X발 X발, 그러면서 막 소리를 지르더래요. 그 직원은 당황해서 얼굴이 빨개져 가지고 무조건 잘못했습니다, 잘못했습니다, 하고 있는데 보안과장이 와 가지고 손님에게 무슨 잘못을 했냐면서 무조건 그 직원한테 면박을 줬대요.

그런 경우가 많아요. 고객센터가 컴플레인 고객과 직접 대면하는 곳이잖아요. 거기서는 손님들한테 안 된다는 말을 하면 안 된대요. 컴플레인 고객이 자신의 뜻대로 문제가 해결되지 않으면 열에 아홉은 너하고 이야기해 봤자 필요 없다, 윗사람 나오라고 한대요. 어쩔 수 없이 윗사람을 부르면 매니저는 막 화를 낸대요. 왜 네 선에서 해결 못 하냐, 그러면서요. 해결할 수 있는 권한은 조금도 주지 않으면서 왜 해결하지 못하느냐, 그러는 거예요. 그러면서 부른 직원한테 환불해 주세요, 이런 것 가지고 나를 불렀어요? 하면서 고객 앞에서 굉장히 무안을 주는 거예요. 그 직원이 다음에 그런 똑같은 경우가 있어서 환불을 해주면 누가 마음대로 환불해 주라고 했냐면서 또 무안을 주는 거예요. 그러니 고객센터 직원들은 손님과 매니저 양쪽에서 욕을 얻어먹는 거예요.

고객센터 직원들은 집에서 쉬고 있을 때도 회사에서 나오라고 하면 나와야 해요. 손님이 그 아가씨 나오라고 그래! 그러면 회사에서 전화하는 거예요. 전화를 안 받고 싶은데 다음날 가면 더 힘들어지니까 할 수 없이 받는대요.

어떻게 할 수 없는 힘든 입장이 돼 버리네요.

그래요. 그나마 회사로 오면 괜찮은데 근무 시간 외에 따로 시간을 내서 만나야 하는 경우도 있어요. 저도 물건에 붙어 있는 보안 택을 안 떼고 간 고객 때문에 그 집까지 가서 떼 온 적이 있어요. 내 시간 들여서, 내 차비 들여서 갔다 와요.

명절 때는 주부 사원들이 차례를 지내야 하잖아요. 근데 못 쉬게 연장 근무를 하는 거예요. 오히려 한두 시간 정도 일찍 출근해요. 농산부 같은 경우는 선물세트가 보통 15킬로그램 정도 하는데 그것을 주부들이 다 나르고 그랬어요. 명절 때는 물건이 많이 나가는 만큼 아르바이트 생들을 보충해야 하는데 있는 인원으로 하려니까 직원들만 죽어나요. 그러니까 허리 병이 많아요. 그렇게 일해도 까르푸 때는 줬던 연장 근무 수당까지 안 주려고 한 거예요. 인터폰 들어서 우리가 힘들게 일하는데 연장 근무 수당까지 떼먹으면 우리 진짜 일 못한다, 하고 포스를 닫고 집으로 와 버렸어요. 그래도 뭘 모르는 바보 같은 직원들은 남아서 일을 하더라고요. 나중에는 결국 회사에서 연장 근무 수당을 줬어요.

그런 일이 있었군요.

어떻게 보면 일이 힘든 것은 그렇다 쳐요. 근데 저희가 정말 견딜 수 없는 것은 차별인지도 몰라요. 박성수 회장이 신년에 문자를 보냈는데 정규직에게만 보내고 비정규직에게는 보내지 않았어요.

문자를 정규직에게만 보냈다고요?

돈 드는 것도 아닌데 그렇게 유치해요. 회사 사이트가 있거든요. 그곳에도 정규직만 가입하게 되어 있어요. 회사에서 정규직한테만 아이디를 줬어요. 수납 부서도 정규직들은 수납 수당이 있어요. 9,000원인가, 1만 원인가. 똑같이 일해도 정규직이 보너스 받으면 70~80만 원 차이가 나요. 물론 정규직들도 전환 배치를 회사가 마음대로 해 버려서 지금 싸우고 있어요. 서울에서 살고 있는데 순천으로 가라, 울산으로 가라, 그래요. 남자들은 갈 수 있겠지만 여자들은 갈 수 있겠어요? 가정도 다 있는데. 하루 일을 마치고 집에 들어올 때 저는 야, 오늘도 무사히 잘 들어왔구나, 하고요. 그 다음날 출근하기 전에는 기도를 해요. 오늘도 아무 일 없이 편히 하루 일 끝마치고 잘 돌아오기를요. 너무 많은 일이 홈에버에서 벌어지니까요.

너무 많은 일들이 벌어져요?

일 끝나고 집에 오면 딸아이 자는 모습을 가만히 들여다봐요. 딸아이가 커서 힘들게 공부해도 어디다 써먹을 수 있을까, 하고 생각해요. 1년 있으면 직장에서 나가야 되고, 10년 동안 일하다 보면 일고여덟 번은 직장을 옮겨야 할 텐데. 아이들이 우리처럼 그렇게 살아갈 걸 생각하면 정말 슬퍼져요. 아, 아이들이라도 꿈꿀 수 있는 세상에서 살았으면 좋겠어요. 근데 우리가 싸우지 않으면 그런 세상은 불가능한 일이잖아요.

앞으로는 싸움이 어떻게 될 것 같아요?

벌써 6개월이 지나고 있어요. 싸움이 길어지면서 사람들이 약간의 우울증이 생겼어요. 슬럼프가 왔어요. 사람들이 이제 현실로 돌아가서 일상생활을 하고 싶어 해요. 너무 힘든 사람들은 간간이 휴식을 취하기도 해요. 저도 귀 아프고 몸이 아플 때는 이 싸움을 계속할 수 있을까, 했는데 다시 참여하니까 회복이 되었어요. 이렇게 힘들고 긴 싸움을 저희가 버티는 이유는 다시는 그런 곳에서 일하고 싶지 않기 때문이에요. 지금까지는 몰라서 못했지만 안 이상 '변화하지 않은 홈에버'로 다시 들어가는 것은 상상할 수도 없어요. 지금 남은 사람들은 너무 힘들게 일해서 그런 징서를 공유하고 있어요.

박성수 회장이 신년에 문자를 보냈는데 정규직에게만 보내고 비정규직에게는 보내지 않았어요.

홈에버 노동자의 하루

여기는 할인마트 홈에버입니다. 온갖 상품으로, 수많은 사람으로 가득 찬 이곳은 어느새 우리의 일상 공간이 되어버렸습니다.

자신도 모르게 '정신이 팔려 소비'하는 곳이지만, 한 번쯤 귀 기울여 보면, 비닐봉투 바스락 거리는 소리, 카트 소리, 계산기 두드리는 소리, 이야기 소리, 그리고 물건 사달라고 조르는 아이들의 소리가 있습니다.

아침 6시 30분, 홈에버의 문을 가장 먼저 여는 사람은 청소하는 아주머니들입니다. 인적 없는 빈 공간, 상품 사이를 오가는 동안 아침공기에 묻어나는 매캐한 먼지를 마시며 청소를 합니다. 그 넓은 매장을 아홉 명이 번갈아 3교대로 일합니다.

손님들이 몰려오면 계산원들의 손도 빨라집니다. 어서 오십시오, 고객님. 무얼 도와 드릴까요? 포인트 카드 있습니까? 고객님, 4만7,500원입니다. 5만 원 받았습니다. 거스름돈 여기 있습니다. 고객님, 행복한 하루 되십시오. 계산원 80명의 입이 바싹 말라 목소리가 갈라집니다.

포스. 처음부터 앉을 수 없이 서서 일하도록 만든 공간입니다. 가만히 들여다보면 '쉬지 말고 일만 하라'고 말하는 듯합니다. 휴식을 허락하지 않는 공간. 어쩌면 홈에버 전체가 그런 공간일지도 모르겠습니다.

"메밀. 메밀껍질은 베갯속으로 쓰이고 알은 메밀묵이나 국수를 만들어요. 메밀묵이나 국수는 어른들을 위한 것이고 신세대를 위한 메밀이 있습니다. …… 무엇보다 당뇨, 고혈압, 숙취 해소에 좋습니다. 아홉 번 볶은 것은 검은 메밀이 됩니다." 손님 수만큼 되풀이 또 되풀이, 입이 굳고 말이 늘어집니다.

쪼그려 앉아 일에 대해 상의하고

무릎 꿇고, 앉고, 기고……

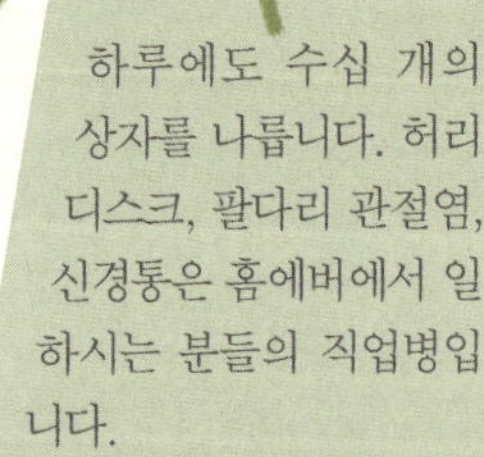

하루에도 수십 개의 상자를 나릅니다. 허리 디스크, 팔다리 관절염, 신경통은 홈에버에서 일 하시는 분들의 직업병입니다.

전주가족회관, 손맛 나는 칼국수, 모정……. 홈에버 안 식당들의 이름입니다. 점심때가 되면 아주머니들의 손은 보이지 않을 정도로 빠르게 움직입니다. 이렇게 일해도 아주머니들은 용역에 용역을 거쳐 월급이 절반밖에 안 되는 언제 잘릴지 모르는 비정규직입니다. 생기 넘치는 손놀림과 비정규직은 서로 엇나갑니다.

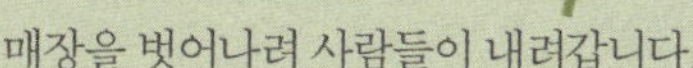

매장을 벗어나려 사람들이 내려갑니다.

홈에버를 나와 하늘을 봅니다.
사람들은 다른 세상을 꿈꿀 수 있을까요?

글·김순천, 사진·이재각 (대학생 다큐멘터리 사진연합 회원)

골뱅이에 맥주 한잔, 오늘 투쟁의 암호 :
끝나지 않은 그녀들의 점거

● 월드컵분회 조합원 **서은주**(39), **정미화**(47), **황선영**(44),
이경옥(이랜드일반노조 부위원장, 50) ● 인터뷰 : **강곤**

이번 작업에 참여하게 된 건 순전히 부채감 때문이었다. 사회적 약자, 소수자, 비주류, 억압받고 무시당하는 이 땅의 난장이들 이야기를 권하는 잡지사가 일터다 보니 무기력증에 빠질 때가 많다. 지난여름 비정규직법 통과를 지켜보며 컴퓨터 자판이나 두드리던 이 무기력증 환자에게 이랜드 싸움은 충격이자 감동이었고 또 부끄러움이었다. 물론 부채감에서 시작된 일은 더 큰 부채감을 불러오기 마련이어서 중간 중간 나는 작업에 참여한 것을 자책하며 이 작업의 의미가 무엇인지 스스로에게 묻고 또 물었다.

인터뷰 도중 간간히 웃음꽃이 피다가도 곧이어 먹먹함이 따라붙기 일쑤였다. 그만큼 그녀들에게 2007년은 파란만장한 해였다. 홈에버 상암점 월드컵분회의 산파 역할을 한 이경옥 이랜드일반노조 부위원장은 지난해 7월 말 상암점 점거로 구속되었다 풀려났으며, 지난 3월 14일에는 이랜드로부터 해고 통지서를 받았다. 월드컵에서 일한지 5년째를 맞고 있으며 똑같이 두 아이의 엄마이기도 한 정미화, 황선영 씨. 월드컵분회 대의원이기도 한 정미화 씨는 파업 전 신선식품부 농산 파트에서 일했으며, 분회장 직무대행을 맡고 있는 황선영 씨는 수납에 있다가 고객만족센터로 자리를 옮긴 상태였다고 한다. 황선영 씨와 함께 수납에서 캐셔로 일했던 서은주 씨는 2006년 4월 입사했다가 2007년 9월 해고되었다.

지난 4월 19일 이랜드 투쟁 300일 문화제. "점거는 끝나지 않았다"는 한 시인이 낭송한 앞 구절이 가슴에 꽂혔다. 과연 이들의 점거는 언제쯤 끝나 무용담이 될 수 있을까. 지금으로서는 이들과 함께 대면하고, 그럼으로 해서 이들의 용기를 나눠 가지는 일밖에 달리 할 일이 없다.

이경옥 우리(지도부)는 점거 때 조합원들에게 협박당한 거예요.(웃음)
원래 1박 2일만 하고 나오려고 한 거잖아요?

황선영 사실 그렇게 오래 점거할 마음은 없었는데……. 기억나는 건,
6월 23일인가 상암점 앞에서 집회를 하다가 우르르 매장으로 들어갔
어요. 들어가 보니까 워낙 사람들이 많아서 계산대가 자연스럽게 점
령된 거지.

정미화 다는 못 들어가고, 많이 들어갔는데 중간에 용역 직원들이 우
리를 잡고 몸싸움을 하고 그래서. 나도 안에서 밖에 있는 사람들 들어
오게 하려고 밀어내고 그러다가 몸싸움이 났어요. 그때 나도 넘어졌
는데, 넘어지면서 내가 용역을 붙잡았나 봐. 애들이 되게 험상궂게 생
겼어요. 그런데 용역이 내가 자기를 때렸다는 거야. 그러면서 매장에
서 나를 찾아다니는데 무서워서 숨어 있었어요. 안경도 벗고 모자도
얼른 벗고.

서은주 매장 안에는 난리가 났지. 한참 고객들이 많은 시간이었거든
요. 한쪽에서는 직원들이 들어오는 사람들 막고, 다른 한쪽에서는 오
늘은 파업으로 영업 못한다고 소리치고. 그러고 한 세 시간 정도인가
계산대 앞에 모여서 구호 외치고 도시락도 먹고 그랬죠.

황선영 계산대가 멈추면서 노조하고 회사가 합의를 했어요. "이 시간
이후로 영업을 안 하겠다, 그러니 나가 달라." "좋다, 영업 안 하면 나
가겠다." 영업 안 한다는 소리에 와하고 박수치면서 오늘은 이만 나가
자, 그러고 나오는데 마지막 꼬리가 다 나오자마자 매장에서 바로 방
송이 나오는 거야. 영업을 재개한다고. 30일 날 들어갔을 때 하루만
자고 나오려고 했지만 그날 일도 있고, 이것들 이 정도로는 절대 정신
못 차릴 거다, 계속 있자, 그러면서 하다 보니까 7월 20일까지 간 거죠.

홈에버 상암점 점거 10일째인 7월 8일 매장 안 모습. 조합원들의 소박한 바람이 기업의 매출 증대와 '기업하기 좋은 경제'란 이름 아래 뭉개지고 만 건, 혹시 저마다 다른 색깔의 종이학 '천 마리'를 접지 않아서였을까. ⓒ민중언론 참세상 김용욱

이경옥 점거를 풀기가 무섭게 바로 매장이 돌아가니까 열받아가지고 다들, 그날 눈물을 삼키면서 돌아갔거든. 그래서 30일은 그날 맺힌 한을 푼 거지. 진짜 이 매장 멈추고 만다, 1박 2일 하면서 반드시 멈춰보자.

정미화 다음날인가, 지도부는 나가자고 그랬어요. 시흥인가 본사로 가자고. 우리는 결사적으로 여기 있겠다, 그랬지. 다른 분회는 가더라도 우리 분회만은 상암점에 남겠다, 들어온 이상 절대 제 발로는 못 나간다. 저희가 워낙 강력하게 나가니까 결국 거기서 눌러앉은 거지.

이경옥 30일 날 점거는 미리 출근하는 것처럼 일부는 들어가고, 일부는 고객인 척 들어가서 시간이 되면 2층에서도 내려오고, 아래서 올라오고. 나름대로 작전을 짰죠. 파업하고 있는 중에 매장 점거는 대단히 힘들어요. 고객도 고객이지만 대체 근무자들이 있으니까. 그 사람들과 실랑이를 하다 보면 점거가 빨리 안 되거든요. 그래서 내일은 미리 파업 안 하고 근무한다, 근무 들어간다고 얘기하고 아침에 출근한다고 회사에다도 통보를 한 거예요. 일을 하고 있다가 10시에 가서 사인을 주면 나와라.

정미화 나는 그날 아침 일찍, 새벽에 갔어요. 얼굴을 다 아니까 미리 가서 휴게실에 여자들 잠자는 수면실이 있는데, 거기 가서 누워 있었어요. 보안(직원)한테 안 들키려고. 거기서 계속 무서워 떨면서 있었지.

황선영 휴무인 사람들은 고객인 척하고 매장에서 물건 고르고 있기로 했는데 회사 사람들이 이름까지는 잘 몰라도 얼굴은 다 아니까. 나는 2층에 가서 아이들 물건 고르는 척하면서 왔다 갔다 하고 있었지.

정미화 10시인가 11시쯤 내려오라는 문자가 왔나? 그래서 계산대 앞에 모여서 구호 외치고 계산대를 하나씩 점거했지. 포스 하나하나에 음료수 같은 거를 조합원들이 하나씩 들고 계산하러 들어갔어요. 우리가 진상 고객을 한 거지.

서은주 진상 고객이라고 1,000원 미만 물건은 카드 결제가 바로 안 돼요. 옛날에는 아예 결제 자체가 안 됐다고 하던데, 우리가 일할 때는 1,000원 미만이 오면 현찰 유도를 하지만 잘 안되면 전화로 승인을 받아서 해주는 걸로 바뀌었어요. 그게 한 15분 걸리거든요. 그걸 아니까 우리가 써먹은 거지. 그거 하나 때문에 계산을 못하고 뒤에 줄이 쭉 늘어서고.

정미화 계산이 늦어지니까 뒤에서 막 소리를 지르고. 우리는 "빨리 계산해 줘라, 해 줘야 할 거 아니냐?" 나중에는 포스에 있는 애들이, 그때는 남자 직원들이 본사에서 나와서 계산을 했는데 나중에는 물건을 가지고 그냥 가라는 거예요, 계산하지 말고. 한 언니가 "이 물건이 홈에버 거냐? 업체 물건 아니냐? 왜 업체에 피해를 주냐? 이거 그냥 가라는 거는 도둑질밖에 더 되냐?" 막 따지니까 결국 포스에서 빠지더라고. 그렇게 빠지면 우리가 접수를 하고.

이경옥 계산대가 멈추면 매장이 멈추는 거예요. 상암은 조건이 상당히 좋았어요. 캐셔가 대부분 조합원이었고, 매장을 멈추는 것에 대해 이견이 없었으니까. 파업할 수 있냐? 계산대를 멈출 수 있냐? 그러면 다들 해야 한다, 멈춰야 한다, 정말 재밌겠다, 이런 반응이었으니까. 그대로 된 거죠. 계산대가 멈추자마자 곧 매장이 점거되기 시작했죠.

황선영 미처 못 들어온 사람들은 경기장을 다 돌면서 틈만 보이면 어디로 들어와라, 연락을 해주고. 지하 주차장, 고객센터 옆 엘리베이터 안 막혔다, 그리로 올라와라. 아마 분회장님이 거기로 들어왔죠, 다들 박수치고.

서은주 이랜드 말고 연대하러 온 사람들도 많았어요. 포스 안쪽은 우리가 앉고 포스 밖에는 연대 오신 분들이 앉고. 점거를 하면서 쭉 그랬어요. 안쪽은 물건도 있고 그러니까 계산대 너머는 스머프네 집입니다, 그러면서 잠도 거기서 자고.

"우리 발로 걸어 나갈 수는 없다" : 매장 점거, 그리고 봉쇄

매장을 점거한 첫날밤에 잠은 잘 오던가요? 기분이 어떠셨어요?

서은주 첫날은 조금 불안했죠. 밤새 무슨 일이 있을까 싶기도 하고. 사람이 많이 있기는 했지만, 잠 잔 기억이 없네.

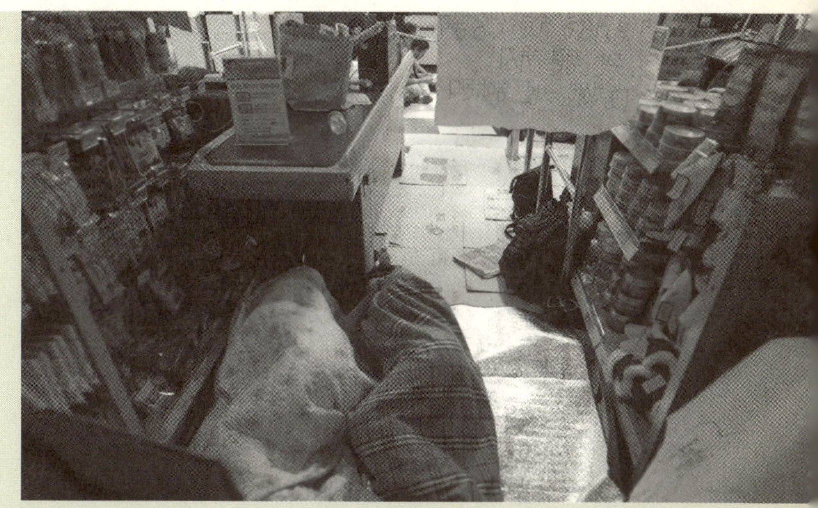

점거 기간 동안이나마, 월드컵점 계산대는 고단한 노동의 공간에서 단촐하지만 넉넉한 유대의 공간으로 그 '용법'을 전혀 달리 하고 있었다. ⓒ민중언론 참세상 김용욱

황선영 우리가 언제 계산대에서 잠을 자 보겠냐? 앉아 있는 것도 상상 못했는데. 두려운 마음보다는 설레고 뭔가를 해낸 거 같은. 그때만 해도 앞으로 어떤 게 닥쳐올지는 예상을 못하고, 이제 됐구나, 뭔가 되겠구나, 했죠. 다들 새벽 4시쯤 잠들었나? 거의 다 밤을 샜을 거예요. 이런 저런 이야기하면서. 이제 잘될 거다 하면서. 그날이 금요일인가 토요일이었을 거예요. 그래서 그 다음날 애들이 학교를 안 가도 돼서…….

이경옥 1박 2일이라 그랬는데 보따리를 안 싸 온 사람도 있었죠?

황선영 거기서 잔다고 미리 이야기하면 핑계 대고 빠지는 사람도 많을까 봐 얘기 안 한 것도 있죠. 그래서 대부분 바닥에다 박스 깔고 누웠어요. 한여름이었는데도 어찌나 춥던지.

오랜 점거 파업 경험은 조합원들이 그간 분절된 노동 경험이 만든 무형의 장벽을 허물며 공통된 감수성을 고양하는 계기가 됐다. ⓒ민중언론 참세상 김용욱

이경옥 포스 하나하나가 다 집이라고 생각하고 거기서 잔 거잖아요. 하루니까 그렇지만 이틀째부터는 씻어야 된다, 집에 가야 된다, 뭐 안 가져왔다 그러면서 교대를 시작했죠. 처음 5~600명이 있었죠? 뉴코아까지 합하면 1,000명이 넘게, 북새통이 났잖아.

황선영 그 다음날 분회별로 토론을 했죠. 나갈 건가, 끌려갈 때까지 여기를 지킬 건가. 얘기를 했는데 다들 못 나간다는 거야. 어떻게 한 점거인데 절대 우리 발로 걸어 나갈 수는 없다, 지도부들이 회사나 경찰과 두루뭉술 타협해서도 안 된다, 그런 얘기를 많이 했죠. 우리는 너무 힘들게 일했기 때문에 더 맺힌 게 많았던 것 같아. 진짜 힘들게 일했거든요. 며칠만 해보면 여기가 정말로 힘들다는 걸 알게 되고, 대부분 한두 달 하다가 그만둬요. 2년 이상 한 사람은 진짜 오래 한 사람들이고, 어려운 일이란 거 알면서도 감내하면서 다 했던 사람들이거든요.

서은주 더군다나 우리가 재작년부터 헬퍼(다른 지점으로 파견되어서 일하는 것)를 다니면서 다른 데를 보고 왔거든요. 헬퍼하면서 보니까, 여기서 일할 때는 그냥 다 그런가 보다 그러고 말았는데 다른 데 가보니까 우리가 일은 훨씬 많이 하는데도 대접은 더 못 받았던 거야.

황선영 홈에버 바뀌면서 리모델링하는 기간 동안 근무가 없으니까 시급으로 받는 우리는 일을 안 하면 월급이 깎이죠. 그래서 영업하는 다른 홈에버 지점으로 가서 시스템도 배우고 분위기도 익히고 그러라고 원정을 보냈어요. 그러면 뭐 차비를 주기를 하나, 밥값을 주기를 하나. 집에서 (분당) 야탑까지 가려면 6시에 일어나야 돼요. 9시까지 가서 청소하고 10시 오픈하는데, 가보니까 우리만큼 바쁜 데가 없는 거야. 왔다 갔다 하는 게 힘들었지 가서 일하는 건 별로 힘들지 않았어요.

정미화 그래서 저희 분회가 복귀율이 제일 적어요. 여기서 뼈 빠지게 일했는데 대접받은 건 없으니까. 저번에 과장을 만났는데 내가 그랬어요. 회사에서 우리한테 해준 게 뭐가 있냐? 여기가 매출 1위라는데 그동안 해준 게 뭐 있냐? 억울해서 나는 절대 복귀 못 한다.

점거가 길어지면서 힘든 점들이 많았을 텐데요. 7월 10일 즈음부터는 공권력 투입 이야기가 정부나 언론에서 나오기 시작했잖아요.

정미화 점거가 시작되면서 애들 있는 사람은 편의를 많이 봐줬어요. 집에 가서 자고 오라고. 아이들 학교 보내야 하니까. 저 같은 경우는 중학생, 고등학생이 있어요. 집이 가까워서 좀 편하게 왔다 갔다 했죠.

황선영 이런(서은주) 솔로들이 덕분에 희생을 많이 했죠.

서은주　나는 딱 하루 빼고 다 거기서 잤어. 그 안에서는 매일 매일이 문화제였죠. 어떨 때는 좀 쉬고 싶었는데 자꾸들 오시니까.(웃음) 그때는 사람이 정말 많이 왔다 갔는데 누가 왔다 갔는지 기억도 안 나요. 그러다가 14일 날 하루 나와서 집에 가서 씻고 그랬는데 다음날인가 매장이 꽉 막힌 거야. 경찰이 못 들어가게. 그동안은 출입이 자유로워서 밤에는 편의점 가서 맥주도 한잔 하고 입 싹 닦고 들어오기도 했는데 15일 날 완전히 막혔어. 그래서 나는 가족문화제 할 때 밖에 있었어.

황선영　전날만 해도 같이 있었는데 15일을 기점으로 가로막히고, 못 들어가고 밖에서 가족문화제를 하고 있으니까 기분이 이상하더라고요. 사실 들어가지는 못하지만 안에 있는 사람들은 밖으로 나올 수 있는데 밖에서 보니까 안에 사람들이 진짜 갇힌 거 같고.

정미화　나올 수 있었지만 나오면 매장 점거하는 인원이 줄어드니까 들어와야 나간다는 원칙을 정해서 나오지 못한 거였지. 그때 밖에서 천막을 치고 식사를 해서 안으로 날랐거든요. 밥 나르는 아줌마 표시가 있어요. 노란 스카프. 나는 그렇게 변장하고 밥 들고 안으로 들어갔어요.

이경옥　나중에는 조합원들이 닭장차 밑으로 기어서도 들어왔어요. 국회의원들 오면 끼어서 들어오고. 점거가 길어지면서 조합원들이 스스로 포기하는 일이 있어서는 안 되니까 안에서 조합원들 의견을 수시로 물었죠. 현장에서 계속 토론한 거죠. 가능하냐? 지금도 가능하냐? 하면서. 완전히 봉쇄되고 나서 인원이 계속 줄면 안 된다, 최소한 40~50명 유지해야 된다고 하면서 나가면 그만큼 보충하는 걸로 했죠.

서은주　가족문화제 한 다음날이 초복인가 중복인가 그래서 닭죽을 쒔잖아. 나는 안에서 모자란다고 해서 그거 들고 얼른 다시 들어갔지.

황선영　나는 밖에서 열심히 닭죽 쒀서 먹어 보지도 못했어. 국물 한 번

점거 매장 출입구가 용접으로 봉쇄된 가운데(왼쪽), 조합원들은 밖에서 열리는 가족문화제를 창을 통해 내다보고 있다(오른쪽). 파업의 동선은 막았을지 몰라도, 파업을 촉발한 '열망'마저 막을 순 없는 노릇이다. ⓒ민중의 소리

못 떠먹어 봤다고.(웃음)

서은주 그때 들어가서 털릴 때까지 나는 못 나온 거지. 거기서 뭐 특별히 불편한 건 없었어요. 안에서 목욕까지 다 했으니까. 청소하시는 분들이 계속 휴지도 갈아 주고 비누도 챙겨 주고 그래서. 그 분들이 우리한테 정말 잘해 주셨죠.

정미화 청소하시는 분들이 용역인데 절반인가가 우리 파업하기 전에 해고됐거든요.

서은주 그분들이 저희랑 같이 일하니까, 탈의실을 같이 써요. 어느 날 분위기가 이상해요. 몇 분이 울고 계시는 거야. 회사에서 갑자기 내일부터 나오지 말라고 했대요. 그러고는 다음날 몇 분이 안 나오시는 거예요. 우리도 용역이 되면, 다음날 바로 필요 없어지면 나오지 마라,

그러면 그만둬야 하는 거구나. (노조) 소식지에선가 용역화가 되면 갑자기 잘릴 수도 있다는 얘기가 있었는데 그때까지만 해도 그렇게 와닿지는 않았죠. 근데 또 며칠 지나서 다시 얼굴이 보이는 분이 있어요. 너무 지저분하니까 그중에 몇 명은 다시 나오라고 그랬다나. 사람이 그냥 부품처럼 이용되는 거잖아요. 필요하면 불렀다가 필요 없으면 나오지 말라 그랬다가. 이게 나한테도 닥칠 수 있는 일이다…….

정미화 그분들 그렇게 해고되고 한동안 휴게실이고 어디고 쓰레기가 넘쳤어요. 또 홈에버는 그걸 우리 보고 치우라고. 우리(신선식품부)는 새벽 6시 반, 그때 가서 까대기를 해요. 진열하는 걸 까대기라고 하는데 우리보고 까대기 하고 나서 오픈하기 전에 청소까지 하라는 거야. 휴게실, 화장실에 쓰레기는 넘치지. 정말 너무하지 않아요? 그 넓은 매장에 청소하는 분들이 어떨 때는 두 명밖에 없는 거예요. 사람은 없는데 백화점 수준으로 하라고 하면서.

이경옥 청소, 주차 요원, 카트, 이미 용역으로 넘어갔는데 그것마저도 비용을 줄이자면서 전국에서 500명을 줄였던가? 여기는 매출이 좋은데도 줄여 버리니까 매장 들어가면 구석구석이 쓰레기로 넘쳐 났죠.

정미화 그러니까 그분들이 저희 투쟁하면 힘내라고, 노조에서 열심히 싸우라고, 힘내라고 그러셨던 거지.

"털려면 차라리 빨리 털어라" : 7월 20일, 공권력이 투입되다

그런 것들이 맞물리면서 다들 노조에 가입하게 되신 건가요?

이경옥 월드컵점은 5월에 집단적으로 가입하셨어요. 2006년부터 제

가 매장을 계속 들어갔으니까 제 얼굴을 이분들이 아시잖아요. 5월 1일 노동절에 안면 있는 분한테 전화가 온 거예요. 직원들이 한 100명 되는데 가입할 거니까 노조 가입서 한 100장을 갖다 달라고. 월드컵은 수납 부서만 100명이 넘어요, 캐서가. 워낙 매출 좋은 큰 점포고 하니까 다른 점포에 비해서 인원이 많은 거죠. 가입서를 복사해서 급하게 뛰어갔죠. 그때부터 5월 20일까지 가입서가 들어왔어요.

황선영 이랜드 홈에버로 바뀌면서 모니터링이 강화되고 복장이니 화장까지 간섭한다고 노조에서 이야기를 했는데 우리는 해달라는 거 맞춰 주면 되겠지 하고 별 생각 없었어요. 근데 홈에버로 바뀌면서 3차 재계약하는 사람들 있죠? 저희가 처음 계약을 하면 3개월 수습 기간, 그다음 두 번째 재계약할 때 6개월, 세 번째 재계약할 때 1년 이렇게 해주거든요. 근데 홈에버로 바뀌면서 세 번째 재계약하는 사람들을 8개월 계약하면서 마지막 계약이라고 통보하는 거예요. 18개월 이상된 계약자에게는 고용을 보장해 줘야 하니까 그걸 지키지 않으려고 이미 18개월 이상 된 사람은 그냥 두고 세 번째 계약 들어가는 사람들은 17개월이 되도록 8개월까지만요. 아, 이게 그냥 넘어갈 게 아니다……. 이분(서은주)이 세 번째 8개월 계약자죠.

서은주 월드컵은 전체적으로 분위기가 그게 다 맞아떨어진 것 같아요. 부위원장님이 오셔서 돌리는 소식지에 나오는 이야기랑 우리가 실제로 접하는 거랑 딱 맞아떨어지는 거지. 남의 일이 아니라 내 일이 될 수도 있겠다, 이렇게 다가왔기 때문에 노동조합 들자고 했을 때 그렇게 고민했던 사람이 없었을 거예요. 나 같은 경우 화장실 갔더니 동료가 "너도 노조 들 거지?" "어." 그렇게 가입했죠.

이경옥 매장에 300명 정도 되는 직원 중에서 캐서가 100명이 넘으니

> 남의 일이 아니라 내 일이 될 수도 있겠다, 이렇게 다가왔기 때문에 노동조합 들자고 했을 때 그렇게 고민했던 사람이 없었을 거예요.

까 엄청난 조직이잖아요. 근데 캐서가 다 가입했다고 소문이 쫙 퍼지니까 다른 부서들도 가입하자는 분위기가 만들어진 거죠. 캐서 먼저 받고 신선식품, 리빙이나 모던에서도, "캐서 가입했다, 너희는 어쩔래?" 그러면, "우리도 한다." 그리고 실제로 신선식품부에서 샐러드 바였던 곳은 전환해서 업체들이 들어오고 부서가 없어졌죠. 고객만족센터 이름도 고만센터, 이제 조금 있으면 외주화되면서 고만 다녀라, 고만센터 될 거다…….

정미화 고객만족센터가 외주화된다는 소리 듣고 어머! 아차! 싶은 거야. 차츰차츰 이렇게 하는 거구나 그 생각이 딱 들더라고요. 아까 얘기한 청소하시는 분들도 직접 봤고.

서은주 그러던 찰나에 수납이 재무팀이라고 해가지고 다른 팀장과 사무직 여직원 하나가 돈 관리를 뺏어 간 거예요. 우리는 돈만 타다가 가져다주고. 전에는 그러지 않았거든요. 준비금이라고 들고 다니던 가방에 돈 넣고 입금도 직접 했거든요. 근데 점점 돈 관리를 빼는 거예요. 또 휴식이 10분, 15분이면 휴게실 가는 시간이 길기 때문에 거기 사무실에서 차 마시고 그랬는데 그걸 못하게 하는 거예요. 이게 아마 수납 직원을 다 외주화하려는 것인가 보다. 저희가 파업을 안 했으면 아마 그렇게 됐겠죠.

정미화 나는 노조에 가입한 다음에 또 CS(고객만족) 위반에 걸렸다고 교육을 받으라고 하더라고요. 진짜 불친절하거나 그래서, 부족한 게 있으면 당연히 교육을 받아서 보완해야겠지만 그런 게 아닌데도. 모니터링 교육을 받으러 가면, 그게 지하 공간이고 장소가 아주 작아서 30명만 모여 있어도 사람이 많아 머리가 아파요. 그런데 줄 맞춰 서서 "안녕하십니까?"를 열 번씩 반복시키는 거예요. 내가 정말 이걸 해야 하나 했었는데 이제 노동조합에 가입했으니까 안 받겠다 그랬어요. 주위 사람들이 안 받으면 불이익이 있으니까 받으라는 걸, 불이익 있어도 내가 받으니까 안 받겠다고 했죠. 그것도 쉬는 날 9시에 와서 세 시간을 받으라는 거예요. 저희 같은 경우는 파트(타임)인데 수당도 안 주면서. 그래서 안 받겠다고 했어요.

이경옥 간이 부었지.(웃음) 까르푸에서는 모니터링이 형식적인 거였는데 이랜드가 인수하면서 직원들을 삼진아웃제, 세 번 걸리면 자르겠다는 둥. 그뿐만 아니라 직원 할인을 비롯해서 비정규직과 정규직 차별이 더 심각해지기 시작하고, 너무 대놓고 비정규직 무시한다, 가만히 있을 수 없다, 도저히 참을 수 없다, 이런 분노를 계속 일으킨 거예요. 회사가 자초한 거죠. 결국 회사가 이분들 노조 가입을 독려한 셈이 됐죠. 그렇게 5월에 분회가 만들어지고 6월 17일 노조 교육과 함께 첫 파업으로 네 시간 부분 파업을 했죠.

황선영 그때 저녁 6시부터 네 시간을 부분 파업했어요. 파업해야 하는데 암담한 거야. 그때 나는 고객센터에 있었고, 그곳이 바쁜 걸 뻔히 아니까요. 그날 다섯 명이 근무하는데 세 명이 조합원이고 두 명은 아니었어요. 그 두 사람한테 미안하고, 팀장한테 미안하고. 팀장을 불러다가 정말 몸을 비비 꽈 가면서 정말 죄송한데 바쁜 시간에 폐를 끼쳐서 미안하다, 안타까운 마음과 미안한 마음으로 얘기를 했어요. 5시 반에 다 나오기로 했는데 시간이 되어도 고객 줄이 안 끊기니까 딱 그만두고 나올 수가 없더라고. 6시가 다 되어서 나오면서, 근무한 시간표에 18시로 적어 놨는데 다음날 출근했더니 우리가 적은 걸 지우고 다 17시 30분으로 고쳐 놓은 거야. 나는 동료들 배려한다고 최대한 시간을 아끼고 아껴서 나갔는데. 아, 그렇구나. 필요 없구나. 내 밥은 내가 찾아 먹어야겠구나. 그 다음부터 우리 미안한 마음 갖지 말자. 파업 들어 간 날은 제가 오픈이었어요. 그 시간에 내가 안 나가면 그 자리에 아무도 없는 거잖아? 그래서 그 전날 미리 소스를 줬지. 다 얘기 안하기로 했는데 다 미리 얘기했을 거야. 다들 4년 넘게 같이 일한 동료들이니까 그 사람들 곤욕스러울 거 신경 쓰이고 마음 아팠는데 그건 우리 마음뿐이었던 거야.

서은주 계산대에 이렇게 서 있으면 화장실 가는 건 말할 것도 없고, 교대할 때도 눈치 보여서 교대도 제대로 못하고. 교대하려고 좀 꿈지럭거리면 빨리 계산하라고 고객들이 난리 치고. 그래서 줄이 안 끊기면 자동으로 돈도 더 못 받으면서 초과근무가 되고. 그랬거든요. 그러던 저희가 계산 딱 그만두고 나올 걸 생각하니 조마조마하고 불안했지. 또 2층 패션관은 계산대가 하나 있으니까 교대를 안 해주면 계산할 방법이 없어요. 나는 그때 패션관에 있었는데 언니, 계산 그만해! 그러고 다 같이 일제히 쫙 나오는데 설레기도 하고 불안하기도 하고. 한편으로는 그래 우리 없이 고생 좀 해봐라, 그런 마음도 있었지.

다시 상암점 점거 이야기로 돌아와서, 경찰 병력이 투입되어서 조합원을 끌어낸 것이 7월 20일이었죠?

이경옥 7월 7일인가부터 교섭이 있었는데 결렬되면서⋯⋯. 교섭할 때 반짝 언론도 탔지만 아프가니스탄 피랍 사건이랑 겹쳐서 언론에 관심이 많이 줄었을 때였어요. 20일 날 맨유(맨체스터유나이트 축구팀)가 상암에 온다고, 축구 A매치도 있었고, 그것 때문에 끌려 나가겠다는 생각을 했지. 19일부터 (경찰이) 안내 방송을 집중적으로 했거든요.

황선영 그날 아침에 반찬 좀 싸서 다시 들어가려고 집에서 준비하고 있었는데 뉴스가 나오더라고요. 9시쯤에 무슨 아침 프로 하다가 중단되고 속보를 해주는데 공권력이 투입된다고. 그래서 다 팽개치고 갔더니 비명소리가 막 나오고. 안은 안 보이고 비명소리만 들리니까 미치겠는 거야. 안에 전화를 했더니 안 받더라고. 한참을 막 울고불고 그랬는데 언니, 우리 닭장차 탔어, 전화가 왔어. 걱정하지 마, 언니, 48시간 뒤면 나온대. 그쪽에서 오히려 나를 위로해 주더라고.

서은주   전날부터 들어온다는 얘기가 있어서 계속 주변을 살펴보게 되더라고. 새벽에 의자 위에 올라서 보니까 몸싸움하는 게 조금은 보이기도 하고. 그러다 시간이 좀 지나니까 멈췄다가 다시 웅성웅성. 안에서는 소리만 들리지 잘 보이지는 않았거든. 새벽 6시까지 거의 잠을 못 잤어요. 국회의원들이 새벽에 들어오는데, 그러면 경찰이 함부로 못 건드릴 거 같아서 한 명 들어올 때마다 환호 지르고. 그런데 새벽 4시쯤인가 1번 출구에서 몸싸움하던 사람들이 그냥 누워 자더라고요. 그런데 6시쯤 됐는데 보니까 허예. 사람이 아무도 없어.(웃음)

황선영   해도 뜨고 다들 출근해야 하는 사람들이었으니까.

서은주   그래서 안 할 수도 있겠다. 그런 얘기도 있었거든요. 그래서 자는 사람도 생기고. 그러다 약간 느낌이 이상해서, 그런 게 있잖아. 누워 있는 사람도 있고 밥 먹는 사람도 있는데 내가 밖을 살펴보니까 경찰이 현수막 떼는 게 보여. 또 화장실 옆으로 지하에서 올라오는 계단이 있는데 그쪽에는 없었는데 경찰이 막고 있는 게 보이고. 들어오겠구나……

정미화   나는 대의원이라서 며칠 전에 빠지라고 해서 밖에 있었는데 어휴 2층에서 바퀴벌레도 아니고 새까맣게 경찰들이 내려오는 거 보면서 어쩌면 좋아, 그랬지.

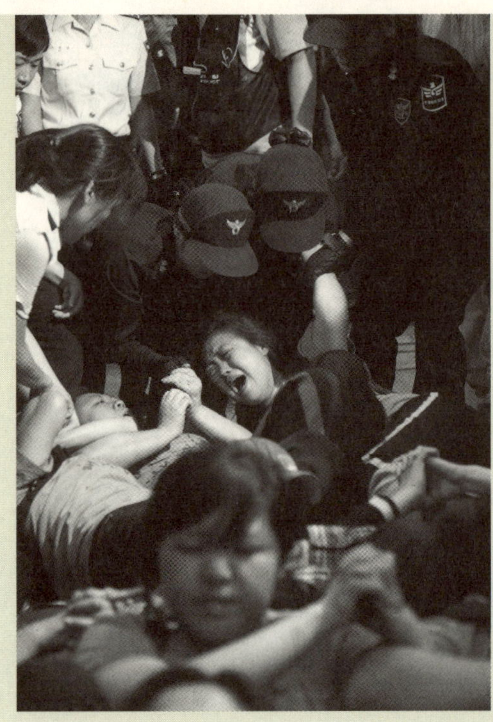

설령 '부드러운' 방식을 취했다 해도, 경찰이 말하는 '치안'이 기업의 뻥 뜯기 폭력에 맞서 이뤄진 집단 쟁의 행위에 대한 또 다른 폭력이라는 사실은 바뀌지 않는다. 그들이 유지하려는 치안은 과연 누구를, 무엇을 위한 것일까. ⓒ프레시안

서은주 그건 밖에서 보이는 거고 안에서는 안 보이지. 그때까지 생각 못한 사람도 있었지만 나 같은 경우는 가방 안고 준비하고 있었지. 그리고 계산대로 모이라 그러더라고. 국회의원 있고 기자들 주변에 서 있고. 좀 있다가 경찰들이 바리게이트 허물고 들어오는 거야. 나는 중간에 앉아 있었는데 경찰이 앞에서부터 뜯다가 나중에는 뒤에서도 뜯으니까 내가 마지막으로 끌려 나갈 뻔했지. 끌려 나갈 때는 경찰이 통

로를 만들어서 거기로 나가자마자 바로 차에 타 버리니까 밖은 보지도 못했어.

정미화 우리는 밖에서 엄청 울었어. 지도부는 작은 버스에 따로 태우더라고. 분회장을 버스에 태우는데 신발이 다 벗겨져서 나뒹굴고 있는 거야. 그걸 보고 또 막 울었지.

서은주 처음에는 불안했는데 막상 차에 타니까 오히려 담담하더라고. 차에 딱 타는 순간 화도 안 나고 그냥 편안해지는 거야. 끝났구나. 그러고는 물어봤지. 어느 경찰서로 가나요?(웃음)

황선영 차라리 거기 타고 있는 게 낫지. 밖에서는 가슴이 찢어졌어…….

"우리가 뭘 그렇게 잘못했길래" : 물대포에 맞서 또다시 점거

예상은 하고 계셨겠지만 막상 당하니 어떠셨어요?

이경옥 50명 정도 연행하는데 경찰이 3,000명이 왔어요. 그 전날 침탈이 다가왔다는 건 다 느꼈고 간부들 중에서 들어가기로 했던 간부들만 빼놓고는 다 내보낸 상태고, 임산부도 있었는데 내보냈어요. 마음의 준비들은 했는데 오히려 처참히 끌려가는 거 보니까 마음이 그랬죠.

정미화 허탈했죠. 이렇게 끝나는구나. 우리가 연행 안 당하려고 서로 팔짱 끼고, 손으로 깍지 끼는 것도 연습했어요. 그러면서도 한편으로는 털려면 차라리 빨리 털어라, 그랬는데 막상 털리고 나니까 허무하고 분하고. 점거하면서 매장에서 잠을 잘 때 용역들이 새벽에 와 가지고 뭘 집어던지기도 했어요. 발로 뻥 차기도 하고, 그래서 우리가 불침

무더위 말고, 이들이 아닌 밤중에 경찰의 물대포 세례를 받아야 할 하등의 이유가 있을까. 어쩌면 경찰은 그저 '치안'과 '질서 유지'가 지닌 본연의 의미에 충실하게 복무하는 것뿐일지 모르겠다. ⓒ조혜원

번도 서고 그랬거든요. 그런데 지금에 와서 보면 용역보다 경찰이 우리를 더 괴롭히고 힘들게 했던 거 같아요. 우리가 내는 세금으로 방패 사고 옷 입고 그러면서. 오죽하면 우리 조합원 중에서 우리가 너네 월급 주는 사람인데 우리한테 이러면 안 된다 따지기도 하고. 또 물대포 쏜 것도 경찰이잖아. 천막 부순 것도 모자라 우리한테 물대포 쏴 대던 거는 지금도 잊히지 않아요.

황선영 상암인가, 털리고 나서 그때 처음 물대포를 맞았지. CGV 쪽으로 들어가려고 했는데 경찰들이 막 쐈어. 상암점 2층에 있는 비상 소화

전을 끌어다가 막 쏘고. 우리는 밖에 있는 소화전 끌어다가 마주 쏘고. 그게 7월 말인가, 8월인가? 그때만 해도 안 맞으려고 막 피해 다녔는데.

서은주 그 다음부터는 가는 데마다 우리한테 쏴 댔지.

황선영 처음에는 소화전 물대포였기 때문에 별로 세지 않았는데 (살수)차에서 나오는 거는 가늘고 쫙 펴져서, 애들이 처음에는 약하게 하다가 점점 세게 쏘는 거지. 그리고 집에 와서 보면 온몸이 멍투성이야.

정미화 처음에는 젖기만 했는데 주차장에서 쏴 댈 때는, 이거 물대포가 장난이 아니야. 맞아 보니까 이 정도까지 셀지는 몰랐지. 그리고 중계점에서는 경찰이 우리 물대포 쏘려고 토끼몰이 식으로 몰았잖아. 방패로 막 때리면서. 속으로 너네들 정말 인간도 아니다. 우리가 이런 취급받을 정도로 그렇게 나쁜 짓을 한 건가…….

서은주 거기서는 우리가 쏴라, 쏴라 그러면서 도망 다니고 뛰어다니고 그랬잖아. 또 물대포 쏘면 앉아서 맞다가 끊어지면 다시 일어나서 다른 쪽 가서 집회하고. 그러니까 지네들이 약이 오른 거지.

정미화 그러니까 흥분해서 방패로 찍고……. 또 매장 앞에서 천막 칠 때, 그때는 정말 너무 아파서 깔고 앉는 은박지를, 머리가 너무 아파서 그거로 머리를 감싸고 앉아 있었어요. 근데 자존심에 아무리 아파도 거기서 일어나고 싶지가 않더라고. 일어나면 내가 지는 걸 보여 주는 거 같아서. 그렇게 앉아 있는데 머리는 너무 아프고, 천막 다 난리가 났지. 부서지고, 날아가고.

황선영 아무도 안 일어났어. 다들 억울해서 울면서도 앉아 있었지. 지도부가 이제 그만 나오라고 그래서 겨우 울면서 일어섰잖아.

정미화 나는 점거하다가 털린 것보다 그때가 더 속상했던 거 같아. 물대포, 그거를 세상에. 천막에다는 모르겠지만 우리가 무슨 큰 죄를 지

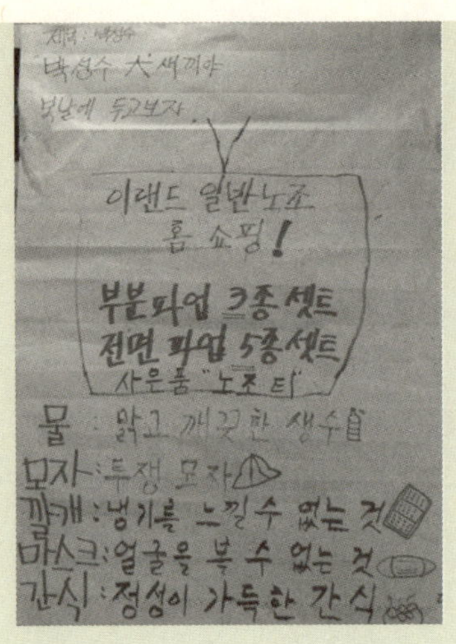

홈쇼핑 광고 기법으로 파업 계획과 준비물을 재치 있게 알리는 대자보. 박성수 회장을 복날 보양거리로나마 써먹어 주려는 조합원들의 식성도 돋보인다.
ⓒ조혜원

은 것도 아닌데 어쩌면 사람한테 그럴 수가 있어. 세상이 원망스럽고 경찰이 밉고. 다 그런 건 아니지만 전경들 중에도 '오버'하는 애들이 있어요. 나이도 어린 애들이 우리한테 입에도 담지 못할 욕을 하고. 감정이 있는 인간이다 보니까 화가 나서 그런다지만 방패로 사람을 찍고, 욕하고, 때리고. 그러면 우리가 너무 억울하지, 어린 애들한테 그렇게 당하니까. 또 자본가라는 사람은 정말 대단하구나, 정말 힘이 막 강하구나 하는 거를 투쟁하면서 많이 느꼈어요.

서은주 아니 되려 걔네들이 그렇게 악랄하게 해서 우리가 이렇게 길게 올 수 있었던 거 같아. 전날 그렇게 당하고 나서 다음날 내가 안 나갈 수가 없잖아. 인원이 적으면 더 그러니까. 그래서 꼬박꼬박 안 빠지고 참석하게 되는 거지.

황선영 걔네들은 뭣 모르고 옳고 그른지도 모르고 상부 명령에 따라 움직이는 애들이니까. 그래도 높은 계급 사람들이 전경한테 야단치고 욕하면 우리가 왜 애한테 욕하냐고 편들어 주고. 한여름에 너네 살 탄다, 선크림도 발라 주고. 물도 나눠 먹고. 그러기도 했는데.

정미화 경찰이 적은 아니지만 완전히 이랜드 사설 경비원이잖아. 우리가 죄를 지어 그런다면 당연히 받아 주겠지만 우리를 죄인 취급하듯 다루고. 민중의 지팡이라는 경찰이 결국 힘 센 사람 편드는 게 속상하고. 우리 둘째 아들이 경찰 높은 사람된다고 그랬거든. 내가 이거 시작한 뒤로는 경찰되지 말라고 그래요. 여경도 굉장히 이미지가 좋았는데 내가 연행되면서, 아들 둘인데 절대 여경 며느리는 안 된다.(웃음) 그래도 수고하셨습니다, 인사하고 투쟁 기금 내는 전경도 있어.

황선영 그렇게 물대포 몇 번 맞으면서 휴대용품이 또 하나 늘었지. 처음에는 이랜드 티셔츠하고 방석. 거기에 물병, 마스크, 그다음에 우비.

이랜드 티를 스머프 티라고도 부르잖아요. 언제 처음 입으셨어요?

서은주 6월 강남점에서 있었던 발대식 가는 길에 처음 받았지? 스머프는 매장 점거할 때 수석부위원장이 연설하면서 우리보고 스머프라고 해서, 그래서 자기는 파파 스머프가 됐고.

정미화 이거 입고 일할 때 진짜 날아갈 거 같았어. 직원들한테 편하면서도 고객들에게 보기 좋은 유니폼이 얼마든지 있잖아요. 그런데 홈에버 옷은 우리는 전혀 배려하지 않고 고객들 보여 주기 위한 옷이니까 너무 불편했지. 땀 차고. 그러니까 능률이 안 올라요. 그걸 입다가 이걸 입으니까 정말 편하고 일도 잘 되고. 너무 좋았어요.

황선영 캐셔들은 대부분 조합에 가입을 해서 다 이거, 파란 거 입고

같은 장소에 감도는 상이한 시간의 흐름. 이랜드 경영진의 차입금을 대불하는 거나 다름없었던 '죽은 시간대'(오른쪽, ⓒ복음과상황 신철민)는 온 데 간 데 없이, 같은 곳에서 자신들의 '살아 있는 시간대'를 만들어 낸 조합원들의 뒷모습(왼쪽, ⓒ프레시안)이 왠지 정겹다.

일하니까 보고 있으면 너무 힘이 나는 거지.

서은주 그래도 처음 매장에 입고 들어갈 때는 좀 그랬어. 망설여지더라고. 눈치 보이고. 아침에 들어가면서 보니까 누가 한 명이 입고 있더라고요. 그래서 나도 들어가서 갈아입었지.

정미화 나는 신선식품부라 6시 반까지 갔어. 출근 시간이 그때니까. 그전에 이걸 입고 해라 그랬는데 불안한 거지. 경험이 없으니까. 그런데 지역 분들 몇이랑 위원장님이 일찍 온 거야. 그분들이 오니까 안심이 되더라고. 그래서 크게 마찰은 없었어요. 그 사람들이 매장 밖에서 쳐다보고 있으니까 마음이 놓이더라고. 그전까지는 불안했지. 잡아 끌어내지 않을까, 해고하지 않을까.

황선영 우리가 (노조) 결성과 동시에 파업 쟁의를 시작했기 때문에 쟁의가 어떤 건지, 그 안에서 할 수 있는 게 어떤 건지, 어떤 권리가 있는지 모르니까 불안한 거야. 너네 이거 입으면 안 돼! 그러면, 아닌데, 입으라고 그랬는데…… 하는 정도지 받아칠 수 없으니까.

정미화 법원에서 조합원이 티 입는 거 합법적인 거다, 판결이 났다고 조합에서 알려줘서 나는 그걸 외웠다니까. 지금 같으면 당연히 불안하지도 않고 당당하게 입을 텐데 그때는 불안해서 그걸 외우고 들어갔어요.

7월 20일 상암점에 공권력이 투입되고 나서도 7월 말에 강남점, 9월에 면목점을 점거했잖아요.

황선영 강남점 점거 때는 A팀, B팀 나눠서 A팀 실패하면 B팀이 들어가는 걸로 했어요. 우리는 다 B팀이었는데 안양인가 군포인가에 모여 있었죠. 민주노총 무슨 지구 사무실이었는데? 새벽까지 잠도 못 자고 서로 얘기하면서. 거기 있으면서 제발 A팀 성공해라, 빌고 있었지. 근데 새벽 서너 시인가 한두 시인가 연락이 온 거야. 성공했다고. 그 소리를 듣고 잠깐 눈 붙였다가 강남점을 밖에서 지켜 준다고 가서 신문지 한 장 깔고 밤새 있었지.

정미화 그리고 이틀인가 사흘 있다가 털린 거지. 나는 그날 되게 겁났어. 상암점 때보다 더 무서웠어. 투쟁을 하다 보면 어느 때는 용역이 무섭고, 어느 때는 경찰이 무서운데. 경찰들이 정말 무섭더라고. 무서워서 옆 아파트 옥상에 몰래 올라가서 봤잖아, 경비 아저씨 몰래. 누가

경찰이 들어서자 조합원들이 서로 팔짱을 끼고 침탈에 대비하고 있다. 파업의 상징적 거점이던 월드컵점이 침탈된 후 조합원들은 다른 매장 점거로 투쟁 동력 확보에 나섰지만, 참여정부와 경찰의 대응은 갈수록 기민해졌다. ⓒ민중의소리

그러더라고. 나는 그 영화를 안 봤는데 〈화려한 휴가〉의 한 장면이라고. 강남대로 사거리를 몇 겹으로 전경 버스가 막아 버리고 경찰이 끝도 없이 새까맣게 내리는데.

서은주 우리는 다음을 노려야 하니까 연행되면 안 된다는 지침이 있었어요. 밖에 있는 사람들도 경찰이 다 연행하려고 그랬거든요. 흩어지라고 했는데 차마 자리를 못 떠나겠는 거야. 그래서 아파트로 올라갔는데 끌려나오는 거는 잘 안 보였어. 밤중이라서 보이지도 않고 소리만 들었지.

황선영 보이면 슬프고, 안 보이면 미치겠고…….

서은주 안 보여도 들리는 소리로 상황은 대충 짐작이 가는 거지. 면목

점 점거한 날은 신촌에서 상암까지 도보 행진한 날이었지? 가두 행진하고 끝나고 힘들다고 집에 가자고 그랬는데 갑자기 오늘 골뱅이라고 그래 가지고.

정미화 골뱅이에 맥주 한잔, 이게 오늘 점거 투쟁 있다는 암호였거든요. 다들 삼삼오오 흩어져 가지고 동대문에 모이는 건데. 택시 기사 아저씨가 저희한테 물어보는 거예요, '묻지 마 관광' 가냐고.(웃음) 아저씨 그런 거 아니에요, 그러면서 차마 이랜드 조합원이란 말도 못하고.

황선영 핸드폰 배터리까지 다 분리하고 최대한 비밀리에. 그 사이에 두 번이나 (점거를) 실패하고 계속 못 들어갔으니까. 아예 조를 짜 가지고 종이에 적어서 조장만 주고.

정미화 동대문에서 관광버스 타고 1시에 문 닫을 때쯤 면목점에 도착해서 버스 내리는데 가슴이 막 뛰는 거야. 그때 청심환 안 먹고 온 걸 후회했다니까. 아이 낳을 때보다 더 떨리고 무서웠던 거 같아. 문 내리자마자 어디 어디로 뛰라고 하는데 다리가 떨려서 앞만 보고 뛰었어.(웃음) 무조건 점거해야 한다. 그것밖에는 없었어요. 어떤 언니가 카트기를 뽑아서 밀고 들어가니까 경찰이 놀라 가지고 방패 놓고 도망간 애들도 있었어요. 나중에 헬멧도 막 굴러다니고. 와, 우리 성공했다, 닥치는 대로 물건 가지고 바리게이트 치고. 근데 경찰이 그냥 방송도 안 하고 부시는 소리가 나더니 그만 털렸지.

서은주 거기도 우리가 출입구를 막기는 했는데, 막을 데는 많지만 들어올 때는 한 군데만 뚫고 들어오면 되니까. 자물쇠 같은 걸로 아예 문을 막으면 몰라도 나름대로 열심히 노력해서 들어간 거였는데 세 시간 만에 털렸죠. 경찰들이 몰려 들어온다는 얘기가 들리고 좀 있다가 뜯고 들어오는 소리가 들리고, 이제 또 끌려 나갈 시간이구나……. 다

모여 앉아 있었는데 나는 그 와중에 율동했다는 거 아니야! 밖에서는 경찰이 뜯고 들어오고 있는데 사무국장이 연설하다가 우리를 보더니, 여기 신화(월드컵분회 율동패) 있네, 하면서 나오라는 거야. 음악도 없이 〈바위처럼〉 율동했다니까.(웃음)

이경옥 이분들이 외모로 보면 다 얌전한 것 같아도 투쟁할 때나 회사에서 도발할 때면 돌변해요.(웃음)

황선영 강남점에 발대식인가 뭔가 하러 처음 집회에 갔을 때만 해도 팔뚝질하는 것도 진짜 어색했어. 그다음에 평촌점을 갔더니 뉴코아(노조)는 유니온숍(회사가 신입 노동자를 고용할 때 노동조합에 가입할 것을 조건으로 하는 내용을 단체협약에 명시해, 강력한 단결권을 유지할 수 있는 노동조합 형태)이어서 투쟁도 많이 하고 경력들이 있어서 용역들, 건장한 남자들한테 옷 뜯겨 가면서도 막 대들고 그러는데 저희는 옆에서 쫄아 가지고, 어머, 어떡해, 다치면 어떡해. 놀라 가지고 코너로 뒤쪽으로 빠지느라고 정신없고. 그나마 궁금한 사람이 앞에 나가서 보면, 야 뒤로 와, 빠져, 빠져.

정미화 회사가 한 것만 생각하면 분노가 막 생기니까. 경찰도 그렇잖아. 처음에는 안 그랬다고.

황선영 그때부터 이랜드 조합원이 어디 간다, 그러면 경찰이 어디 점거하는 줄 아니까 어디 연대를 못 가요. 어딜 가나 요주의 인물이 된 거지. 그다음부터 투쟁들이 그야말로 땡볕에 집회하는 거잖아요. 처음에는 멋모르고 시작했는데 여기저기 다니려니까 덥지, 내 처지가 처량하지, 노래가사는 왜 인간답게 살아보자, 내 얘기 같아서 노랫말 하나하나가 다 눈물이야. 노래하다가 막 울고.

"뭘 해도 세끼는 어떻게 해결할 수 있겠죠":
해를 넘기도록 끝나지 않은 싸움

싸움이 길어지면서 집안 문제도 심각해지고 여러 가지로 어려움이 많아졌
을 텐데요.

이경옥 회사는 참 의아하게 생각할 거예요. 도대체 이 사람들이, 노동
조합의 '노'자도 모르던 사람들이 무슨 빽으로, 무슨 생각으로 이렇게
버티고 있나. 비정규직인 주제들이 말이야, 겁 대가리 없이.(웃음) 사
실 지금 조합원들이 파출부와 식당일 하며 힘겹게 파업을 이어 오고
있는 거죠.

정미화 뭣보다 경제적인 부분이 제일 크죠. 사실 넉넉하면 여기서 일
을 했겠어요? 남편 몰래 챙겨 둔 비상금도 다 떨어지고, 적금 깨고 그
러면서 집안에 문제가 생기는 사람들이 많아요.

황선영 또 사진 찍힌 사람, 동영상에 나온 사람들한테 민사로 손해배
상이 들어오고 있어요. 연행되어서 몇 십만 원 벌금받은 사람이야 아
주 많고. 한 분은 농성장 안에서 편지 낭송을 했는데 쓴 사람도 아니고
대신 나가서 읽었는데 그걸로 1억100만 원 손배가 와 가지고 너무 어
이가 없는 거지. 도대체 나한테 이걸 받겠다는 거냐? 한 달에 80만 원
벌어서 이거 언제 다 갚겠냐?

정미화 저희 시어머니는 내가 면목점 점거해서 이틀 동안 잡혀갔다
온 거를 애들 아빠가 얘기하는 바람에 못마땅해 하셔요. 제가 물론 얘
기를 했죠. 이거 안 하면 안 된다, 그래도 며느리가 빨리 돈을 벌어야
하는데. 얼마 전에도 연락이 왔는데 요즘 일하냐고 물어보시더라고요.
그래서 일 나간다고 거짓말을 했어요. 거기 나가냐? 그렇다고. 어떻게

안 잘렸냐고 해서 투쟁해서 승리했다고.(웃음)

황선영 이해시키려면 시간이 오래 걸리고 피곤해. 나를 위해서 이해시키는 거 포기하는 게 편해.(웃음)

이경옥 그러면서도, 4~5년 동안 진짜 힘들게 일하면서 동료들이랑 실제로 절친하지도 않았지만 힘들게 일했던 거는 서로가 말 안 해도 다 알고. 그러니까 배신하지 않고 끝까지 같이하겠다는 아주 소박한 마음이 지금까지 오게 한 거 아닐까.

정미화 힘들게 투쟁하다 보니까 서로 몰랐던 가족 이야기, 개인사를 알게 됐고 지금은 한 가족 같고 자매들보다 친하죠. 파업하고 점거에 들어가면서 단결의 힘이 참 대단하구나…….

황선영 4년 넘게 한 매장에서 일하면서도 얼굴만 알지 말 한마디 못해 봤거든요.

정미화 지금 생각하면 금방 문제가 해결될 줄 알고 그랬죠. 처음에는 우리들 세상이었어요. 완전히. 강남 바닥에서도 누워 잤죠. 여의도 바닥에서도 누워 잤어요. 땅값 비싼 데는 다 가서 잠을 잤어요.(웃음)

이경옥 요구안을 100퍼센트 따 내는 게 문제가 아니라 살면서 내가 알지 못했던 거를 알게 되었다는 것. 정치도 그렇고 내 권리가 뭔가, 내 권리는 내가 목소리 내야 되는구나, 한두 가지가 아니죠. 삶에 대해 느끼는 게 많아요. 이게 성과죠.

싸움이 시작된 지 300일을 넘어섰는데 돌이켜보면 어떠세요?

서은주 올해 들어서 시간이 어떻게 갔는지 모르겠어.

황선영 해를 넘기면서 복귀하는 사람이 눈에 띄고, 그래도 작년에는 곧 해결될 거다 하는 희망도 있지만……. 혼자 있는 시간이 많아지고,

생각을 하게 되면 힘 빠질 때가 많죠. 자괴감이 많이 들고 해서 웬만하면 생각하지 않고 하루 종일 뭔가를 하면서 지내려고 해요. 어떨 때는 몸이 안 좋아서 안 나가고 집에 있으면 머리가 깨져. 되게 피곤하고 그러면 안 나가고 싶고 그런 마음이 들거든요. 그런데 추스르고 현장에 가면 잊어버리지. 그래서 막 시간을 빨리 보내는 것도 있는 거 같아. 뭔가 계속하면서. 내 의지로 시간이 가는 게 아니라 모든 상황이 너무 안 좋으니까. 언제나 바뀔까? 우리 아들이 노동자가 되면 그때는 바뀔라나? 노동자로 살아도 노동자인줄 몰랐지만 그래도 노동자가 있어서 노동부가 있는 거잖아. 그러면 이것들이 우리를 먼저 챙겨야 되는데 우리는 노동부에서도 버림받았어. 그리고 민중의 지팡이 경찰한테도 버림받은 민중이야, 우리는 우리나라, 정부한테서도 버림받았어. 우리는 국민이 아니야. 국적만 여기지 이주 노동자랑 다를 게 없는 거야. 이런 사회에 대한 불신감이 점점 커지는 거야. 그걸 회복하려면 좀 더 많은 눈물을 흘려야 될 거 같아. 내가 하나씩 얻어 나가면서 그 불신을 하나씩 접겠지.

서은주 어떻게 보면 우리가 맨 앞에 선 게 되어 버렸잖아. 우리가 하는 것에 비해 외부에서 보는 눈이 너무 높다고나 할까.

황선영 어느 순간 우리 투쟁 수위가 너무너무 높아진 거지. 그야말로 고용 안정과 차별 시정뿐이었지. 비정규직 차별 철폐 그런 건 사실 아니었는데. 어느 순간 비정규직 투쟁의 선두에 서 있게 된 거지. 왜 우리를 이 수위에 올려 놓았나? 그래서 우리가 해결 안 된다, 이런 이야기들이 많이 나오죠. 우리 분회는 특히 걱정되는 거예요, 요즘에. 다른 분회가 다 복귀하고 그러니까 나중에는, 머지않아 해고자하고 우리 분회만 남게 되는 거 아닌가. 그렇게 되면 어떻게 하나. 우리는 진짜 복귀하기 힘들어지고 더 오랫동안 싸워야 되는 건가. 그래서 두려워요. 차라리 우리도…… 한두 명씩 복귀하는 거는 우리 자신이 원하지 않고, 복귀하더라도 한꺼번에 들어가자, 그래야 힘이 있으니까. 해결되지 않고 들어간다는 것 자체가 패배라고 할 수 있지만. 다른 분회도 복귀할 때 업무 들어가기 전에 팀장 면담해서 너는 요번에 들어가면 어디 가서 근무하는 거다, 내일부터 근무하는데 9시부터 근무면 한 시간 먼저 나와서 교육을 받아야 한다, 그러거든. 그래도 들어가서 일하겠다고 할 정도로 본인들은 많이 힘드니까 그걸 감수하고 들어가는 건데. 만약 들어가서 그동안 행동이 정당했다고 자신 있게 이야기할 수 있을지…….

정미화 전에는 제가 투쟁 현장에 당당하게 나왔는데 지금은…… 사태가 길어지니까 지방에 있는 남편이 전화하면 어디냐고 물어봐요. 그러면 지금 어디 어디에서 투쟁하고 있어, 자신 있게 말했는데 지금은 제가 이유를 다는 거예요. 말이 길어지죠. 남편한테 미안하니까. 중학교 다니는 애는 공부방을 나가고 있고, 큰애는 자기가 안 다닌다고 하는 것도 있지만 사실 중요한 시기인데 학원을 못 보내고 있어요. 부모로서 해줘야 하는데 못 해주니까, 그게 마음이 아파요. 시간이 갈수록 조급해지죠. 내년에 둘째가 고등학교 가는데, 막 불안하죠. 그래도 내 자존심, 회사가 미워서도 하지만 우리 아이들 때문에 하는 것도 있어요. 아무래도 아이들 키우는 엄마다보니까. 돈이나 재산을 물려주지는 못하고 정말 이 사회가 애들이 꿈을 많이 가질 수 있는 사회, 열심히 하면, 내 꿈이 이뤄지겠다, 열심히 한 만큼 대가를 받겠다, 그런 거를 아이들한테 물려주고 싶은 마음도 있어요.

황선영 우리가 뭘 해도 세 끼는 어떻게 해결할 수 있겠죠. 하지만 이렇게 나와서 하는 건 내 자신 문제도 있지만 먼 훗날 우리 아이들 문제도 있기 때문에 더 적극적으로 하는 것도 있어요. 그래도 지금 가장 중요한 시기라 할 수 있는 고2, 공부하고 열중해야 하는데 먹을 것 입을 것 못 챙겨 주고, 밖에 있는 시간은 많고요, 공부할 여건도 제대로 만들어 주지 못하는 데다가 사교육 없이 본인이 열심히 한다고 해도 엄마가 학원 한 군데라도 더 보내 주고 싶은 심정인데. 야간 자율 학습도 돈 내는 거라고 하더라고요. 그런데 저는 한 번도 안 냈어요. 선생님들이 어려운 거 아니까 십시일반 모아서 1년 치를 냈다고, 걱정하지 마시라고 문자가 작년 말에 왔더라고요. 저는 그거 내야 된다는 것도 애가 얘기를 안 하니까 몰랐거든요. 문자를 보고 알았어요. 지금 내가 엄마로서 정말 제대로 된 길을 가는 건가? 아이 교육도 못시키고 정말 잘하고 있는 건가? 애한테 공부하라는 말도 못하고 시험 기간이면 잘되고 있는 거지? 그렇게밖에 말을 못하겠는 거야. 잘 돼, 엄마. 신경 안써도 되는 거지? 걱정하지 마, 이런 대화만.

서은주   나는 결혼을 안 해서 부모님이랑 같이 사는데, 집에서 처음에는 이해를 해줬어요. 그런데 내가 거기를 1년 다녔거든요. 지금 파업을 1년 하고 있어요. 상식적으로 이해가 안 되지. 1년 다녔는데 뭐가 그렇게 억울하나? 처음 파업 시작할 때는 다니던 중이었고 9월에 해고가 됐지만. 파업을 하면서 내가 해야 하는 이유를 만들었지. 나뿐이 아니라 내가 지금 이런 식으로 물러나면 나 같은 사람이 계속 생길 거 아니냐? 내가 다른 데 가서 또 이런 일이 생기면 또 피할 거냐? 그래서 계속하고 있는데 해를 넘기면서 집에서는 답답한 거지. 나 스스로 불안해지는 것도 있고. 당장 복귀할 데가 있는 것도 아니고, 확실히 복귀가 된다는 보장이 있는 것도 아니고. 처음에는 끝을 봐야겠다고 하고 있는데 나이가 또 한 살 먹으니까 계속 이래도 되나……. 그렇지만 선뜻 그만두지 못하는 건, 정당한 일이라고 생각해서 시작했는데, 졌다든지 이겼다든지 결론이 났으면 모르겠지만 아무 결론이 안 난 상태에서 그만뒀을 때 나중에 나이 들어서라든지 다른 데 간다든지 했을 때 어디 가서 얘기를 못하잖아. 중간에 포기하면 내가 아무리 열심히 했어도 내 인생에서 1년을 지워야 하는 거니까. 그게 계속 남아 있을 거니까. 내가 마지못해서 끌려갔다면 모르겠지만 나름 열심히 했는데 중간에 포기해 버리면 그게 계속 남아 있을 거야. 그래서 결론을 빨리 봤으면 좋겠고.

정미화　내가 바보라서 이걸 하고 있나 솔직히 갈등이 많이 생겨요. 나도 약게 살 수 있는데…… 주위 사람들이 손가락질을 대놓고 하지는 않지만 그걸 느끼죠. 이야기하다 보면, 왜 그러고 있냐고 한심하게 보는 사람들이 더 많아요.

황선영　우리가 하는 게 옳지만 왜 바보처럼 네가 하냐고. 나 아니면 다른 누군가가 하겠지, 생각할 수도 있지만 그 다른 누군가도 그렇게 생각하면 아무도 소리를 안 낼 테니까 나라도 소리를 내는 거다, 이런 당당함은 있지만 주위의 시선이…… 빨갱이로 몰리는 건 아닌가 하는 두려움도 있고 바보 취급 받는 것에 대한 억울함도 있고. 이런 이야기를 더 힘든 사람이 옆에 있는데 꺼내기가 서로 쉽지 않은데, 길어지다 보니까 이야기가 나오는 기죠. 하지만 내가 이렇게 하고 있는 거를 우리 아이들이 다 알고 있는데 포기해 버리면…… 아이들에게 그런 모습을 보여 주고 싶지 않아. 다른 사람들은 그렇다 치더라도 저희 큰아이 같은 경우는 엄마가 이랬어, 이런 이야기를 내가 했던 게 아니고 학교에서 선생님에게 들어서 알게 되고, 그래 엄마 열심히 해봐, 도와줄

거는 없지만 신경 안 쓰게 공부만 할게, 이런 애한테 엄마 힘들어서 중
간에 포기했다, 엄마 옆에 있는 사람들 등지고 나왔다 이런 모습을 보
여 주고 싶지는 않은 거지.

이기든 지든 지금까지와는 다른 삶을 살 거 같아요

● 월드컵분회 조합원 **장은미**(40), **윤수미**(37) ● 인터뷰 : **진재연**

2007년 12월 27일, 망원역 근처 찻집에서 장은미, 윤수미 씨를 만났다. 그녀들과의 대화는 내내 편하고 즐거웠다. 누군가 내게 두 분이 '단짝'이라고 일러 준 것처럼 서로를 무척이나 의지하고 있다는 것을 알 수 있었다. 그녀들은 자신들이 어떻게 변했는지 이야기했다. 노조에 가입하고 파업을 하며 싸워 온 시간 동안 자신들이 이렇게 달라졌다고, 이럴 줄 몰랐다고 말했다. 그 이야기를 들으면서 나는 그녀들의 행동이 이 사회에 던졌던 수많은 물음과 변화에 대해 생각했다. 비정규직 보호 법안은 비정규직을 '보호'하는가? 저임금, 비정규직의 삶으로 생계를 감당하는 여성들의 노동은 왜 늘 보조적인 것으로 평가되는가? 서비스 노동자들의 웃음을 강요당하는 하인 노동은 당연한 것인가? 이랜드 여성 노동자들은 비정규직 보호 법안이 어떻게 비정규직의 삶을 위협하는지 온몸으로 경험하고, 비인간적 억압과 차별을 강요하는 현실에 맞서 싸웠다. 그리고 하인 노동을 원하는 고객들을 향해 외쳤다. 우리도 시민이고 똑같은 권리를 갖는 노동자라고, 그녀들에게 우리는 어떻게 대답할 수 있을까.

삶의 변화는 때론 씁쓸하고 헛헛한 마음으로 다가오기도 했다. 장은미 조합원은 남동생에게 100만 원을 빌리면서, '가급적 그런 일 없어야겠지만 나중에 필요하면 또 빌려 달라고 할지 모른다'는 말을 덧붙였다. 가급적 그런 일이 없길 바랐는데, 인터뷰가 끝나고 몇 달 후 다시 한 번 100만 원을 빌려야 했다. 설 재정 사업 품목이었던 떡국 떡을 팔러 오빠를 만나러 갔다가 '투쟁' 이야기를 하던 중 말다툼을 하는 바람에 떡은 팔지도 못하고 돌아온 적도 있다. 집으로 돌아오는 길에 그녀는 한참을 울었다.

12월에 인터뷰를 한 후 참 많은 일이 있었다. 이후 집회에서, 술자리에서 만나 이야기를 할 때마다 꼭 새로운 '사건'을 듣곤 했다. 해를 넘겨 시간이 흐를수록 삶의 부대낌은 더해 가는데 그녀들은 여전히 그 자리에 있다.

요즘은 어떻게 지내세요?

장은미 투쟁 기간이 길어지다 보니까 몸이 안 좋아져서 허리 디스크 치료를 받았어요. 그 와중에 시어머니가 추석 때부터 많이 아프셨어요. 저도 아픈데 시어머니 수발하려다 보니까 짜증도 나고 힘들었어요. 무엇보다 현장에 있는 조합원들한테 제일 미안했어요. 제가 추위를 굉장히 많이 타거든요. 그러다 보니까 추운 날 되면 더 미안한 거예요. 나도 이렇게 추운데 밖에 있는 동지들은 추위와 또 싸워야 하겠구나 그런 생각이 드니까. 그래도 지금은 치료 중이긴 하지만 크게 무리가 되지 않는 한도 내에서 열심히 결합하고 있는 중이에요. 아무래도 제 생활이 집회 위주다 보니까 가정생활은 뒷전이 되죠. 남편이 가사 일을 많이 도와주고 있어요. 중학생, 초등학교 5학년짜리 아들 둘이 있는데, 못 챙겨 주는 게 미안하죠. 엄마 마음은 항상 애들한테 빈자리에 대한 죄책감이 있잖아요. 중학생 아들은 며칠 전에도 '엄마가 꼭 이겨야 된다'고 그러더라고요. 그래야 '내가 비정규직 인생 안 산다'고. 그런 애를 보면서 다른 사람도 저럴 거라고 생각해요. 우리 눈에는 보이지 않지만 우리를 무언으로 지지해 주는 사람들. 그런 노동자들 많을 거라는 생각이 들어요. 요새 그러고 살아요.

윤수미 저는 초등학교 2학년짜리 남자 아이를 키우고 있는데. 저도 아이한테 시간을 많이 못 내주니까 그게 제일 걱정이죠. 주말되면 투쟁 강도가 강해지는데 엄마가 항상 아침 일찍 나가서 저녁 늦게 들어오니까. 얼마 전에는 신랑이 계속 피곤하고 머리가 아프다고 그러더니 병원에서 영양실조라고 그랬대요. 제가 없으니까 시댁이 가까워도 시댁에 가서 밥을 안 먹어요. 라면으로 때우고. 간단하게 인스턴트식품 먹고 그러니까. 영양실조에 빈혈도 있대요. 많이 뜨끔했죠. 미안하

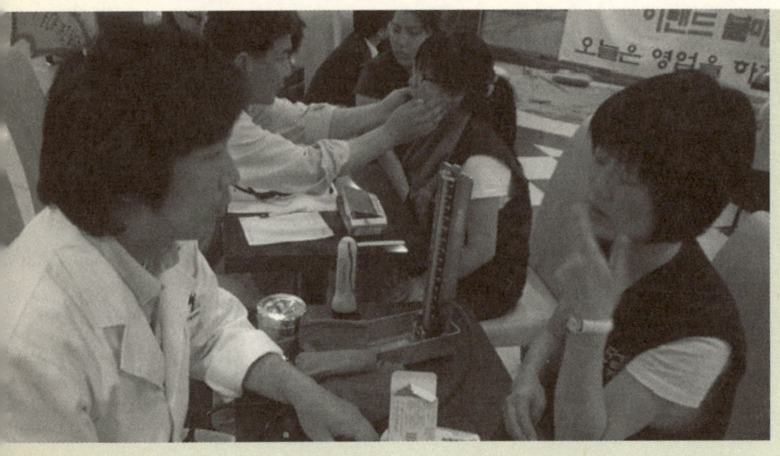

농성 중인 뉴코아 조합원들이 보건의료연합의 진찰을 받고 있다. 홈에버 노동자와 마찬가지로 이곳 뉴코아 노동자들도 대부분 방광염, 위염, 근골격질환을 앓고 있었다.
ⓒ민중의소리

지만 어떻게 하겠어요. 가슴 아프지만 지금 일정에서 내가 손을 놓을 수도 없는 거고. 그렇다고 주말에 사람이 별로 없는데 나라도 안 가면 어떡해요. 나보다 쟁대위(쟁의대책위원회)나 지대위(지원대책위원회) 하시는 분들은 더 많이 시간 할애해서 하는데. 집에 가서 잠깐 잠만 자고 나오는 언니들도 많거든요. 그런 사람들 생각하면 그나마 낫죠. 그래도 집안일 신경 못 쓰는 것 때문에 좀 힘들어요. 처음엔 집에 바퀴벌레가 나와서 남편이랑 싸우기도 했어요.

장은미 신랑이랑 싸우고 수미가 울었어요. 지저분하면 바퀴벌레가 나오잖아요. 수미가 열심히 투쟁 나오다 보니까 청소를 못 한 거야. 우리 집은 수시로 나오는데……(웃음) 가족들한테 미안하기도 하지만 이해해 줬으면 하는 마음이 더 크죠. 우리 시어머니는 제가 파업한줄 몰라요. 고지식한 분이라 제가 파업한다고 하면 빨갱이인 줄 알 거예요. 친정 엄마는 걱정은 하시지만 싸움에 반대는 안 하시는 것 같아요. 신랑이 많이 이해해 줘요. 가끔 그만두면 안 되겠냐고 할 때도 있지만, 우리 싸움이 정당한데 그럴 수 없잖아요.

윤수미　은미 언니나 저나 남편들이 쉽게 이해를 해주는 게 다행이죠. 다른 분들은 그 문제 때문에 며칠씩 못 나오기도 하고 그랬어요. 6개월 동안 싸우면서 가족이 먼저 변한 거 같아요. 열심히 싸우고 있으니까. 옳은 일이라고 생각하고 하니까. 처음에는 굉장히 반대가 많았어요. '니가 꼭 해야 되냐' '뒤에도 서지 말고 앞에도 서지 말고 중간에만 있어라. 조금만 하고 나와라' 그랬는데 지금은 안 그래요. 해야 되는 일이라고 생각하나 봐요. 조금씩 변하는 걸 느껴요. 저부터도 생각이 많이 바뀌었어요. 전에는 한나라당이니 민주노동당이니 구분이 안 되었어요. 회사랑 집밖에 모르는 평범한 아줌마였는데, 어떤 게 시민의식이고 사회를 올바르게 봐야지 제대로 살 수 있는 거라는 걸 느끼고. 우리 아이를 세상을 제대로 보는 사람으로 키워야겠다는 생각을 하게 돼요. 점점 생각이 바뀌어 가고 있는 거 같아요. 그게 보람이죠. 이 싸움을 이기든 지든 지금까지와는 다른 삶을 살 거 같아요.

장은미　저도 정치에 무관심하기는 했는데, 선거할 때 꼭꼭 참여는 했거든요. 그런데 그게 더 강해졌어요. 개개인이 지지하는 후보는 다르지만 정치에 대한 비판 의식이 있어야 겠구나 그런 생각이요. 저희 남편도 노동운동에 대한 시각이 안 좋았는데 저를 통해서, 파업하고 데모하는 사람들이 뭔가 이유가 있구나 그런 식으로 시각이 바뀌었어요.

이번 대통령 선거 보면서도 많은 생각이 드셨을 거 같은데요. 민주노동당의 결과를 보면서도 그렇고, 조합원들도 대선 투쟁 열심히 하셨잖아요.

'이랜드'는 자신의 미래에 관한 암울한 징후였을까. 2007년 8월 10일 이랜드노조를 '테러리스트'로 규정한 이랜드를 항의 방문, 본사 입구에서 시위 중인 청소년들. 이들의 '철없음'을 힐난하던 이랜드 본사 직원들에게, 자기네들의 지독한 '감 없음'은 아무런 문제가 되지 않았다. ⓒ프레시안

윤수미 이번처럼 대선을 기다렸던 해가 없었던 것 같아요. 제가 36년 살면서 유세 활동도 처음 해보고 당원들 따라다니면서. 세상을 바꾸는 대통령 기호 3번, 춤도 춰 보고 피켓도 들어 보고. 그런데 정말 실망스러운 투표 결과였죠. 그렇게까지 나오리라고는 생각을 못했어요. 그날 잠이 안 오는 거예요. 다들 술 한잔씩 하고 잤다고 하는데. 난 이불 쓰고 울기 일보 직전이었어요. 당선되리라고는 생각 안 했지만 지지율이 그렇게 떨어질지는 몰랐어요.

장은미 저도 권영길 후보가 당선되리라고 생각은 안 했지만 지지율을 보고 정말 실망스러웠죠. 비정규직 철폐를 말하고, 비정규직에게는 어떤 희망이 되어 주었잖아요. 저희뿐 아니라 다른 비정규직 노동

자들이 찍어 줄거라고 생각했거든요. 그러면 당선은 안 되더라도 득표율은 오를 수 있잖아요. 그런데 그러지 않았다는 게 너무 실망스러웠고요. 개표한 지 얼마 안 되었는데 TV에서 "이명박 당선 확정" 그게 너무 보기 싫은 거예요. 저도 노무현을 뽑았었는데 노무현한테 사람들이 엄청나게 실망했잖아요. 그러다 보니까 진보 세력인 민주노동당까지 본의 아니게 영향을 끼쳤던 거 같아요. 같은 개혁 세력이라고 생각하니까. 투표 참관인 한다고 앉아 있는데, 사람들이 투표 용지를 안 접고 넣는 거예요. 그런데 다 이명박인 거야. 아휴. 여자들은 차곡차곡 접어서 넣는데 남자들은 뭐가 그렇게 자랑스러운지 종이를 펴서 넣는 사람들이 많더라니까요. 접는 게 귀찮은 거지.(웃음)

윤수미 우리 조합원들이 대부분 투표 참관인 했어요. 아까 만났던 사람도 투표소에 있던 구청 직원이었어요. 식사도 같이했잖아(인터뷰 중간에 윤수미 씨가 옆 테이블에 앉은 여성과 인사를 했다).

장은미 내가 본 게 거의 다 이명박이라 정말 열 받았어. 진짜 권영길 후보가 되길 바랐는데.

윤수미 그만큼 언론이 투명하게 보도를 못하고 현실을 안 보여 주니까 국민들이 올바르게 못 보는 거죠.

언론을 보는 시각도 많이 달라지셨어요?

장은미 그럼요, 진짜 100퍼센트 달라졌죠.

윤수미 우리는 텔레비전으로 비춰 주는 거나 신문에서 보여 주는 게 다잖아요. 왜곡해서 다루면 국민들은 그렇게만 보는 거죠. 이번에 우리 일 때문에 많이 느꼈는데 내가 보지 않으면 그걸 잘 느낄 수 없다는 생각이 들더라고요.

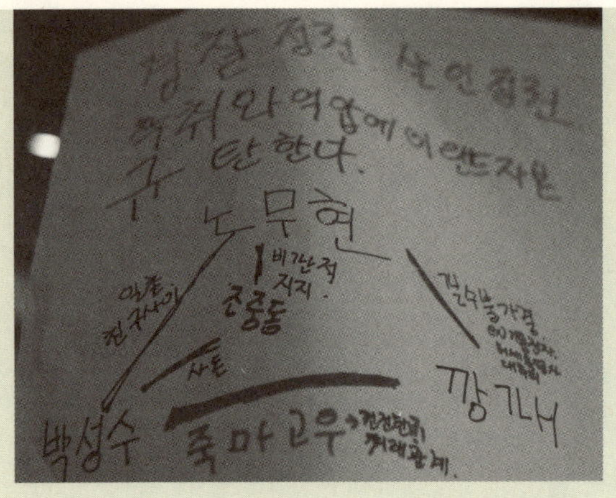

'이랜드 커넥션'을 도식화한 대자보. 적어도 이랜드 노동자들에게 소위 '조중동'과 날을 세운다는 참여정부는, 기껏 용역 깡패들에나 기대는 이랜드·기륭전자의 패악질은 짐짓 외면하는 '기업의 후견자'일 뿐이었다. 따지고 보면, 어디 이랜드 노동자들뿐일까. ⓒ민중언론 참세상 김용욱

장은미 그전에는 조중동, 막연하게 알았는데. 사실 그런 언론은 재벌이 장악하고 있잖아요. 파업 투쟁 보도하는 걸 보니 국민들에게 정말 진실된 소리를 전해 주지 않는 거예요. 회사 측에만 유리하게 나오고, 폭력, 격렬한 시위, 시민들에게 불편 줘, 그렇게요. 사람들은 비판 의식 없이 그렇게 받아들이고 '노동조합 하는 사람들은 빨갱이야'라고 말하죠. 저는 그래서 그렇게 언론을 이용하는 재벌도, 우리나라 정부도 문제가 많다고 생각해요. 그래서 세상은 바뀌어야 한다니까요.

윤수미 투명하게 보도해야 하는 언론이 그렇지 못하니까 시민들이 현실을 올바르게 못 보는 거죠. 언론인들의 책임이 크다고 생각해요. 예전에는 지하철 노조나 현대 자동차 노조가 파업하면 저 사람들 또 왜 이럴까. 이렇게 생각했거든요. 이제는 '할 만한 이유가 있어서 하는 거야' 그렇게 생각이 바뀌더라고요.

장은미 진짜 많이 바뀌었지. 저희도 이럴 줄 몰랐어요.(웃음)

네, 그러셨군요.

장은미 그런데 또 단점이 있어요. 노동운동을 하다 보니까 감정이 없어져요. 격렬한 그런 감정이 아니라. 아름다운 걸 보면 아름답다고 느끼고 좋은 음악이 듣고 싶다던가 하는 그런 거요. 비 내리면 커피 한잔 마시고 싶다던가 하는 감정이……. 정서가 메마른다고 할까. 수미도 꽤 무드파고 저도 그렇거든요. 그런데 요즘엔 욕이 막 나와요. 사 측에서 회유 전화 오면 '지랄하고 자빠졌네, 이 새끼들. 노사화합 웃기고 앉아 있네' 그런 말 먼저 나오고. 지금은 덜하지만 구사대 폭력이 있을 때나 억울하고 매 맞을 때 나 자신의 방어라고나 할까, 스트레스 때문에 욕이 안 나올 수가 없어요. 내가 점점 격하게 변해요. 그전부터 알던 친구들이 너 원래 그러지 않았는데 왜 그렇게 변했냐고 그래요. 그리고 동지라는 단어가 지금은 자연스러운데, 처음에는 어색했어요. 친구들이 저보고 북한에서 온 사람 같대요. 거긴 동무라고 하잖아요. 단어의 생소함이 있었죠.

윤수미 지금은 흑백논리가 정확하게 있어요. 우리 편이 아니면 다 적이에요. 예를 들어서 학교 엄마들이랑 어울리기도 하는데. 엄마들이 홈에버 이랜드 얘기하는 걸 보면 아직 인식 못하는 사람이 많아요. 저랑 친한 분들도 이제 저를 불편해해요. 근처에 홈에버가 있고 물건이 싸잖아요. 내 눈치를 보면서 자기네가 필요하면 가는 거야. 나 몰래. 내 앞에서 얘기를 안 해. 내가 자꾸 그 얘기만 하면 대화가 단절되는 거예요. 얘기 할 거리가 없는 거야. 그런 시간이 자꾸 길어지다 보니까 주위에 같이 싸우는 동지들 말고는 친구가 없어요.

장은미 맞아.

윤수미 친하게 지냈던 분들이 자꾸 떨어져 나가요. 그렇게 안 하고 싶어도 이랜드 얘기가 나오면 나도 모르게 격해지고 흥분하게 돼요. 지금도 이런 사람 있어요. '너희가 그렇게 하면 이랜드 망하는 거 아니야?' 그러면 저는 '야, 재계 32원데 우리 때문에 망한다고? 이랜드가 처음 파업하는 게 아니고 2000년도에도 있었는데 성장하면 했지 더 망했어? M&A 사업 확장해 가지고 홈에버 인수한 거 아니야? 똑바로 인식해' 막 이렇게 얘기할 수밖에 없는 거예요. 참, 내 입에서 그런 이야기가 나올 줄 몰랐지.(웃음)

장은미 6~7개월 파업하면서 모임에 못 나갔어요. 저를 지지해 주는 모임에는 전화도 통화하고 참석하고 싶은데, 저를 비난하고 '네가 계란으로 바위 치기 하는 거지, 돈 벌어야 되지 않냐' 이렇게 말하면 나를 위한 거지만 내 뜻과는 반대로 이야기하는 사람과는 만나고 싶지 않아요. 사람들이랑 자꾸 싸워요.

평소 일하면서 노동조합이 필요하다고 생각하셨나요?

장은미 전에는 필요성을 못 느꼈어요. 우리 일하는 게 다였죠.

윤수미 저는 필요성을 느꼈어요.

장은미 아, 그랬니?

윤수미 근데 어떻게 하는지도, 드는지도 몰랐고요. 혼자서 들기가 힘들어요. 그 사람 찍히는 거잖아요. 전 이 일하기 전에는 일반 사무 일을 했었거든요. 그런데 정말 여기 일하면서 억울했어요. 여섯 시간 내리 서서 일하는 것도 억울했고. 제 과실이지만, 과실을 계산원이 자기 돈으로 다 책임져야 하는 거예요. 일반 회사에서는 있을 수 없는 일이에요. 그런데 여기는 너무 당연하게 하는 거예요. 정말 이건 아닌데 아닌데 하면서. 정말 부당하다고 생각했는데. 아무도 반론을 제기하지 않는 거예요.

장은미 까르푸에서 이랜드로 넘어 올 때 제가 5월 달에 승계가 됐어요. 그런데 그 한 달 전에 제가 사실 노조에 가입했거든요. 저하고 다른 언니 두 명이랑 같이 셋이서 했어요. 사실 저는 반은 망설이고 있다가, 신랑이랑 얘기해 보겠다고 했는데, 언니들이 우리 살길 우리가 찾아야 한다고 해서 즉흥적으로 그냥 쓴 거예요. 그런데 팀장한테 호출이 왔어요. 왜 가입했냐고, 뭐하러 이러냐고 그러더라고요. 수미처럼 진보적인 생각을 가지고 가입하게 되면 매니저들이 노동자들을 딱 찍어요. 그래서 세 명 다 탈퇴했어요.

윤수미 언니는 그때 세 명이 개별적으로 가입했으니까 그랬을 거예요. 이번에 우리는 80명이 단체로 가입하니까 막지를 못하더라고요.

장은미 한꺼번에 봇물 터지듯이 드니까.

윤수미 홈에버에서 거의 한두 명 빼고 다 들었잖아요. 뭐든지 뭉치면 이기는 거 같아요.

장은미 대신 분회장인 언니가 총대를 많이 맸죠. 그 언니가 다니면서 고생 많이 했어요. 노동조합의 필요성을 느낀 사람도 있지만 그렇지 않은 사람도 있으니까요.

윤수미 투쟁하면서 느끼는 건데 그냥 얻어지는 건 없더라고요. 저희도 몰랐는데, 예전에 면목점에서 투쟁해서 택시비도 얻어 냈거든요. 주5일제도 민주노총에서 싸워서 따낸 거라면서요. 뭉쳐서 싸워야 뭐든 되는 거 같아요.

연행될 때 어떠셨어요?

윤수미 상암에서 1차 점거하고 나서 7월 20일에 사람들이 연행됐어요. 그때 저희는 지방 선전전 중이었거든요. '불행히도' 연행이 안 되었죠. 천안 홈에버 앞에서 점거 농성하면서 주차장 틀어막고 점주들하고 싸우다가 그 얘기를 들었을 때 대성통곡했어요. 그래서 먼저 들어간 동지들한테 미안한 마음이 있었어요. 체증이라고 할까. 한번은 들어가야 한다 그런 생각이요.

장은미 정말 그랬어요.

윤수미 첫 번째 들어간 사람들이 언론에 많이 알려지면서 집안사람들한테 탄압을 굉장히 많이 받았죠. '너 미쳤다. 가정주부가 애나 잘 키우지. 그런 지경까지 갔냐.' 어떤 조합원은 남편이 면회 왔을 때 수갑 차고 있는 걸 봤대요. 너무 안타까운 일이지. 근데 공권력이 들어온다 온다 했었는데 정말 그렇게 들어올지 몰랐고요. 저희도 가정주부로서 처음 보는 거잖아요. 구속된다는 거. 연행된다는 거. 들어가서 이틀 밤 자고 나오니까 이제 들어간 사람은 알지만, 사실 그거 아무렇지도 않은 일이거든요. (웃음)

장은미 아무렇지 않은 일은 아니야. (웃음)

윤수미 근데 처음에, 당해 보지 않은 사람은 무섭죠. 면목점에 3차 점거 들어갔을 때 이미 각오하고 있었어요. 첫 번째 상암에서 어떤 식으로 끌려가게 된다는 걸 알았기 때문에 심적으로 큰 부담은 없었어요.

장은미 한번은 거쳐야 할 통과의례. 그런 마음이었죠. 저희들은 방배경찰서로 갔어요. 거기 시설 좋던데요, 비데 있는 화장실. (웃음)

윤수미 저희가 생계 때문에 투쟁한 사람들이라 경찰서에서도 대우를 해주더라고요. 현행범이긴 한데. 그들이 말하는 집시법 위반. 영업 방해……. 그런 걸로 진술서 쓰면서도.

장은미 경찰이랑 싸웠잖아요. 이게 어떻게 영업 방해예요? 내 매장에 들어간 건데. 불법을 저지른 게 아니고 내 생존권 싸움을 한 것뿐이다. '형사님도 저 같은 입장이면 똑같이 하지 않으셨겠어요?' 그렇게 싸웠죠. 그냥 경험이죠. 좋은 경험. 그런데 두 번 다시 해보고 싶지 않은 경험.

윤수미 다행히 유치장에서 저희 방에 있던 여섯 명이 다 월드컵분회 사람들이었어요. 그래서 마음이 맞고, 분위기 좋았죠. 우리는 오히려 가정사도 더 잘 알게 되었어요. 동지애를 느끼고 나온 계기가 되었죠. 투쟁 장소에서 하지 못했던 이야기들. 서로 바빠서, 시간이 달라서 못했던 부분 많잖아요. 이틀 동안 있으면서 속속들이 알게 됐어요.

장은미 가족, 자기가 처한 위치, 앞으로 투쟁, 주 수입, 내가 어떻게 살고 있는지, 경제적인 현황, 집안에서 가족들의 관계, 몇 남 몇 녀 중 몇 째 이렇게 사소한 거까지. 장소가 그랬을 뿐이지 그렇게 이야기하니까 참 좋았어요.

경찰서에서 나올 때는 어떤 생각하셨어요?

윤수미 유치장 안에 창문이 저 위 꼭대기에 있어서 지하 같은 느낌으로 이틀을 보냈는데, 나와 보니까 지하가 아닌 거예요. 그때 자유가 이래서 좋구나 그런 생각했죠.

장은미 공기가 신선했어요. 사람이 일정 공간에 짧았지만 며칠 있어야 한다는 게, 내 신체가 부자유스러운 게 싫었죠. 내 의지가 아닌데 갇힌 거잖아요. 검사가 우리 내보내기 싫었는지 8, 9시에 나간다고 하더니 밤 12시 넘어서 나왔어요. 교통편이 끊긴 시간이었는데, 월드컵 지대위 동지들이 친절하게 데리러 와 주셔서 정말 감사했어요. 차로 데리러 와 주셨죠. 사식도 넣어 주시고. 나오니까 일단 내 몸이 내 의지대로 자유롭다는 게 좋았어요.

투쟁이 길어지고 있는데 조합원들 사이에서 갈등은 없나요?

윤수미 투쟁이 길어지니까 서로 지치잖아요. 힘든 일을 별로 안 하려고 하는 게 문제인 것 같아요. 요즘에는 처음같이 구사대나 전경들하고 부딪히는 일이 없잖아요. 그러니까 사람들이 무뎌져요. 나 하나 쯤이야 이런 생각을 많이 하는 거 같아요. 물론 지금도 전처럼 투쟁 의지가 강한 사람이 많은데요. 중간적인 역할을 하는 사람들이 많이 없어지고. 서로 감정 기복이 심해지니까 말이 좋게 안 나와요.(웃음)

장은미 우울증 같은 거요. 그동안 열심히 했던 사람들이 회의가 올 수 있잖아요. 아가씨들 같은 경우는, 여기만 직장이 있는 게 아닌데 내가 왜 이래야 되나. 어느 날 친구들이 결혼식장 잡으면 내가 지금 뭐하는 건가 하는 생각도 들 수 있을 거고. 크리스마스나 연말연시에 다른 사람들은 커플끼리 다니는데 나는 왜 투쟁해야 돼, 그런 생각. 열심히 했던 사람들도 그런 회의라던가 우울증이 올 수가 있잖아요.
서로가 이해는 하면서도 투쟁에 대한 긴장도가 점점 느슨해진다고 할까. 한편으로는 마음의 여유가 생긴 거지만 투쟁하려는 의지는 조금 없어진 거 같아요.

윤수미 어느 때는 감정이 격해서 싸움도 하고 그래요.

장은미 파업하기 전에 내가 소위 알고 지낸 사람들의 이중적인 면이 보이더라고요. 그런 거에 실망하기도 했어요. 반대로 평상시에 말이 없던 사람들이 열심히 하는 거예요. 내가 참 의리가 있다고 좋아했던

사람들이 땡땡이를 치기도 하고. 다 힘든데 하루 이틀 나오다가 며칠
확 제치는 거야. 그런 게 서로 밉게 보이는 거죠. 우리도 저러고 싶은
데, 가족이랑 외식도 하고 싶고 아이들이랑 시간 보내고 싶고. 그런 마
음은 굴뚝같지만 잠시 접어두고 나오는 건데. 누구는 그렇고 누구는
그렇지 못하다는 게. 현실적인 면에서 갈등할 때. 이런 투쟁이 아니었
으면 모르는 면이었을 텐데. 그랬을 때가 좀 슬프더라고요.

현장으로 돌아가거나 투쟁을 접는 분들을 보면서 어떤 생각이 드세요?

장은미   공감은 가는데 답답하죠. 왜냐면 돈 한 푼 없이 살 수 없는 게
현실이고. 정당하니까 그 사람들도 계속하고 싶은데 돈 때문에 그런
거니까. 그걸 비난할 순 없어요. 넉넉지 못한 거 알거든요. 그런데 정
말 돈이 필요한 것뿐이라면 왜 굳이 매장으로 고개 숙이고 들어가는
건지 그게 가슴 아프죠. 물론 그 사람들은 '매장에서만 일하다 보니까
다른 거 못해' 이렇게 얘기하죠. 근데 저도 홈에버에서만 일한 게 아니
었거든요. 매장에서 손님들을 상대했던 몸과 정신이라면 다른 거 충
분히 소화할 수 있어요. 여태껏 우리 투쟁이 정당하다고 얘기했고 이
랜드 자본 박살 내자고 외쳤는데, 그게 안타까워요. 저도 사실 돈 필요
하면……, (커피숍 유리 너머 전봇대에 붙어 있는 광고지를 가리키며) 저기 직
원 모집 보이죠? 김밥 마는 사람도 보이고요. 식당 서빙, 홀 서빙, 주방
정직원, 난 나중에 정말 돈 필요하면 그런 데 갈 거거든요. 물론 패배
하지는 않을 거예요. 들어갈 때 같이 들어가지 절대 머리 숙이고 못 들
어갈 거 같아요.

윤수미   어제 긴급 총회를 했는데요. 27일까지 복귀하라고 회유 전화
가 오고 문자가 오니까 흔들리는 사람들이 있잖아요. 그러니까 위원

> 물론 패배하지는 않을
> 거예요. 들어갈 때 같
> 이 들어가지 절대 머
> 리 숙이고 못 들어갈
> 거 같아요.

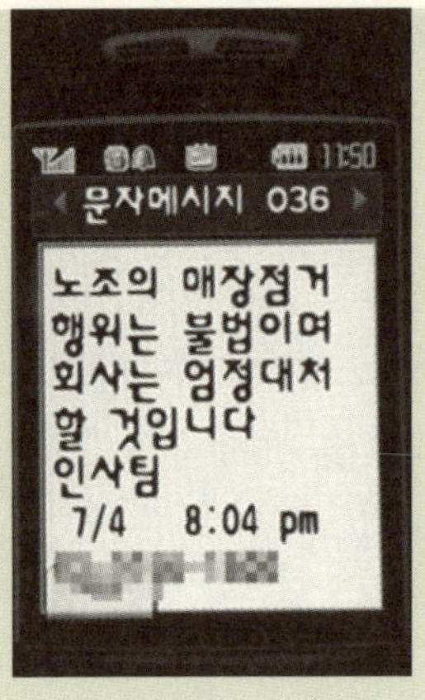

설령 불법이라 쳐도, '법치'의 이름으로 온갖 탈법과 부정의가 공공
연한 마당에, 그에 맞서는 싸움이 법의 테두리 안에서만 이뤄져야
할 까닭은 뭘까. ⓒ이랜드일반노조

장님이 그러시더라고요. 저희 아내 모르게 비자금 숨겨 놓은 거 있는
데 1,000만 원입니다. 그거까지 털겠습니다. 그러면 열 명은 살릴 수
있을 거 아닙니까. 저도 어렵거든요. 근데 그 얘기를 들으니까, 나는
한 명은 살릴 수 있을 거 같다는 생각이 들더라고요. 파업하고 있으니
까 내가 어떻게 할 방법은 안 되고. 내 주위에서 끌어 모아서 어떻게
100만 원은 될 수 있을 거 같은 거예요. 한 사람은 구할 수 있을 거 같
다는 생각이 들더라고요. 그럼 열 달 동안 갚으라고. 결의가 생기더라
니까요.

장은미　위원장도 힘들지만 자기가 접을 수 있는 상황이 아니잖아요.
의지를 가진 조합원이 있기 때문에. 모르겠어, 아마 절반은 그만두고
싶을 거예요. 하지만 자기도 힘든 상황에서 자라온 사람이기 때문에
더 해야겠다고 생각할 거 같아요. 있는 사람은 이렇게까지 안 하죠. 없

는 사람이 없는 사람 마음을 안다고.

항상 총회 때마다 지도부에서는 조합원들이 지도부한테 바라는 것이 무엇인지 물어봤지만 반대로 우리가 지도부를 위해서 뭘 해줬는지 생각해야 돼요. 물론 여태껏 열심히 싸웠죠. 지금은 구속되었던 사람들, 위원장 부위원장 다 나왔잖아요. 어떻게 보면 다시 처음으로 돌아간 거거든요. 물론 처음에 비하면 많이 지치고 투쟁 대오도 많이 떨어지고 특별한 전술도 없고 연대도 그전의 1,000인 선봉대 같은 것처럼 많은 형편도 아니지만. 어쨌든 감옥에 있었던, 신처럼 여겼던 위원장도 나왔고. 그런 걸로 인해서 초심으로 돌아갔으면 좋겠어요. 이제는 우리가 지도부를 위해서 무얼 할 것인가 생각하면서. 요 며칠 회사에서 흔들어 대니까 지도부도 마음이 급했던 거 같아요. 복귀하는 사람이 많다고 할 때는 지도부도 역시 마음이 조급했던 거죠. 그래서 급하게 총회를 하지 않았을까요.

입점업체 사람들이 구사대로 나왔을 때 어떠셨나요?

윤수미 처음엔 너무 놀랐죠. 그 매장에서 내가 물건도 많이 사주고, 계산대 일할 때는 잘 지냈는데. 그런 분들이 이제 우리를 안 볼 것처럼 막말도 하고 잡아먹을 것처럼 하는 거예요. 거기서 애들 옷이나 식품도 많이 사고 그랬는데.

장은미 그 사람들은 회사에서 시키니까 그런 거겠죠. 회사에서 우리 같은 약자 입장이잖아요. 몇 프로씩 수수료 내는 매장이니까. 거기까지는 이해가 되지만. 너무 '오버'해서 하니까요. 몇몇 점주들은 진짜 폭력 깡패처럼 조합원들한테 물병 던지고. 연대 오신 동지한테 폭력 휘두르고. 그렇게까지 과잉 충성할 이유가 없는데. 나중에 매장 좋은

'이랜드를 사랑하는' 구사대들이 월드컵점 인근 상암교에까지 마스크를 쓰고 몰려나와 '사탄' 노조와 '한판 뜰' 준비를 하고 있다.
ⓒ이랜드일반노조

거 주겠다고 했는지 모르겠지만. 우리 다시 들어가서 물건 팔아 주고 그럴 텐데 그때 가서 야비한 웃음 지으면서 고객님 어서 오세요, 그럴 거 아니에요. 참 그게 먹고 살려고 그러는 건 이해가 되는데. 결국 박성수 놀음에 놀아나는 건데. 박성수는 살짝 빠져 있고. 엄한 사람들이 치고받고……. 박성수는 그런 쪽에 완전 천재 같아요.

임대 매장 주인들은 좀 다른가요?

윤수미   임대 매장은 극소수에 불과해요. 다 입점업체예요. 수수료 매장. 임대 매장 주인들은 우리를 이해해 주는 편이고 구사대 역할도 하지 않았죠.

장은미   뉴코아 쪽에서는 임대 매장 점주가 노동자들을 지지하는 기자회견도 했어요. 수수료 매장하고 임대 매장하고 그런 점이 다른 거 같아요. 사 측은 노동자들이 정당하게 호소하는 데 귀를 기울이라고 사장님들이 기자회견도 했었죠.

민주노총이 투쟁 자금을 지원하기로 했다가 잘 안 되고 있는 점에 대해서
는 어떻게 생각하세요?

윤수미 그거는 이해를 해요. 결의는 됐지만 실천하기는 어렵잖아요.
결의는 누구나 할 수 있어요. 실천은 내 주머니에서 돈이 나와야 하는
걸요. 조합원 80만 명의 개개 사업장 상황이 다 다르고 입장이 다르기
때문에. 주머니에서 돈을 꺼낸다는 게 어렵다고 생각해요. 우리 이랜
드 조합원들이 적극적으로 참여해서 호소해야죠. 지금까지 두 번 받
았고요. 나머지 두 번이 남았는데. 곧 들어오리라고 봐요.

장은미 '왜 결의만 했는데 안 지켜' '아휴 민주노총에서 말만 그렇지.'
그런 악성 댓글도 있어요. 저희는 그런 입장은 아니고요. 우리의 투쟁
이 정당하기 때문에 대의원들이 결의하는 모습을 보여 주었다고 생각
해요.

윤수미 내 일이 아니면 발 벗고 나서기 힘들 거 같아요. 자꾸 찾아가
서 호소해야죠.

장은미 네 번 중에 두 번을 받았다는 거. 우리한테는 50만 원이지만
전체적으로 1억이 넘는데. 민주노총 위원장이 한다고 해서 조합원들
이, 연맹이 안 따라 주면 할 수 없는 거거든요 . 우리 직무대행이 하는
것도 조합원이 딴지 걸고 넘어가는데. 위원장이 속은 타겠지만 그런
사람들을 비난할 마음은 없어요. 고마운 거죠. 오히려.

윤수미 장기 투쟁 사업장도 많은 데 너무 감사하죠. 그것 때문에 우리
가 투쟁을 안 할 것도 아니고요.

장은미 맞아요. 그게 없다고 우리가 투쟁을 접는 것도 아니고. 대신

2007년 9월 12일 광화문 정부청사 근처에서 뉴코아-이랜드 공동투쟁본부, 금속노조 기륭전자분회 등 서울지역 비정규직·장기 투쟁 사업장 노조가 모여 '비정규직 폐지를 위한 공동투쟁 선포식'을 치르고 있다. '민주화된 공론장'에서도 배제를 겪기 일쑤인 이들 처지에서, 우악스런 팔뚝질로 표상되곤 하는 '거리의 정치'는 불가피하면서도 지극히 합리적인 행동일 수밖에 없다. ⓒ민중의소리

그걸 받아서 더 기운이 나겠죠. 우리를 여전히 생각해 주는 마음이 있구나, 그렇게.

연대 단위들이 꾸준하게 같이하고 있다는 생각이 드세요?

윤수미 초창기보다는 많이 떨어졌다는 생각이 들죠. 그런데 그것도 투쟁이 장기화되면서 저희도 나태해진 것이 사실이죠. 그것 때문에 회의하면서 어떻게 장기 투쟁을 할 것인지 머리를 맞대고 있으니까 잘 되리라고 봐요. 저희가 먼저 결의하고 실천하고 나서야지. 저희 일이니까요.

장은미 우리가 스스로 모범을 보여야만 연대도 붙는다. 힘은 들지만 발 벗고 달려가야만 그 사람들도 연대한다, 그렇게 생각해요. 몇 달 사이에 너무 많이 큰 거예요.

92

다른 곳에 연대 많이 다니셨어요?

장은미 코스콤, 기륭전자, 롯데 칠성식음료 유통, 테트라팩, 르네상스, 용산 철거민연대, 전빈련(전국빈민연합). 하여튼 최대한 결합하려고 해요.

그렇게 결합하시면 힘드시겠어요.

장은미 하루에 세 군데 가기도 해요. 10시부터.

내적인 동요나 번민의 순간들이 있었을 것 같은데요?

장은미 돈이 없을 때요. 카드 대금 나갈 일이 많은데 돈이 없을 때. 보험도 깼고. 보험은 너무 아까운 게, 2년이 안 되면 해약해도 얼마 안 돼요. 투쟁이 정당한 건 맞는데 돈이 필요할 때 너무 힘들죠. 그렇다고 그만두고 싶지는 않아요. 또 아직은 생계 투쟁 나가고 싶지도 않고요. 투쟁에 결합할 의지는 있기 때문에. 결혼한 지 14년 만에 처음으로 남동생한테 돈 얘기를 했어요. 남동생이 잘살아요. 정규직이고 강남에 살아요. 근데 개가 그런 거에 인색해요. 왜 그런 사람 있잖아요. 형제관은 좋은데 돈하고는 엮이고 싶지 않아서. 의리 상할까 봐. 그런데 정말 필요하니까 100만 원 빌렸죠. 올케 몰래 빌려 줬어요. 돈 다시 부칠 때, 고맙다고 또 가급적 그런 일 없어야겠지만 필요할 때 또 빌려 줬으면 좋겠다고 했어요. 누나 직책이 뭐야. 평조합원이지. 근데 뭘 그렇게 열심히 해. 야, 내 밥그릇 내가 찾아야지, 이랜드가 악랄하긴 악랄하다. 누나, 몸이나 건강해요. 그러더라고요.

윤수미 저는 같이하던 동지들이 아팠을 때, 많이 힘들었어요. 와르르 무너지던데요. 투쟁 의지는 있는데 현장에 나가기가 버거웠어요. 같이하던 황선영 동지가 허리를 다쳐서 한 달 입원하고, 장은미 동지도 허리 디스크로 아프고 그랬을 때요.

장은미　저희가 되게 열심히 하는 사람들이었어요. 그런데 희숙 언니, 영숙 언니 아팠지, 선영 언니 허리 다쳤지, 저까지 아팠어요. 수미는 의지는 있는데 서로 어깨 매고 같이 가야 될 동지들이 없어서 힘이 쫙 빠지고 힘들어 하더라고요.

벌써 6개월이 되었네요.

장은미　사실 멋모르고 시작한 게 이렇게 되어 버렸어요. 처음에 연대 동지들이 우릴 보고 비정규직 선봉에 섰다고 대단하다고 했을 때, 왜 우리에게 그런 말을 할까 그랬는데. 이제야 조금씩 느껴지는 거 같아요. 우리의 권리를 찾는 것도 중요하지만 다른 비정규직 노동자들에게, 또 작게는 우리 아들부터 멀게는 우리 후세 사람들한테 희망이 되었으면 좋겠어요. 저는 지금도 우리가 이길 것 같아요.

윤수미　그럼요, 이길 거예요.(함께 웃음)

장은미　이길 거라는 확신이 있는데 문제는 우리가 얼마나 버티느냐, 시간 싸움이죠.

시간이 갈수록 더 힘들어질 텐데요.

장은미　갈 데까지 가 봐야죠. 우리가 대부분 평범한 소시민이지만, 없는 사람이라고 자존심까지 없는 건 아니잖아요. 수미도 그렇고 저도 그렇고 돈이 필요해서 나갔지만……. 수미나 저나 신랑이 있으니까, 진짜 생계 가장인 여성 조합원에 비하면 형편이 나은 거잖아요. 그래서 아직은 버티고 있지만, 어느 땐 몰라요. 생계 투쟁 나갈지. 정말 쪼

들리면 나가겠죠. 그래도 버틸 수 있는 한도까지는 이를 악물고 버티려고요. 없는 사람도 돈보다 중요한 게 있죠. 넌 돈이 있지만 나는 나만의 자존심이 있다, 그런 걸 보여 주고 싶었던 거예요.

윤수미 유치장에서 우리 옆방에 있던 언니는, 생계 투쟁을 하신대요. 낮에는 집회 나오시고. 저녁 6시부터 다음날 새벽 6시까지 일하신대요. 힘들죠. 그렇게 하면서도 투쟁을 이어 가시는 분들이 있어요. 만약 내년까지도 안 끝나면 그렇게 해야죠. 1, 2월 안에는 해결 날 거 같은데 장기 투쟁으로 안 볼 수도 없잖아요. 어떻게 될지 모르니까, 그런 생각도 해야죠.

장은미 끝까지 싸워서 이겨야죠. 2008년부터 100~299인 사업장도 비정규직법이 적용될 텐데, 그러면 언제든 다른 데서도 우리처럼 할 것이고, 대량 해고하겠죠. 그런 사태를 접하지 못한 사람들이 현실에 눈을 떴으면 좋겠어요. 우리도 이걸 겪지 않았으면 냉소적인 사람 중에 포함되었을 거예요. 사람들이 우리 이야기에 귀 기울여 주고, 언제든지 나에게 닥칠 수 있는 일이라는 걸 알아줬으면 해요. 그런 게 모이면 커다란 힘이 되지 않을까요.

인터뷰 **4**

정규직이라고 비정규직 싸움에 안 나온다는 게 말이 안돼요

● **권후남**(월드컵분회 조합원, 56), **이선화**(○○분회 조합원, 가명, 55), **서형태**(병점분회 조합원, 38) ● 인터뷰 : **연정**

"처음에 비정규직 투쟁을 정규직 노동자들과 함께할 계획을 세우면서 두려움은 없으셨나요?" 글의 방향을 잡기 위해 김경욱 위원장에게 질문을 하는데, 이를 옆에서 들은 다른 조합원들이 일제히 웃더니 한마디씩 한다. "두려움보다는 아무 생각이 없었지." "없어져야 된다고 그러니까 없어져야 되나 보다 생각하고 시작했는데……."

"비정규과 정규직이 함께 투쟁하는 게 무섭다거나 하는 생각은 해본 적이 없고, 같이 일하고 있으니까 당연한 거라고 생각했죠. 당연하게 생각했는데…… 이럴 줄 알았으면 안 했죠?" 김경욱 위원장이 옆에 있던 조합원에게 묻자 조합원이 웃으며 대답을 피한다.

"노동운동 하는 사람들이 정규직과 비정규직이 함께 파업하는 걸 신기하고 이상하게 생각하는데, 저는 그 시각 자체가 처음에는 생소하고 이상했어요." 내가 '비정규직 투쟁의 대명사'가 되어 버린 이 투쟁에 정규직 노동자들이 함께할 수밖에 없었던 이유를 찾는 데 골몰하고 있을 즈음이었다. 어쩌면 나도 김경욱 위원장이 당연하다고 말하는 것을 신기하고 이상하게 생각하는 사람 가운데 한 명인지도 모른다. 나는 그 당연한 것이 왜 당연한 것인가를 궁금해 하는 것일까? 아니면 당연한 것이 당연하지 않게 되는 과정이나 이유가 궁금한 것일까? 아니면 둘 다일까?

조합원들은 "홈에버에는 진정한 정규직이 없다"고 이야기한다. 정규직이라면 고용 안정과 시간이 지나면서 인상되는 임금 체계를 갖추어야 하는데, 홈에버에는 정기적인 승급이나 임금 인상이 존재하지 않기 때문이다. 또, 이랜드노조 조합원들은 홈에버의 정규직은 '직무급제'이고, '직무급제'는 비정규직이라고도 이야기한다.

이랜드는 직무(계약직 비계산직·계산직, 정규직 영업직·비영업직, 정규직 매니저 등) 내에 노동자 본인도 모르는 세분화된 수많은 단계들을 만들어 노동자들을 쪼개 놓았다. 이 회사에서는 특별한 원칙 없이 관리자의 주관적인 판단에 따라 어떤 이는 입사한 지 1~2년 안에 관리자가 되기도 하고, 또 어떤 이는 10년이 되어도 입사 당시 월급을 그대로 받기도 한다.

이런 조건 아래 수산 파트에서 서로 조금씩 다른 고용형태로 일하는 권후남, 이선화, 서형태 세 조합원의 삶과 시선을 통해 정규직과 비정규직이 서로 '다르지도 똑같지도 않은 이유'를 추적하려 한다. 이 글이 결국에는 이들이 함께해야 하며, 그렇게 할 수밖에 없고, 그렇게 했다는 교훈을 비록 당위일지라도 독자들의 심장에 새기는 데 조금이나마 도움이 되기를 바란다.

간단하게 자기소개 좀 해주세요. 입사하신 과정과 하셨던 일을 중심으로
말씀해 주시면 됩니다.

이선화 저는 2002년도에 입사해서 지금 6년차죠. ○○ 홈에버 수산
코너에서 일했어요.

서형태 저는 중동점에 1996년도에 입사해서, 1999년에 계산점 들렀
다가 시흥점 거쳐서 병점점에서 과장으로 근무하고 있었습니다. 파업
들어가고 나서 작년 12월에 해고됐어요.

권후남 저는 상암 월드컵점에 2004년 6월 11일 입사했고요. 올해 5
년째 됐죠. 수산에서만 일했어요. 작년 6월 30일까지는 근무를 했죠.
조합에 들면서 투쟁을 했으니까. 처음에는 2004년 5월 1일 선혜원이
라는 업체로 들어왔어요. 식당에 가면 미역줄기 새파랗게 해서 새콤
달콤하게 만들어서 나오는 그런 거랑 미역 염장료, 다시마 염장, 다시
마 이런 거 팔았어요. 시식하는 거랑 냉장고 옆에서 멘트도 했는데, 다
리가 너무 시려서 서 있을 수가 없는 거예요. 침을 맞아 가면서 견디다
견디다 '아, 이건 아니야. 끈기 하나로 인생을 살았는데. 이건 정말 아
니야. 그만둬야겠다'고 해서 대리님한테 "사람 구하세요. 제가 가르치
고 나갈게요" 했어요. 그 와중에 수산 과장님이 와서 "여사님, 우리 수
산에 와서 해보실래요?" "저는 춥지만 않으면 가요" 그랬더니 "비린내
나는데 하실 수 있겠어요?" "비린내 나면 어때요." 이렇게 해서 선혜원
을 그만두고 6월 11일 직영 비정규직으로 입사했어요.

직영으로 일하게 되셨을 때, 기분은 어떠셨어요?

권후남 1년 지나니까 연차 있지. 진짜 너무너무 행복했어요. 일은 고
되지만, 작은 것에도 행복을 느꼈기 때문에 힘든 줄 몰랐어요.

이선화 조합원님은 정규직으로 바로 들어가신 건가요?

이선화   저도 납품업체를 거쳤어요. 2001년 9월에 ○○ 홈에버가 오픈했는데, 그때 거기 프로모터로 들어갔어요. 납품업체 사장이 내 친구 동생이었어요. 그때 갑자기 오픈하니까 사람을 못 구해서 가게 됐어요. 유통에 대해서는 아무것도 몰랐지만, 그냥 서 있으면 된다고 해서 뭔지도 모르고 들어왔어요. 그때, 수산 과장으로 있던 서형태 과장님도 만났죠. 그다음 2002년 12월 달에 후레쉬(신선식품부) 부장님이 나를 좋게 평가했는지 초밥 만드는 코너에서 파트타임을 구하는데 지원해 보라고 했어요. 이력서를 냈는데 그 다음날 바로 정규직으로 허가가 났어요. 그 당시는 그래도 까르푸 시절이기 때문에 가능했던 거죠. 아마 이랜드 시절이었으면 불가능했을 거예요.

정규직으로 들어간다고 했을 때 기쁘셨나요?

이선화   사실 정규직이라고 해도 월급은 프로모터 때보다 적었어요. 휴무는 좀 더 많아졌지만요. 그 부장님도 제 월급이 적은 건 아니까 일 년 안에는 원래 승급이 안 되는데, 일 년 뒤에 승급 얘기가 있을 거라고 했어요. 그런데 그 부장님이 다른 일 때문에 잘렸어요. 그 이후로 아무것도 안 된 거죠.

서형태 분회장님이 세 분 중에서 제일 오래 다니신 것 같은데요. 거의 까르푸, 이랜드 홈에버 역사의 산증인이시네요. 까르푸 때는 노동조건이 어땠나요?

서형태   조건이 좋지는 않았죠. 까르푸 때도 문제가 많았어요. 이랜드가 까르푸보다 더 나쁘게 하니까 상황이 악화된 것인지도 모르겠습니

다. 까르푸 때도 노동자들이 탄압을 받기는 했는데 넘어가는 과정에
서 좀 나아지지 않을까 생각했었죠. 아무래도 한국 기업이고, 윤리 경
영을 한다고 알려져 있었으니까 기대를 많이 했겠죠. 하지만 나아지
기는커녕 더 나빠지니까 분노가 폭발했다고 봐야죠.

까르푸 때도 비정규직이 있었나요?

서형태 처음에는 없었어요. 제가 1996년에 입사했는데, 그때는 일부
청소하시는 분 빼고 나머지는 다 정규직이었어요. 경비 서는 직원들까
지 다 정규직·직고용이었고. 계약직도 거의 없었어요. 물론 파트타이
머라고는 있었어요. 파트타이머는 시간만 적게 할 뿐이지 계약 기간을
3개월이나 6개월로 한다든지 이런 건 없었어요. 그러던 것이 점차 인
사과에 한국인 관리자들이 들어오면서 변형되기 시작한 거죠. 그 과정
에서 외주화가 많이 됐어요. 경비업체부터 용역화, 외주화됐으니까요.

**한국에 근로자파견법이 시행되고, 비정규직이 확산된 시기와 비슷한 때에
진행되었네요?**

서형태 그렇죠.

용역, 외주화가 진행된 시기는 언제부터인가요?

서형태 까르푸 중간인 2000년도 초반에요. 까르푸 말기에는 매장 내
에 있는 베이커리나 샐러드 바가 외주화되었고요, 이랜드로 넘어오면
서는 캐셔까지 외주화를 추진하고 있는 거죠.

이선화 후레쉬에는 수산, 정육, 야채, 과일, 샐러드 바, 베이커리가 있
었어요. 그런데 지금은 베이커리랑 샐러드는 다 외주를 줬어요. 남은

게 수산하고 야채, 정육이죠. 수산 안에서도 초밥을 또 외주화했어요. 세분화가 된 거죠. 거의 다 외주화로 돌린 거예요.

서형태 신규 점포는 캐서까지 외주화했어요. 병점은 까르푸로 오픈했는데도 불구하고 캐서가 외주화돼 있어요. 캐서가 유통에서는 핵심이거든요. 파업을 해도 계산대를 점령하는 거랑 그렇지 않은 경우는 굉장히 차이가 나니까 핵심이죠.

외부에 돈을 맡기는 게 쉬운 일이 아닐 것 같은데요.

서형태 그래서 처음에는 계산원을 외주화에서 아예 배제했어요. 그게 다 돈 문제인데, 돈은 보험으로 해결할 수 있잖아요. 돈이 없어졌다고 해서 못 받는 것도 아니고. 결국은 관리 문제인데, 관리는 직접 할 수 있으니까요. 예전 계약 조건 때문에 직원들을 뺀다든지 그런 우려 때문에 못했을 수도 있죠. 하지만 이제는 이런 전문 외주업체들이 많아서 그런 우려도 하지 않게 됐어요. 그래서 외주화도 캐서 라인을 목표로 하고 있는 거죠. 캐서 라인이 외주화되면 유통에서 외주 용역된 비정규직을 조직하지 않는 이상은 노조가 영향력을 발휘하기가 굉장히 어렵습니다.

2006년에 까르푸에서 이랜드로 넘어올 때, 고용 불안 문제는 없으셨나요?

권후남 그때 말이 엄청 많았어요. 내일 당장 그만둘 것처럼 말하기도 하고, 여기 몇 사람, 저기 몇 사람 자르게 돼 있다고도 하고 엄청 말이 많았어요. 저는 '자르라면 자르라고 해. 어디 가면 밥 못 먹고 살겠어?' 마음 편하게 생각했어요.

서형태 형식적으로는 고용 승계를 한다고 공표했기 때문에, 진실이었든 언론플레이였든 간에 일단은 지켜보자 생각했어요. 하지만 앞으로 어떻게 될지 항상 불안감은 있었죠.

이선화 노동조합이 있었기 때문에 고용 불안은 크게 생각 안 했어요. 그때 M&A 과정에서 이랜드가 나타나리라고는 생각도 못했어요. 롯데에서 작업을 하고 있다고 알고 있었는데, 이랜드가 웃돈을 더 주고 샀다는 얘기도 있었어요. 우리 단체협약에 있는 고용 보장, 고용 안정을 다 책임진다고 해놓고 제대로 다 안 지켜서 지금 이런 사태가 발생한 거죠. 시흥점에서 호혜경 1호 해고자가 생기는 바람에 일인시위가 시작되고 그게 발단이 된 거죠.

서 분회장님은 직원 관리는 안 하세요?

서형태 직원이 한 명 있는데, 직원 관리야 뭐. 외주 용역업체는 원래 법적으로 직접 관리 못하게 돼 있어요. 간접적으로 불법으로 하고 있는 거죠, 솔직히. 직접 관리를 안 하고 가만 놔두면 알아서 운영할 수 있는 시스템이 아니기 때문에 어쩔 수 없이 지시를 해요. 구조상 불법 파견일 수밖에 없어요. 직고용 노동자가 한 명도 없는 상황이면 모르겠는데, 섞여 있으면 어쩔 수 없이 지휘 감독을 받을 수밖에 없는 구조예요. 중간에 빈 게 있으면 "매대 채워라. 중간에 청소해라. 재고 정리해라." 이런 거 지시할 수밖에 없죠.

까르푸 때는 어땠나요?

서형태 까르푸 때도 전반적으로 관리자의 영향력이 거의 절대적이었어요. 상급자의 평가도 주관적이었고, 어떤 승진이나 기타 직원을 평가할 때도 주관적이었어요. 어떤 기준 없이 그 사람에 의해 좌지우지

되는 거죠. 상급자를 잘 만나면 편한 거고. 군대랑 똑같아요. 그래서 관리자를 잘못 만나면 극단적인 상황도 많이 닥치고요. 그전에 외국인 점장이나 부장이 있었을 경우에는 더 그랬어요. 뭐 하나 잘못하면 바로 '집에 가!' 소리가 나오니까요.

이선화 그러다 보니 술 사 주고, 선물도 사다 주고, 관리자한테 잘 보이려고 하는 게 있죠.

그러면 관리자에 대한 평가는 어떻게 이루어지나요?

서형태 과장에 대한 평가는 매출을 기준으로 해요. 그 사람들이 잘못해도, 밑에 직원들한테 잘못해도 인정을 받는 거예요.

권후남 입점업체도요. 매출이 없으면 자리를 옮겨야 해요. 구석으로 짱박아 두는 거야. 사람대우도 못 받아요. 유통업체라는 게 참……. 유통업은 매출이 인격이에요. 우리가 매출을 올려 주면 과장님들 인센티브도 많이 받지요.

사 측의 매출 관리는 어떻게 이루어지나요?

서형태 매출은 일단 전년도와 대비를 하라고 해요. 또 점포 간에 비교하고, 그다음에 점포 중에서도 잘 되는 몇 군데를 비교해요. 전년 대비가 좋으면 전 주와 대비를 하니까 피해갈 수가 없어요. 계속 비교해 제일 안 좋은 걸 찾아서 액션 플랜을 요청한다든지 해요. "이걸 어떤 방식으로 극복할 것이냐?" 추궁하는 거예요. 그러면 비껴 나갈 수가 없어요. 제일 잘되는 데를 비교를 하는데, 어떻게 피해 가요. 무조건 1등해야 되고, 작년 대비 무조건 성장해야 되고, 작년 대비 성장률도 최고 좋아야 되고 이런 걸 따지기 시작하면 끝도 없거든요. 사 측의 수법이

우리는 정규직이 '아닌' 것이 고통인 사회, 정규직이 '아닌' 사람들이 절반인 사회에 살고
있다. ⓒ미디어오늘 이용호

죠. 무조건 한 개라도 더 꼬투리를 잡아서 푸시하는 거. 프랑스 관리자
점장들은 전날 매출이 안 좋으면 다음날 아침에 나오자마자 대 놓고
"집에 가" 그랬어요. 그게 몇 번 쌓이다 보면 농담이 아니라 진담이 돼요.

이랜드로 바뀌고 나서도 계속 그랬던 거죠?

서형태 당연하죠. 이랜드로 바뀌고 나서는 시간대 매출까지 나오잖
아요. 까르푸 때는 시간대 매출이 세세하지는 않았어요. 몇 시에 자기

점포만 얼마다 이렇게 나왔는데, 이랜드 시스템은 다른 점포 매출까지 다 나와요. 몇 시 매출 얼마 하는 식으로. 그러면 시간대 매출을 갖고 액션 플랜을 짜는 거예요. 7시 매출을 보고 오늘 다른 점포에 비해서 매출이 안 좋다 그러면 지금 바로 가서 해라. 이렇게 갈구는 거죠. 더 힘들어지는 거죠. 매출에 대한 압력 때문에 스트레스가 말도 못해요.

외주업체로 들어오신 분들하고 갈등도 있나요?

이선화 다른 파트에는 더러 있는 것 같아요. 예를 들어 옛날에 까르푸 시절에는 비품으로 휴지를 하나 써도 까르푸에서 다 댔다고요. 그런데 이랜드가 들어오면서 프로모터들은 종이 한 장도 마음대로 못 쓰게 하는 거예요. 자기네 회사에서 갖고 와서 쓰라는 거죠. 따지고 보면 그 안에서 일하면 다 같은 직원인데. 나 같은 경우는 프로모터든 뭐든 가져가서 쓰라고 얘기하는데, 그걸 못하는 사람들이 또 있어요. 텃세 비슷한 것들이 있어서 좀 힘들었어요.

매장 안에서 '여사님'이라고 부르나요?

권후남 그전에는 여사님이라고 안 그랬어요. 만날 '아줌마, 아줌마.' '아줌마 일로 와봐.' 그게 어느 때부터 '사모님' '여사님' 그렇게 하라고 엄청 교육을 받았지요. 그런데도 대리님은 욕으로 시작해서 욕으로 끝나요.

이선화 특히 프로모터 같은 경우 수산에서는 '멸치 아줌마' '장어 아줌마' '굴 아줌마' 그런 식으로 불렀다니까. 남자들인데 '언니'라고 부르기도 하고. 나는 '아줌마'라고 부르면 대답하지 말라고 얘기했어요. 그것도 내 권리다. 직장 동료를 그런 식으로 대하느냐고 얘기했죠.

104

권후남 조합원님은 4년이나 계셨는데, 중간에 정규직으로 일할 수 있는 기회가 없었나요?

권후남 관리자들이 어렵다고 했어요. 내가 원(Part Timer One, 계약직 비계산직 임금 단계)으로 들어갔거든요. 그 4년 동안 원투쓰리 두 번 올려줬어요. 두 번 올려 주고는 없었어요. 원에서 투로 바뀌면 뭐가 달라지냐면 월급이 조금씩 올라요.

임금 체계가 상당히 복잡하네요.

이선화 처음에는 1단계에서 5단계로 나뉘었는데 지금은 12단계로 더 세분화되어 있어요. 그 1단계 차이가 시간당 몇 백 원, 150원, 이런 식이어서 파트타임은 1단계 승급해도 한 달에 몇 만 원 정도밖에 안 돼요. 그나마 그것도 여자들한테는 잘 안 해주죠. 여기는 호봉제가 없어요. 까르푸 시절에도 호봉제 하자고 계속 얘기했는데도 안 됐고, 이랜드 와서는 더욱 더 안 된 거죠.

여성들은 정규직으로 전환할 수 있는 기회가 아예 없어요?

권후남 없어요. 5월에 오픈했는데, 7월에 바로 한 명 정규직으로 해주고 그 뒤로는 정규직이 없었어요. 남자 직원들만 들입다 올려 줘요. 우리가 볼 때는 정말 일도 못하는 사람들을 올려 주거나 아주 중구난방이에요. 그런 거 따지면 열불 나서 못 다녀요. 저는 4년 동안 두 단계 올랐는데 같은 시기에 들어온 남자 직원들은 5단계, 6단계 올라가요.

이선화 아까도 얘기했지만, 정규직이나 비정규직이나 하는 일은 다 똑같아요. 한 가지 다른 것은 비정규직은 보너스가 없고, 정규직은 보너스가 있다는 거예요. 정규직도 보너스가 있다 하더라도 400퍼센트로 정

이랜드의 여성 노동자들은 '비정규직'인 동시에 '여성'이기 때문에 급여, 승진, 정규직화, 처우 등에서 이중의 차별을 받고 있다.
ⓒ민중언론 참세상 김용욱

해 놓긴 했는데, 연봉이 1,500만 원이 안되요. 저는 2002년도에 입사해서 지금 6년차인데도 그대로 푸드 프리퍼레이션 원(Food Preparation One, 정규직 영업직의 임금 단계)이에요. 6년 동안 한 번도 올라간 적이 없었어요. 호봉수도 없고. 저랑 같이 들어왔던 남자 직원은 3단계 올라갔다가 그만뒀어요. 그 뒤로 들어온 사람들도 시장에서 생선을 잘 랐다거나 경험이 조금 있다고 해서 들어올 때부터 푸드 프로페셔널(Food Professional, 보통 남성들이 들어오는 임금 단계로 푸드 프리퍼레이션보다 임금이 높다)로 들어와요. 나보다 훨씬 늦게 입사했어도요. 남자들은 아예 처음부터 프로페셔널로 오고 그걸 연봉제로 해요.

보수는요?

이선화 처음에는 그냥 한 달로 근무 숫자를 따져서 정확하지는 않지만 1,200만 원 정도 됐을 거예요. 마지막으로 받은 건 1,400만 원.(웃음) 그 1,400만 원이라는 숫자도 교통비가 포함된 거예요. 야간 하면 교통비가 나오잖아요. 그것도 처음에는 거리에 따라서 준 게 아니고 무조건 최고 3,500원, 최하 2,500원 이렇게 줬어요. 그러다가 노동조합에서 싸워서 근거리 최고가 존(zone)을 정해서 최고 존이 7,000원, 제일 작은 존이 2,250원이 됐어요. 나는 집이 좀 멀어서 그만큼을 더 받았어요. 그렇게 해서 1,400만 원이 된 거예요. 야근하는 날은 한 달에 반 정도나 되고요. 그러니 정규직이라고 비정규직 싸움에 안 나온다는 게 말이 안 되는 거예요. 정규직이라고 해도 일반적인 회사에서 얘기하는 정규직하고는 너무 달라서 비정규직이랑 똑같은 거나 마찬가지죠.

권후남 정규직이라고 해봐야 세 달에 60만 원 더 받는 게 다예요.

서형태 휴무에서는 유리했죠. 비정규직도 쉴 수는 있는데, 돈이 안 나오죠.

비슷한 연수 근무한 남자 같은 경우 보수는 얼마 정도 되나요?

이선화 프로페셔널이라고 해서 많이 받는다고 해도 1,700~1,800만 원이에요. 그렇게 많지는 않아요. 과장부터 호봉수가 있어서 과장 정도 되고 1년이 지나면 호봉수가 올라가요. 과장 밑에는 호봉이라는 게 없어서 승진 안 하면 끝이에요. 200만 원 정도 받기가 어려워요. 열악한 상황은 남자들도 마찬가지죠.

서 분회장님은 처음에 프로페셔널로 입사하셨어요?

서형태 저는 1996년에 중동점에 프로페셔널로 입사했어요. 그때는 한국 까르푸가 오픈한 지 3개월밖에 안 됐을 때여서 경황이 없었죠. 사람이 급해서 뽑은 거였어요. 여성들은 그런 경우가 없지만, 남자들은 처음부터 프로페셔널로 들어오는 경우가 많아요. 까르푸 때는 룰이 없었어요. 군대랑 똑같아요. 윗사람이 빠지면 올라가는 거예요. 윗사람이 승진해 가거나 다른 매장이 오픈하면 자리가 비잖아요. 특별한 이유가 없으면 보통은 그 다음 순번이 하는 거죠. 그렇지 않으면 외부 다른 매장에서 부장이 특별히 유능하다고 판단되는 사람을 데려오거나 하죠.

서 분회장님 승진 과정을 자세히 설명해 주시겠어요?

서형태 계산점이 오픈을 했어요. 유통업에서는 오픈하는 게 중요해요. 새로운 매장을 오픈하는 게 승진이나 이런 데 도움이 되지요. 계산점 오픈하고, 계산점에서 2년 일하다가 위의 과장이 다른 데로 가면서 물려받았죠. 옛날에는 거의 물려받는 거였어요. 이랜드로 바뀌면서 승진 시험이 생겼어요.

이선화 그 승급 시험이요. 말로는 2년 이상 된 사람은 다 시켜 준다는 식으로 얘기하는데요. '이랜드 윤리 경영' 이런 걸 달달 외우게 해서 초등학생처럼 괄호 채워 넣기 문제를 내는 거예요. 조합원은 100점을 맞아도 승진이 안 되기 때문에 아예 응시를 하지 않아요. 조합 탈퇴를 하고 본 사람이 있었는데, 면접에서 떨어졌더라고요.

서 분회장님은 임금은 어떠셨어요?

서형태 좀 되죠. 저는 전국적으로 과장들 중에서는 많이 받는 편이에
요. 3,800만 원 정도. 사 측은 많다고 얘기해요. 비정규직에 비하면 많
기는 하죠. 하지만 솔직히 많이 받는다고는 생각하지 않아요. 12년차
고, 그것도 초과수당 없이 12시간 이상씩 일해야 되거든요. 하루에 3~
4시간 이상 씩 오버타임을 무보수로 일하면서 받는 건데. 애들 둘하고
네 식구 먹고 살기 만만치 않았어요. 과장들 중에서 보수를 많이 받았
던 건 노동조합에 늦게 가입한 것과도 관계가 있을 거예요. 회사는 과
장급 이상을 조합원으로 인정하지 않아요. 그것 때문에 현재 소송이
진행되고 있어요.

노동조합 가입은 어떻게 하게 되셨어요?

이선화 저는 2004년 1월인가 가입을 했는데, 따지고 보면 '아줌마' 때
문이었어요. 아들뻘 되는 남자 직원들이 '아줌마, 아줌마' 이렇게 부르
는 거예요. 까르푸 때 노사협의회를 했는데, 노사협의회에 가서 점장
하고 부장이 있는 자리에서 "같은 직장 동료인데, 고객들 보기에도 그
렇고, 너무 비하하는 것 아니냐"고 말했어요. 그래서 부장이 그렇게
부르지 말라고 얘기했어요. 그러다가 점장이랑 부장이 바뀌었는데 완
전히 사 측에 붙어서 내가 얘기한 게 전혀 안 먹히는 거예요. 그래서
노사협의회 안 한다고 나와서 차라리 노동조합 활동하는 게 낫겠다
하고 노동조합 활동을 했죠.

권후남 노조 가입은 2007년 5월에 했어요. 저는 조합에 들면 돈만 내
면 되는 줄 알았어요. 여기 이경옥 부위원장님이 자주 오셨는데, 우리
가 30분 더 쉬게 된 것도 거기서 투쟁해서 얻어 낸 거라고 얘기하셨

죠. 추석이랑 설 때 회사에서 상품권을 줬는데 정규직은 7만 원, 우리는 5만 원이었어요. 매출이 좀 올랐을 때도 직원과 파트를 구별해서 줬어요. 그런 데서도 상당히 기분 나빠요. 똑같이 일하는데 차별대우 하니까요. 상품권도 나중에는 똑같이 10만 원씩 줬는데, 그것도 투쟁해서 따 냈다고 하시더라고요. 우리가 이렇게 뭉쳐서 모든 것이 조금이라도 잘 된다면 '투쟁쯤이야.' 우습게 생각하고 들었죠. 사실, 나가서 싸운다거나 이럴 줄 조금이라도 알았으면 안 들었지요. 그런데 그런 일이 너무 빨리 왔어요. 들자마자요. 가입하고 세 번인가 네 번 나오고 바로 파업에 들어갔으니까요. 하지만 나 하나 희생해서 젊은 엄마들이 자기 자리에서 당당하게 일할 수 있다면 내가 기꺼이 할 수 있다는 마음으로 들었기 때문에 지금에 와서 후회 같은 건 안해요.

이선화 저도 후회한 적은 없어요. 어제도 매장에 들어갔더니 어떤 사람들이 "언니, 나이도 있는데, 그만하고 들어와," 이러는데. "내가 어떻게 들어가냐?" 이랬지. 내가 '그래. 나도 들어가고 싶어.' 이런 생각은 안 들더라고요. 못 들어갈 것 같아. 자존심이 상해서. 그래서 못 들어가고 있는 거지.

서형태 저는 작년 5월에 가입했어요. 파업하고는 상관없이 개인적으로. 원래 그전부터 생각은 있었는데, 계기가 없었어요. 솔직히 그전까지는 좋은 점장님 만나서 못 들고 있었는데, 그 점장님이 다른 데로 갔어요. 인사 발령 받아서 가고 난 뒤에 홀가분하게 들었어요.

저는 11년 동안 근무했는데 어려움이 항상 있었죠. 장시간 근로도 그중 하나고요. 7시에 출근해서 저녁 7시 이전에는 퇴근해 본 적이 없어요. 거의 10년 가까이 그렇게 일했어요. 초과근무 수당이 없는 건 당연한 거고요. 그것도 그나마 이랜드로 넘어오기 전 이야기고, 이랜드로 넘어오고 나서는 7시에도 퇴근을 못했어요. 보통 10시, 늦게 가는 사람은 12시까지 있어요.

관리자들이 주로 그렇게 일하나요?

서형태 점장이 그렇게 일해요. 그러면 밑에 있는 직원들도 갈 수가 없는 거예요. 일이 없어도 그렇고. 보통은 일을 만들어 주죠. 자기가 있으니까 노는 것을 못 보잖아요. 계속 악화되고 있는 상황을 보고만 있기가 너무 억울했어요. 10년 동안 일궈 온 직장인데, 열두 시간 일한 것도 억울하고, 개선될 기미는 안 보이고. 그래서 노조에 가입해서 당당하게 여덟 시간 근무하고 싶은 그런 계기로 가입을 한 거죠. 노동조합에 가입하고 나서는 과장급들도 정시에 퇴근했죠.

비정규직 싸움에 왜 정규직이 나서냐는 얘기를 들으신 적은 없나요?

서형태 그런 얘기를 하는 사람도 있지만, 들여다보면 그렇지 않죠. 비정규직에게 먼저 칼날이 들어오는 것일 뿐, 그다음에는 정규직에게 들어오는 것이고, 동시에도 들어와요. 정규직들은 전환 배치를 통해서 고용 위협을 당하고 있으니까요. "부산 가라" 이런 발령이 뜬금없이 날 수가 있거든요. 저 나름의 요구와 동료의 요구가 함께 있었던 거죠. 저도 파업하고 바로 원천점으로 발령이 났어요. 가깝기는 한데, 거긴 조합원들이 아무도 없거든요. 제가 연고가 있는 것도 아니고, 특별히 발령이 날 이유가 전혀 없었는데도 불구하고 발령이 났어요. 파업하니까 출근할 일이 없어서 무산됐지만.

후회는 안하세요?

서형태   내가 하고 싶은 걸 하니까 후회는 안 해요. 금전적으로는 손해가 많았지만 내가 하고 싶은 걸 하니까요. 11년 동안 내 의지대로 해본 게 별로 없었잖아요. 상급자 지시 받아야 되고, 밑에 직원들 눈치 봐야 되고, 중간에서 많이 힘들었지만 지금은 내가 하고 싶은 거 하니까요. 여기서도 어려움은 있지만.

투쟁하시면서 가장 큰 어려움은 어떤 것이 있었어요?

이선화   처음에는 물론, 비정규직 먼저 해고하고 그 다음은 우리 순서가 된다고 해서 동참하기는 했어요. 물론 이랜드로 넘어오면서 정규직 임금이 1퍼센트도 오르지 않았고, 당장 해고하지는 않아도 전환 배치 등 고용 안정에 문제가 생길 것이 뻔하기 때문에 투쟁을 시작한 것도 있었어요. 그런데 비정규직의 정규직화 이야기가 커지다 보니 정규직들은 '왜 저 사람들 싸움에 우리가 동원돼야 하나?' 이런 생각을 많이 하더라고요. 이런 게 정규직 노동자들에게는 불만이었던 거죠. 우리 분회에서도 정규직들이 많이 복귀했어요. 처음에는 정규직과 비정규직이 반반이었는데, 지금은 정규직이 많지 않아요. 아마 다른 분회도 비슷할 거예요. 아직까지 우리 조합원들이 '노동 해방' 같은 것보다는 일단 눈에 보이는 것을 생각하다 보니 그렇게 된 거죠. 홈플러스로 넘어가게 되면 지금 안에 있는 사람들에게도 고용 문제가 발생할 수 있는데, 그걸 생각하지 못하는 거죠. 그런 게 가슴 아팠어요. 이 문제는 정규직이 동참하지 않으면 절대 해결 안 될 거라고 생각하거든요. 사실 우리 홈에버의 정규직은 정규직이라고 할 것도 없으니까 같이 동참해 줘야 되고, 지금 안에 들어간 사람들도 편하게 일한다고 생각은 하지만, 밖에서 우리가 싸우고 있기 때문에 아무도 그걸 안 당하는 거죠.

투쟁하시면서 비정규직 조합원들에 대해서 서운한 적은 없으셨어요?

서형태　그런 게 어디 있어요. 다 똑같이 하는데. 어려움에 처해서 복귀하는 조합원들에게 힘이 되어 주지 못하는 게 어렵죠. 경제적으로 특별히 할 수 있는 게 없잖아요. 안타까울 뿐이죠. 똑같은 동료로서. 처음에는 밑에서 일했던 분들도 많이 있었기 때문에 느낌상으로 부하직원이라는 개념이 있기도 했어요. 그런 것들을 많이 없애려고 노력했고, 지금은 그렇지 않다고 생각해요. 동료로서 동지로서 볼 때, 어려움을 극복하지 못하는 것에 대한 안타까움이 있어요. 솔직히 투쟁하다 보면 내부적으로 다툼이 있잖아요. 복귀를 하네 마네. 욕까지 해가면서 싸울 때도 있고요. 그런 건 동지로서의 안타까움이지 비정규직이냐 아니냐는 상관없죠.

권후남　정규직은 누구나 되고 싶은 것이기는 하잖아요. 우린 행여나 잘릴까 노심초사해야 하는 처지니까요. 안에서 일할 때는 정규직들을 그렇게 좋게 보지는 않았어요. 일은 우리가 더 열심히 하는 것도 있었고요. 그런데 투쟁을 하면서는 정규직 노동자들이 정말 고마웠어요. 우리 때문에 정규직들이 많이 희생하잖아요.

노조 가입 이후에 비정규직 문제나 비정규직에 대한 시각이 바뀌셨나요?

서형태　그렇죠. 많이 바뀌었지요. 옛날에는 우리 직고용 직원 중에 정규직, 비정규직만 생각했는데, 앞으로는 외주 파견 용역까지도 다 아우르는 조직화를 목표로 해야 되는 거죠. 저는 현장이 반쯤 외주화됐

기 때문에 현장으로 돌아갔을 때 어떻게 해야 할 것이냐에 대한 고민이
많아요.

투쟁을 계속하실 수 있는 원동력이 어디에 있다고 보세요?

이선화 나 자신에 대한 자존감이라고 생각해요. 내가 나를 사랑하고
내가 나를 지키는 거요. 그거 없으면 운동 못하잖아요. 여기서 내가 만
약에 포기한다면 나 자신이 용서가 안 되는 거지. 그래서 있는 거예요.
우리 노동조합이 더 잘돼야 하는데, 그나마 잘 안 될까 봐 그게 또 걱
정이고.

권후남 그래도 저희 때문에 회사가 안에 있는 사람들을 함부로 내치
지 못했던 것 같아요. 우리가 밖에서 계속하고 있으니까. 진짜 다 같이
뭉쳐서 했더라면 빨리 끝났을 걸. "너네 야만인들이야." 안에 있는 가
까운 사람한테는 그렇게 말했어요. 그래도 거기서 너무 재밌게 일했
고, 지금도 그 자리에 가서 일하고 싶어요.

월드컵점에 분회를 만들자, 노조를 만들자

● 정현정(진보신당 서대문구 당원협의회 대표)   ● 인터뷰 : 박병학

이랜드 월드컵분회가 만들어지는 과정에서 중요한 역할을 했던 활동가들이 있다. 바로 민주노동당 마포·서대문·은평·용산 지역 노동위원회의 당원들이다. 직접 현장에 들어가 조합원들을 만나고 선전전을 진행하며 오랜 시간 함께했다. 정현정 씨는 당시 민주노동당 서대문구 위원회 위원장으로 활동하면서 분회 설립 과정에 함께했고, 현재는 진보신당 서대문구 당원협의회 대표를 맡고 있다.

어떻게 보면 민노당은 이랜드 투쟁에서 외부 단체라고 할 수 있잖아요. 제가 듣기로는 대한민국 노조 운동사에서 정당이 노조 설립 당시부터 중요한 역할을 했던 건 이번이 처음이라고 들었거든요. 언제부터 연대 활동이 벌어지게 되었으며 그 배경은 무엇이었는지 듣고 싶습니다.

2006년 가을경에 민노당 서울시당 노동위원회 회의를 하는데 이남신 이랜드노조 위원장님이 오셨어요. 그때 당시는 이랜드와 까르푸가 합치기 전이었는데, 이랜드·까르푸·뉴코아 3사 공동 투쟁을 준비하고 있으니까 민노당에서 적극적으로 결합해 주었으면 좋겠다고 위원장님이 요청을 하셨어요. 당시엔 서대문·마포·은평 이렇게 세 지역을

통틀어 까르푸 매장이 마포에 있는 상암점밖엔 없었거든요. 그래서 그 상암점에서 선전전을 해보자고 했던 게 처음 시작이었어요. 이랜드 자본이 합병을 시작한 이후로 자행해 왔던 노동 탄압에 대한 이야기들을 널리 알릴 필요가 있었죠. 더구나 합병이 이루어지던 즈음에 부평점 까르푸를 홈에버로 리모델링하면서 1,000명의 직원들 가운데 정규직을 33명만 채용하는 어이없는 사례가 있었어요. 그래서 그때도 부평 지역 시민들의 반대에 부딪혀 리모델링 개장이 좀 늦어졌다고 들었거든요. 저희도 사실을 있는 그대로 알려 보자고 마음을 먹고 선전전을 시작했어요. 일인시위도 해보고 하면서, 어떤 형식으로 선전을 할까 고민하다가 결국 노조 분들이랑 이야기가 된 게 촛불 문화제였어요. 그래서 2주에 한 번씩 쭉 매장 앞에서 촛불 문화제를 진행했어요.

부평에서요?

아니요. 상암에서요. 서대문·마포·은평에서도 부평의 사례처럼 상암을 중심으로 그런 사업들을 해보자라고 이야기를 해서, 노동위원들이 그렇게 모여서 상암에서 촛불 문화제를 두 달 가량 진행했어요. 그랬는데 사실 평일 저녁 때 하는 촛불 문화제는 매장 바깥을 왔다 갔다 하는 시민들이나 매장 안으로 들어오는 고객들은 볼 수가 있는데 정작 근무하고 계신 노동자 분들은 보시기 어렵잖아요. 어쨌든 선전전은 매장 밖에서 진행되는 거니까. 그래서 그다음부터는 형식을 바꿔서, 주말이나 노동자들이 교대하는 시간이나 식사 시간에 휴게실과 식당을 직접 찾아가 노조 소식지를 나눠 드렸어요. 그때 저희가 선전전이랑 촛불 문화제 하는 와중에 상암점이 까르푸에서 홈에버로 리모델링이 됐거든요. 그래서 홈에버 노동자들도 찾아갔는데, 그때 모니터링제가 도입된다는 얘기가 있었어요. 갑자기 24시간 연장 근무를 하겠다는 거였는데, 그러려면 당연히 노동력을 충원해야 되잖아요. 그런데 그런 계획은 전혀 없었어요. 충원도 없이 근무 시간만 늘어나게 되면 현재 일하고 계신 분들이 훨씬 더 힘들어지잖아요. 그런 내용들로 선전전을 하면서, 그렇기 때문에 노조가 필요하다고 말씀을 드렸어요.

노조가 만들어진 과정에 대해 이야기해 주세요.

그때 상암점 같은 경우가 홈에버 전체 매장 중에서 매출 1, 2위를 다투는 곳이었거든요. 그러다 보니 조합원 수가 처음에 시작할 때는 상대적으로 적었어요. 이렇게 장사가 잘 되는데 설마 우리를 해고할까 이런 생각을 하셨던 거 같은데, 노조가 필요하다는 것을 계속 알려 내고 실제로 그 작업이 2007년 초반에 탄력을 받다 보니 조합에 가입하시는 분들이 하나 둘 생기더라고요. 실제로 처음 선전전을 진행할 때 목표는 상암점에 분회를 만들자, 노조를 만들자는 것이었어요. 그러다가 이왕 노조 만들 거면 한 100명 정도 조합원을 모아 보자고 열심히 했죠. 노조에서도 특히 이경옥 부위원장님이 적극적으로 활동해 주시고, 그러다 보니 차츰 조합원들이 늘어 가는 게 보였어요. 그리고 갑자기 4, 5월경에 폭발적으로 늘어나면서 드디어 5월 중순경에 분회를 설립하게 됐죠. 그때 당시 한 80명 정도의 노동자들이 조합원으로 들어오셔서 노조를 설립하는 자리를 같이해 주셨어요. 사실 상암점은 노조가 만들어진 지 지금 1년도 안 된 상태인 거예요. 올해(2008년) 5월이 돼야 1년이 되는 건데 지난번에 파업 들어갈 때도 그랬고 파업이 장기화되고 있는 지금도 조합원이 제일 많이 남아 있는 곳이 상암이 됐죠.

어떤 의미가 있을까요.

사실 민노당이 현재 벌어지고 있는 투쟁에 가서 연대를 하는 경우는 많았지만 싸움이 벌어지기 전에 노동자들을 조직해 낸 경우는 그렇게 많지 않았던 것 같아요. 그런 면에서 굉장히 의미가 깊었지요. 그리고 아무래도 정당이다 보니까 지역에 많이 갇히는 경향이 있어요. 지역 일만 챙기기에도 솔직히 바쁘긴 하죠. 서대문은 서대문 일을 챙기고 마포는 마포 일을 챙기는 식이었는데, 사실 상암 같은 경우는 서대문 이나 은평에서 볼 때 자기 지역이 아니라 마포 지역인 거잖아요. 그런 데 그 지역의 틀을 넘어서 같이 연대하는 틀을 만들었다는 게 또 하나 의 성과인 것 같고요. 실제로 연세대에서 미화 노동자 분들, 학내에서 청소해 주시는 노동자 분들이 노조를 설립하고 싸우는 과정에도 함께 했어요. 노조를 만들려고 학생 당원들이 한 1년 정도 연세대에서 선전 작업도 했어요. 그런 사례들이 앞으로 더 많아져야 하지 않을까 싶어요.

처음에 활동을 시작할 때 조금 다른 의견들도 있었나요?

비판……도 좀 받았죠. 지금 현재 싸우고 있는 사업장도 아니고…… 조직을 한다는 것 자체도 그렇고……. 우리 지역도 아닌데 굳이 우리 가 가서 해야 되느냐 그런 식의 비판요. 하지만 공식적인 비판은 아니 었고요. 대의 자체는 훌륭하잖아요. 당시에 저는 노동위원회를 준비 하고 있었어요. 노동위원회에서 할 수 있는 사업이 그렇게 많지 않아 요. 아니, 사실은 많은데, 쉽게 손대기가 어려운 사업이 너무 많은 거 죠. 비정규직 사업장은 서대문에도 많아요. 흔히 '마찌꼬바'라고 부르 는 옷 만드는 소규모 봉제 공장, 예닐곱 명씩 있는 그런 곳들이 꽤 많 고 대체로 다 비정규직들이죠. 그런 곳에 가서 일일이 노동 상담도 해

118

보고 이것저것 해보자고 했지만 노동위원 예닐곱 명 중에 상근하는 사람은 전혀 없는 상황이었어요. 그럼 일단 힘 모아서 이랜드를 하나의 케이스로 만들어 보자는 고민이 있었던 거죠. 그런 케이스가 생기면 그 다음부터는 자신도 붙고 조금은 쉬워지니까요. 그런데 앞에 말했던 비판들도 점거 투쟁 이후에 이랜드가 비정규직법 개악의 상징적인 존재가 되면서 수그러들었죠.(웃음)

조합원들을 옆에서 보면서 어떤 생각이 드세요?

특히 월드컵분회 같은 경우는 노조 경험이 전혀 없던 상황에서 시작한 거잖아요. 노조 만들고 한 달 만에 졸지에 파업했던 건데, 지금까지 꿋꿋하게 버티고 계시는 걸 보면 정말 존경스럽죠. 월드컵분회는 1년이 되어 가는 지금까지 지대위라는 형태가 진행되고 있다는 사실 자체가 제일 중요하다고 생각하고요. 이후에도 이게 계속 유지되고. 물론 빨리 승리해서 지대위가 없어지는 게 맞는 건데……(웃음) 아무튼 유지되고. 이 사례가 또 다른 사례들로 이어질 수 있는 게 중요하겠죠. 조직되지 않아서 고통받고 있는 노동자들은 너무 많은데 그걸 조직해 낼 만한 사람들이 많지 않은 상황이고, 이랜드 투쟁은 충분히 고무적인 사례니까요.

설 재정 사업 '홈에러 쇼핑'

● 안성민(민중의 집 사무국장)　● 인터뷰 : 진재연

설 재정 사업으로 월드컵분회와 지대위에서 홈쇼핑 동영상을 만들었잖아요. 조합원들이 직접 출연해서 연기도 하고 참 재밌게 봤거든요. 만든 과정을 얘기해 주세요.

노조에서 설 재정 사업을 진행하고 있을 때예요. 옆에 있는 조합원들이 생계비 때문에 떨어져 나가는 것을 봤고, 생계비 문제가 정말 중요했어요. 어떻게 하면 잘할 수 있을까 많이 생각했어요. 노조를 돌자는 얘기도 나왔는데 팔러 다니는 것도 한계가 있고, 조합원들이 참신하고 기발한 것들을 찾고 있었어요. 제가 홈쇼핑을 즐겨 봐서 지나가는 말로 해보자고 했는데 좋게 받아들여진 거죠. 곧바로 누가 카메라를 잡을 건지, 쇼 호스트를 할 건지 정했어요. 다음날 바로 만나서 사무실에서 인터넷 홈쇼핑 방송을 보면서 대본을 준비했어요. 오주영 조합원이 대본을 써왔는데 조합원들이 그걸 그냥 읽기 시작하는 거예요. 그래서 저는 속으로, 찍는 데 의의를 둬야겠다, 생각보다 재밌거나 참신하지는 않겠다 조심스럽게 생각했어요.(웃음) 근데 리허설 과정에서 조합원들이 많이 바뀌었어요. 처음에는 감독을 맡았던 이신종 동지한테 질책도 받았어요. 계속 컷, 컷, 컷이었어요. 너무 읽는 티가 많이 난다고 지적당하고. 그런데 똑같은 장면을 계속 찍으니까 대사도 자연스럽게 외워지고, 카메라도 덜 의식하게 되고, 그러면서 애드립도 치시더라고요. 낮에 만나서 저녁 8시쯤까지 했으니까 꽤 오래 촬영했어요. 조합원들이 준비를 많이 해 오셨어요. 황선영 조합원이 떡국에 넣을 김이랑 지단을 준비해 오시고, 한쪽에서는 지대위 동지들이랑 떡국 끓이면서 준비하고. 그렇게 '홈에러 쇼핑'이 완성됐어요.(웃음)

조합원들의 연기는 어떠셨어요?

장은미 조합원은 제가 추천했는데 평소에 말씀을 조근조근 잘하시거든요, 기대했던 대로 웃으면서 시종일관 잘 하셨어요. 윤수미 조합원은 카메라를 좀 의식하시고. 정종숙 조합원은 긴장 100퍼센트였어요. (웃음) 정종숙 조합원은 상품에 대해 설명하고 왜 우리가 홈쇼핑을 통해 재정 사업을 하는지 길게 얘기해야 하는 역할이라 어려웠어요. 길고 많은 정보를 담아 내다 보니까 시선 처리도 어려워 애를 먹었죠. 나중에는 다 자연스럽게 잘 하셨어요. 정종숙 조합원, 윤수미 조합원은 애드립도 많이 하시고. 장은미 조합원은 시종일관 기복 없이 하셨어요.

어떤 애드립을 하셨는데요?

정종숙 조합원은 얼굴을 탁탁 치시면서 '이 배를 깎아 먹으면 저처럼 피부가 탱탱해진다'고 하셨는데, 그건 대본에 없었거든요. 촬영 마지막이 되니까 애드립을 많이 터뜨리신 거예요. 윤수미 조합원은 떡 얘기를 하는데 '우리 집 애가 축구를 좋아하는데 축구 팀 다 먹이고도 떡이 남더라' 그런 얘기도 하시고. 그리고 원래는 재연 배우들도 있었어요. 홈쇼핑 보면 그런 장면 나오잖아요. 저랑 지대위 동지들이 둘러앉아 맛있게 떡국 먹는 장면도 찍었는데 연기가 신통치 않았는지 감독이 편집했더라고요.(웃음)

주위에서 반응이 좋던데요.

신선하다는 얘기를 듣긴 했어요. 여기저기서 재정 사업을 많이 하는데 앞으로 다 이거 할 거 같다는 얘기도 들었고요. 근데 좀 길어서 끝까지 본 사람은 별로 없을 거 같아요. 한 번 더 하면 정말 잘할 수 있을 거 같아요.(웃음) 카메라 찍을 수 있는 사람이 있어서, 기술 지원이 되니까 가능한 거였죠. 저는 열심히 퍼 나르기만 했었고 사람들한테 어땠는지 물어보지는 않았는데, 재정팀이 전국을 돌아다니면서 누가 그거 봤다고 하더라 그런 얘기를 해줘서 기분이 좋았어요. 재정 사업하느라 조합원들이 정말 고생 많이 하셨거든요. 직접 배달하러 돌아다니고 무척 힘드셨을 거예요. 떡은 무지 잘 팔려서 나중에는 없어서 못 팔았어요.

월드컵분회 1주년 설립 후원의 밤 할 때도 그렇고, 홍대 축제에서 재정 사업으로 주점할 때도 그렇고, 골뱅이를 열심히 만드시던데요.

후원의 밤 때 주방일이 골뱅이팀, 두부김치팀, 파전팀 뭐 그렇게 나뉘었는데 전 어쩌다 골뱅이를 맡게 된 거죠. 저랑 고세진 동지, 정종숙 조합원 이렇게 셋이 골뱅이 팀이었어요. 근데 정종숙 조합원이 카리스마가 있으시잖아요. 골뱅이를 무치고 계시는데 우리가 쉽게 못 다가가겠더라고요. 뒤에서 얼쩡얼쩡대고 있었는데 어떻게 한번 끼어들어서 일 좀 해보려고 하면 비켜 보라고, 잠깐 뒤로 와보라고 하시는 거예요. 우리가 걸리적거리시는 거지.(웃음) 그러다가 정종숙 조합원이 잠깐 자리를 비운 사이에 후다닥 가서 골뱅이를 무쳤어요. 그게 기특해 보였는지 잘 보라고 하면서 차근차근 가르쳐 주셨어요. 제가 한 걸 맛보시더니 괜찮다고 하시면서. 그때 골뱅이 주문이 막 들어오기 시작한 거지. 그래서 어느 순간 믿음이 생기신 게 아닐까.(웃음)

지대위 활동 하시면서 조합원들이랑 많이 친해지셨겠네요.

제 성격이 좀 그래서 그러지 못한 부분도 있는 것 같아요. 보통 집회나 문화제 때 만나서 끝나고 식사하거나 뒤풀이하면서 많이 친해지는데. 비교적 가까운 데 사시는 분이나 노조 활동에 적극적인 분들하고는 친해졌죠. 반면에 집에 일찍 들어가시거나 낮 집회는 나오시지만 저녁에 시간 못 내시는 분들하고는 아직 친한 편은 아니에요. 사실 그게 정말 아쉬워요. 어쩌면 지대위 사업들이 그런 부분에 신경을 못 쓰는 게 문제가 아닐까 하는 생각도 들고요. 지금 투쟁이 진행 중이고 하루하루 일정이 힘드니까 그런 면도 있겠지만 장기적으로 극복해야 할 것 같아요. 또, 누구나 느끼는 거겠지만 투쟁이 길어지면서 피로가 쌓이다 보니 조합원들이 지대위 사업을 좀 부담스럽게 느끼시는 면도 있고 어려운 부분이 생기는 것 같아요.

파업 투쟁이 끝난 이후에도 조합원들과 함께할 수 있는 것들을 고민하고 계신 거죠.

월드컵 조합원들이 다 지역 주민들이거든요. 저는 민중의 집 활동을 하고 있으니까 지역 주민들 대상으로 여러 가지 사업을 하게 될 텐데, 월드컵 조합원들 시각에서 파고들어 가면서 민중의 집 사업을 정교화하면 좋겠다는 생각이 들어요. 일단 청소년, 어린이들을 대상으로 하는 독서 토론 같은 것도, 조합원의 아이들과 함께하고 싶고요. 책임 있게 아이들이랑 관계 맺으면서. 일반인들 대상으로 하는 강좌 사업도 조사를 좀 해야 하는데. 조합원들한테 자문을 구해 보려고 하고 있어요. 이랜드 투쟁으로 만났지만 앞으로도 장기적으로 함께할 수 있으면 좋겠다, 투쟁에서 생활적인 부분으로 나아가면서 많은 고민을 해야 할 것 같아요. 아직 조합원들한테 민중의 집에 대해서 얘기해 본 적은 없어요. 어쨌든 저한테 이 투쟁은 좀 특별한 의미가 있어요. 단체 활동하면서 투쟁 사업장 여러 군데 결합해 봤는데 이런 경험은 처음이었어요. 집회 이외의 시 공간에서 나누었던 정들이 중요했고 긴밀한 소통을 하면서 관계를 맺어 왔죠. 그런 것들이 지역 연대 활동의 매력이나 장점이 아닐까요.

당신 인생의 이야기
300일 넘긴 이랜드 비정규 노동자들의 파업을 생각하며

● **류한승**(한국비정규노동센터 편집부장)

연대글

누군가의 구둣발이 지렁이 한 마리를 밟고 지나갔다
그 발은 뚜벅뚜벅 걸어가
그들만의 단란한 식탁에서 환히 웃고 있으리라
지렁이 한 마리가 포도에서 으깨어진 머리를 들어
간신히 집 쪽을 바라보는 동안
　　　　　　　　　　　　　－ 이시영, 「귀가」 전문

　작년 8월말 ㅂ 씨는 그동안 일해 오던 이마트에서 하루아침에 쫓겨나야 했다. 고객에게 무례했다는 것이 이유였다.

　이마트 베이커리에서 일하던 그는 젊은 여성 고객이 안고 온 강아지가 시식 코너의 빵에 코를 들이미는 것을 보고 깜짝 놀라 가로막았다. '고객의 소리' 게시판에 항의 글이 올라왔고 담당 파트장은 다음 날 사직서를 쓰게 했다. 6년 동안 일해 왔던 직장이었다. 그러나 그는 이마트가 아닌 용역업체 소속이다. 이랜드 노동자들이 파업을 불사하며 거부하고 있는 바로 그 외주 용역의 희생양이 된 것이다. 비정규직법이 시행되면서 이제 이러한 일들은 일상이 되어 가고 있다.

당사자의 충격과 절망에도 불구하고 이러한 사례가 알려지는 경우는 극히 드물다. 그나마 노동조합에 가입하거나 상담 기관을 찾은 경우들이다. 하지만 알려진 사례들만 얘기하려고 해도 며칠 밤을 새워야 한다. 비정규센터가 주최한 행사에서 이러한 이야기를 듣고 난 한 대학생의 소감은 이랬다. "다른 방법이 안 보인다. 열심히 공부해서 정규직이 되는 수밖에 없겠다." 취업을 위해서라면 영혼이라도 팔고 싶은 학생들에게 당연한 생각일지는 모르나 그렇게 들어간 직장은 또 어떤 곳일까?

"노예처럼 살기에는 너무 많은 것을 알아 버렸다." KTX 승무지부 민세원 지부장의 말이다. 학생운동 근처에도 가본 적이 없었다는 KTX 승무원들. 전원 대졸 이상의 학력으로 최고 136 대 1의 경쟁률을 뚫고 들어와서 언론의 주목을 한 몸에 받았다. '지상의 스튜어디스'로 불리던 이들, "청소 일하는 사람들이야 비정규직 쓰는 게 당연하다"고 생각했던 이들이 겨우 1년 만에 전원 파업에 동참하고 500일이 넘도록 거리에서 투쟁하게 될 줄 누가 알았을까? 여성 노동자는 어느 기업에 가도 어차피 똑같다. 노예로 침묵하거나 새로 투쟁을 시작하는 수밖에 없다. 이것이 지난한 투쟁을 통해 승무원들이 배운 교훈이다.

비정규직이 일반화된 세상에서 정규직이라고 다른 인생을 살 수는 없다. '노동의 분절, 노동자의 분할'은 정규직을 귀족 대접해 주기 위한 것이 아니다. 꿈의 직장이라는 은행에서 8년 동안 밤낮없이 일해서 과장으로 승진한 차윤석 씨는 계약직 전환을 거부했다가 해고되었다. 정규직 직원들은 꾸준히 줄어들고 그 빈자리는 계약직으로 채워지는데, 다시 계약직의 고용 불안은 정규직의 노동강도를 높인다. 여기에 무한 경쟁과 성과급제 확산은 노동자들의 목숨까지 위협하고 있다. 당연히 금융권만의 문제가 아니다. 똑같이 일하면서 절반의 임금을 받고 있는 비정규직들은 정규직을 위협하는 코앞에 닥친 미래다. 위계와 차별로 짜인 일상의 벽은 비정규직의 가장 큰 적을 정규직으로 만든다.

그래서 무권리 상태에서 고립된 비정규직의 파업을 정규직이 무심하게 지켜보고 정규직의 파업이 비정규직 대체 인력 투입으로 무너지는 일이 반복되는 동안 우리의 삶도 조금씩 허물어져 간다. 짓밟는 자와 짓밟히는 자를 구분하지 못한 채 무한 경쟁, 승자 독식의 규칙에 매달려 있는 동안 우리는 서로의 인생을 짓밟는 데 열중할 뿐이다. 결국 '세븐 일레븐'(7시 출근, 11시 퇴근)의 노동강도를 당연하게 여기며 붐비는 퇴근길에도 처세술 책에서 희망을 찾아야 하는 아귀다툼 속에 당신의 인생은 소모될 것이다. 모든 것을 바꾸지 않고는 아무것도 바뀌지 않는다는 사실이 이토록 명확해진 적은 일찍이 없었다.

참으로 안타까운 것은 지금 이랜드 비정규 노동자들의 싸움에 이 모든 과제가 걸려 있다는 점이다. 이랜드의 파업은 폭력적인 외주 용역화와 기만적인 비정규직법의 문제점을 선명하게 드러내는 투쟁이다. 수년간의 노력 끝에 이루어진 정규직과 비정규직 연대의 결실이 이랜드노조다. 도시민들의 생활공간인 유통 매장을 멈추며 국민적인 관심과 지지를 끌어낸 싸움이다. 지난 수년 동안 끝없이 패배하고 무너져 온 수많은 비정규 노동자들의 염원, 노동운동의 풀지 못한 과제들이 집중된 일전이다. 그래서? 이 싸움은 과연 누구의 몫인가?

몇 달 전만 해도 노동법의 '노'자도, 파업의 '파'자도 들어본 적 없는 이들, 파업 투쟁이 '쑥스럽고 무섭고 힘들지만 아이들을 챙기지 못하는 것이 가장 힘들다'고 고백하는 이들, 구사대에게 맞고도 식구들이 집회에 참석 못하게 할까 봐 아픈 기색도 하지 못하는 이들이 이 싸움의 주역이다. 아니 주역이 되어 버렸다. "상우야 사랑해, 너는 비정규직 없는 세상에서 살게 할게"라고 말하며 울먹이는 여성 노동자들이 그 울먹임의 힘만으로 1년이 넘게 파업 투쟁을 이어 가고 있다. 무차별적인 손배 가압류, 가처분과 파업 대오에 대한 폭력 행사, 회유와 협박을 이겨 내고 대오를 유지하고 있다. 전체 노동자들의 미래를, 당신과 나의 인생이 걸린 그 엄청난 전선의 대오를……. 다리가 퉁퉁 붓고 방광염에 걸리도록 일해서 받던 80만 원의, 단지 그 일자리를, 가족과 아이들을 지키기 위해…….

20년쯤 전에 한국의 노동자들은 똑같은 야만과 무권리 상태를 벗어나기 위해 뭉쳤고 싸웠다. 수없이 패배했지만 그 싸움을 통해 노동자들은 더 이상 예전처럼 살지 않는 법을 배웠다. 그렇게 민주노조가 건설되고 진보정당이 만들어졌다. 지금 '대기업 정규직 남성 노동자'들의 조직으로 사회적 증오와 고립의 대상이 되어 버린 바로 그 운동이다. 과연 지난 20년 동안 우리는 얼마나 현명해진 것일까?

2007년 개봉한 영화 〈화려한 휴가〉에는 가끔 이런 악플이 달렸다. "그게 다 김대중이 선동해서 광주 시민의 희생을 바탕으로 정치적 욕심을 채우려 한 거지." 아직도 이런 생각을 하는 사람이 있느냐고 이맛살을 찌푸리는 사람들이 '아줌마 눈물 뒤에 민주노총 있다'는 선동에는 쉽게 고개를 끄덕인다. 놀랄 일은 아니다. 권력은 원래 그런 식으로 작동하는 법이다. 그러나 수십 년 후에야 상식을 되찾기에는 이랜드 비정규 노동자들의 투쟁이 너무 절박하다.

이랜드 조합원들에게 파업 300일은 곧 생계비 없이 버텨야 했던 300일이기도 하다. 전기세를 못 내서 촛불을 켜고, 급식비를 내지 못

해서 수돗물이라도 마실까, 스스로를 달래는 아이들 모습에 눈물 삼
키며 다시 투쟁 현장으로 모인다. 그러나 신문도 방송도 더 이상 그들
의 목소리를 실어 주지 않는다. 한때 모아졌던 여론의 관심과 지원, 불
매운동도 사그라들고 사람들은 예전처럼 파격 세일 광고지를 들고 이
랜드에 간다. 홈에버에 가고, 2001아울렛에 가고, 킴스클럽에 간다.
가까운 매장에서 카트를 밀고 가면서 우리는 우리의 구둣발 밑에 무
엇인가가 으깨어지는 소리를 감지할 수 있을까? 그건 당신의 인생일
지도 모르는데…….

2부 우리의 틈새를 보았지만

나한테, 어떤 희망적인 말을, 그런 답을 원하지 말아요 : 어떤 경계, 혹은 '투쟁'과 '생계' 사이에서

● 김남희(월드컵분회 조합원, 40) ● 인터뷰 : 권성현

살림용 생산수단이 따로 없어, '고용된 노동자'로 살림을 꾸려야 하는 사람들. 물론, 이들을 '근로자'로 고용하려는 사람 내지 기업 법인들의 이해는, 노동자들의 그것과는 기본적으로 다르다. '살림살이의 합리성(들)'에 방점을 찍는 노동자들과 달리, 영속적인 잉여 발생, 즉 '축적의 합리성'에 방점을 찍게 마련이라서다. '자본'은 이렇게 축적된 이윤뿐 아니라 잉여를 좀 더 수월하니 짜내려 형성된 사회적 관계 자체를 뜻하는데, 이런 자본의 세계화 과정에서 살림살이의 합리성(들)은 역사적으로 축적 합리성에 복속된 채 기껏해야 선택적 수용과 '절멸' 사이를 맴돌기 일쑤였다. 그래서 철창 감옥과 같은 축적 합리성의 속박에 맞서 살림살이의 합리성(들)을 열망한 노동자들의 싸움은, 제한적인 성과나마 거둘 때조차 늘 집단적으로 이뤄져야 했다. 노동자들은 그만큼 자본 본연의 쥐어짜기 압력으로도 모자라, 그 와중에 살림살이의 합리성까지 꾀해야 하는 생계 압력에 겹으로 노출돼 있다. 그렇다 보니, 아무리 옳고 불가피했더라도 투쟁의 장기화는 당사자인 노동자들의 생계 압력을 급격히 높이면서, 자본의 발목은 고사하고 투쟁의 발목부터 붙잡기 일쑤다.

조합원 김남희 씨도, 투쟁이 장기화되면서 치솟은 생계 압력을 견디다 못해 '현장'에서 발을 뺀 경우다. 노조 가입 동기야 소박했다. 여럿이 함께 대응하면 회사가 멋대로 안 굴 것 같아서였다. 하지만 그렇게, 자본의 울렁증에 휘둘리는 불안정 노동자 딱지를 떼려고 그가 한 선택은 성공적이지 못했다. 성공은커녕, 파산 신고 여부를 저울질해야 하는 '워킹 푸어'(working poor) 신세가 됐으니. 더구나 여자로, 그것도 이혼한 여자로 홀로 아이와 생계를 챙겨야 하는 조건은 가뜩이나 카드 빚에 쪼들린 그를 더더욱 힘겹게 했다. 이러니, 그의 선택을 한낱 부질없는 만용이었다고 매듭짓는 건 차라리 쉽다. 분명한 건 그처럼 생계 압력에 내몰린 이들이 눈앞에서 사라져도, 싸움이 그렇게 당장은 잦아든다 해도 애초의 문제는 그저 유예됐을 뿐이라는 사실이다. 가열찬 투쟁 의지 고취도 혁명도 다 좋지만 아울러 중요한 건, 투쟁 당사자를 둘러싼 삶의 조건까지 아우르는 실질적 연대의 문법부터 진득하니 일궈 내는 일이겠구나 싶었던 까닭이기도 하다.

저는 앞장서서 했던 사람도 아니고, 그렇다고 뒤에서 그냥 멀뚱멀뚱 쳐다만 봤던 사람도 아니었어요. 파업이라고 집회 나갔을 때 무엇이 어렵고, 무엇이 잘되는 건지에 관한 기준도 잘 몰랐죠. 참석은 했지만 그게 나한테 어떤 점에서 도움이 될까, 내가 왜 이걸 굳이 해야 하나 하는 쪽이었던 것 같아요.

어중간한 위치였다고 할 수 있겠네요.

(정색하고) 어중간한 위치는 아니었죠. 다만 앞장서지 않았다는 얘기예요. 그런 표현은 잘못된 거예요.

그럼 조합 가입은 어떻게, 무슨 생각으로 하게 됐나요?

솔직히 처음에는 조합에 관심도 없었어요. 내가 일하는 직장에서 내 위치가 흔들리니까……. 곧 사람이 잘린다더라, 구조조정이 된다더라, 뭐 이래저래 말이 많았어요. 그런 상황에서 벗어나고 싶었어요. 그래도 노동조합에 가입하면 그나마 회사가 함부로 하지는 않겠구나 생각한 거예요. 그렇다고 특별한 뭐가 있을 거라고 생각한 건 아니지만, 단 몇 개월 더 일하더라도 편하게 일하고 싶었던 거겠죠. 구조조정이니 뭐니 없었으면 조합에 가입하지 않았을지도 몰라요. 상암점은 가입하는 쪽이 대세였고, (노동조합을 만들고 가입하면) 회사가 함부로 자른다거나 하지 못할 거라고 하니까 가입했던 거예요. 그런데 시간이 흘러도 아무런 성과 없이 계속 이렇게 오다 보니깐 이걸 내가 왜 하고 있나 하는 회의가 들었고 짜증도 나고 그랬어요.

막상 노조에 가입해 보니 어떠셨어요?

집회를 하면서 큰 기대도 안 했고 금방 끝날 거라고 생각한 적도 없어
요. 처음이라 낯설고 그랬어요. 그러다 보니 그냥…… 대세라는 거 있
잖아요. 이렇게 가다 보면 어딘가에 도착하겠지, 한 거죠. 사람들을 따
라가는 쪽이었기 때문에 앞에 서서 뭘 할 수도 없고, 그렇다고 뒤에서
보면 위치가 좀 그렇죠. 다른 조합원들한테도 미안했어요. 하나만 보
면 되는데, 항상 여기도 보고 저기도 봐야 했거든요.

본인이 그렇게 앞장서기 힘들었던 건 무엇 때문이라고 생각하세요.

양쪽을 다 보려니까요. 우리 조합도 봐야 하고 사회적인 입장도 봐야
하고. 하나만 봤으면, 그냥 계속 사람들하고 지금까지 어울리고 집회
도 나가고 그랬겠죠. 근데 싸움도 끝나지 않고, 시간이 지날수록 조합
원들끼리 본의 아니게 오해를 하게 되고, 오해는 다시 오해를 낳다 보
니 분파도 생기고요. 저는 A분파와도 친하고 B분파와도 친한데 둘이
서로 안 좋아질 때면 가운데서 많이 힘든 거죠.

사이가 안 좋아지는 건 무엇 때문일까요.

제일 흔한 이유는 강성이냐 중간이냐……. 아니, 강성이냐 강성이 아
니냐. 나는 앞장서서 하는데 너도 따라와라, 이런 거죠. 근데 사람이라
는 게 다 다르잖아요. 앞장선다고 꼭 열심히 하는 것도 아니고, 또 뒤
에 있다고 노는 것도 아니고요. 같이하는 거죠. 하지만 보는 관점에 따
라 저 사람은 열심히 하는 사람이고 이 사람은 열심히 안 하는 사람이
라는 식으로 편이 갈라져 버리니까 그런 갈등이 있을 거구. 갈등하다
보면 어긋나게 되고, 사소한 말이라도 그냥 폭발해서 싸우기도 하고.

그러다 보면 휙, 하고 나가는 사람들도 있는 거죠.

서로 상처를 주기도 했군요.

글쎄요. 그건 모르겠지만, 어떤 집단을 봐도 같은 일을 한다고 모든 사람이 같은 생각을 할 수는 없어요. 사람마다 성향도 다르고 생각도 다른데, 나랑 너랑 생각이 다르다고 나눠지는 것도 싫고요. 우리가 같은 목적에서 조합을 결성했으면, 어찌됐든 간에 같이 갔어야 해요. 쉽게 말해서, 끌어안으려고 했으면 다들 끝까지 끌어안았어야 해요. 아무리 내가 원하는 게 아니더라도 말이죠. 그런데 말로는 끌어안고 행동은 하지 않았다는 거예요. 그러는 중에 한풀이도 많이 하고, 안 나오기도 하고……. 중간에서 지켜보는 나는, 왜 이래야 되나, 그렇다고 어느한쪽을 변호하거나 편들 수도 없고. 내가 할 수 있는 거라고는 지켜볼수밖에 없는 거죠. 가능하면 그냥 잘했으면 좋겠는데. 조합 탈퇴하는 사람들 보면 가슴 아프고 아쉽고 안타까운 거고. 지금은…… 나 역시 생활이 힘들다 보니 투쟁에 가지는 않아요. 왜냐고요? 그동안 실망한 면도 있었고, 이건 아니라고 생각하는 것도 있었고요.

지금 어떤 부분이 힘드세요?

개인적으로는, 제가 벌어서 생활해야 되요. 물론 나 같은 상황에서도 투쟁하는 사람들이 있겠지만요. 지금 생활이 많이 힘들어요. 한 달에 100만 원 벌던 사람이 6~7개월 동안 안 번다고 생각해 봐요. 그러면 꼬박꼬박 100만 원씩 들어가던 거, 100만 원이 7개월이면 700만 원이 잖아요. 빚을 지는 거죠. 더 이상 빚을 질 수는 없고, 그러면 어떻게 하겠어요. 지금 생계 투쟁을 한다고 그 돈을 다 메울 수 있어요? 못 메워요. 그대로 그 빚을 다 안는 거예요. 더 이상 빚을 늘릴 수가 없어서, 그래서 손을 뗐어요. 더 이상 그렇게 같이 있는 것도…… 내가 그렇게 힘이 되는 것도 아니지만, 내가 돈을 벌지 않으면 안 되기 때문에, 그래서 투쟁에서 나와 있는 상태예요.

어머님도 아프시다고 하셨죠.

아프신데, 그걸 떠나서 내가 버는 건 다 생활비예요. 엄마 아픈 거야 오빠가 병원비를 대도 대든가 해요. 내가 지금 엄마 집에 있다고 해도 기초적인 생활은 내가 할 수밖에 없어요. 엄마 집이지 내 집은 아니니까요. 월세 낸다고 생각하는 거죠. 남의 집에 들어가 살아도 어차피 내가 해야 할 몫이고요. 그러다 보니 사람이, 여자 하나가, 돈 1,000만 원을 빚진다는 건 갚을 능력이 없는 거잖아요. 투쟁이라는 걸 더 이상 할 수가 없는 거예요. 그러다 보니까 회의가 들더라고요. 이렇게 길게 갈 거라고는 생각도 못했지만, 물론 그 여파로 빚을 진 건데, 더 이상 있다가는 파산선고를 할 수도 있겠구나. 지금도 항상 그 생각을 해요. 나는 더 이상 돈을 벌 여력도 없고 갚을 여력도 없으니까요. 파산선고를 언제쯤 할까, 어떻게 하는 거지, 이런 생각을 하고 있을 정도면 ……. 만일 한 집안의 가장이라고 하면 집안이 그냥 무너지는 거고, 식구들이 다 고아원 가거나 길에 나앉는 거예요, 제 사정이 지금. 그러다 보니 회의를 하게 되요. 내가 왜, 구조조정이든 비정규직이든 뭐든, 대세가 뭐였든 간에, 계속 일했으면 빚은 지지 않았을 텐데, 하는 후회를 하는 거예요. 이런 후회를 나만 하냐고요? 그건 아무도 몰라요. 다 할 수도 있고, 지금 막 나가서 집회하시는 분들도 그럴 수 있고. 아니면 이런 거 저런 거 다 포기하고 순수하게, 내 대에서 이걸 처리 못하면 아이들이 지고 간다고 하는 사람들도 있고요. 물론 나처럼 생계가 어려운데도 나가는 사람들이 있어요. 그런데 나는 지금 거기서 발을 빼서 내 일하면서 내 생활을 하고 있는 거예요. 턱도 안 되는 돈을 벌면서, 고생은 고생대로 하면서. 상암에서는 마감을 섰기 때문에 하루에 13시간 일하면 야간 수당까지 해서 상당히 높은 급여를 받아요. 그럴 수도 있는데, 이러고 있는 게 한심하기도 하고 내가 너무너무…… 미워요. 물론 그 당시에는 그게 정답이었고, 그 길밖에는 없었지만. 근데 그게 자꾸자꾸 길어져 버리니까 서로에게 그 믿음이라는 것도 슬슬 무너져 버리고. 그리고 친하고 착했던 사람들이 시간이 지날수록 약해지고, 또 강해지고, 내가 모르는 사이에 변해 가는 게 너무너무 보기 싫고. 그리고 어울려서 함께 일하고 휴식을 취했던 사람들하고 이제는 만날 수 없다는 거. 그만둔 사람들이 많거든요, 지금. 이제 그 사람들하고 연락할 수 없다는 것도 무척 마음이 아파요.

탈퇴하신 분들하고 개인적으로 연락은 안 하시는 거예요?

할 수가 없죠. 한다고 해도 그 사람이 지금 일하고 있을 수도 있고요. 스케줄이 어떤지 모르니까 거의 연락할 수가 없는, 그런 게 마음이 아픈 거죠. 그래도 몇 개월 동안은 같이 투쟁도 하고 동고동락하고 밖에서 잠도 자고, 같이했는데. 그 자그마한 오해 때문에 힘들이 분산돼 버리고. 나 역시도 내 생활고에 힘들어서 나와 있기는 하지만요. 항상 흔들려요, 매일 나를 학대하는 거예요. 내가 왜 이러고 사는지, 항상 그런 얘기를 하고 되씹고……. 일하다가 힘들 때마다요.

한편으로는 또 그게 다는 아니라는 얘기로도 들리는데요.

지금 그게…… 그 투쟁하는 곳에 가고 싶다는 거예요. 거기에는 지금
도 내가 좋아하는 사람들이 같이 투쟁을 하고 있거든요.

그러자니 생활고 압박이 심하고, 그렇다고 압박을 해결하자니 맘이 불편하고.

바로 그거예요. 탈퇴를 하자니 그러기에는 내가 그 사람들한테…….
그 사람들은 내 생활을 아니까, 힘든 걸 아니까 인정해 주고 그나마 양
해를 해주는 사람들이예요. 그러다 내가 한 번씩 가면 반기는 거예요.
미안하니까 갈 때마다 음료수 사 들고 가는 거고. 이런 것을 무시하고
서는 탁, 어떻게 결론을 내릴 수도 없고, 미안하고. 결국 대세를 따라
다닌 내가 이제는 좀 골치가 아픈 거죠.

**그러면 김남희 조합원과 비슷한 상황인데도 투쟁에 적극적으로 참여하시
는 분들은, 어폐가 좀 있을지 모르겠지만, 그나마 상대적으로 상황이 낫다
고 할 수도 있는 건가요?**

물론 낫다고는 볼 수 없죠. 하지만 중요한 건, 나는 나 혼자라는 거예
요. 다른 분들은 생활비를 보태기 위해 일하시는 분들이 많아요. 이를
테면 학원비 같은. 하지만 나는 그 이전에 그 자체로 생활비예요.

그러니까 학원비를 보태려면 지금 버는 것 말고도 더 일해야 한다는 건가요.

더 해야 한다는 거죠. 쉽게 직장을 옮길 수가 없는 게, 내가 지금 여기
서 A 플러스 알파를 받는데 다른 데 가면 A밖에 못 받는다고 하면 어
떻게 하겠어요. 그 플러스 알파를 붙잡고 있어야 하는 거죠. 여기서 4
년 일해서 얼마를 받는데, 다른 데 새로운 곳으로 옮긴다고 해봐요. 옮
길 수야 있지만, 플러스가 있잖아요. 내 자리를 지키기 위해서 노조에

가입했고, 좋은 결과가 있었으면 해서 투쟁도 하고 파업도 같이했던 건데, 희망보다는 자꾸만 뒤로 물러나는……. 물러나면 물러날수록, 다음엔 괜찮겠지, 조금만 지나면 좀 나아지겠지 다들 이런 마음을 가지고 있었을 거예요. 그죠? 그런데 더 힘들어지고 그러다가 탈퇴도 하고 나가기도 했던 거예요. 근데 나는 그렇게 나간 사람들이 어떻게 보면 더 용감하다고 생각해요. 물론 지금 투쟁하는 사람들도 대단하지만. 결단력, 내가 결단을 하지 못했기 때문에 이러고 있는 거예요, 지금. 결단을 했으면…… 글쎄, 빚은 지지 않았겠죠. 마이너스 통장이 됐든 뭐가 됐든, 지금 벌어도 그거 메우느라 정신이 없어요. 그러니까 이건, 생활이 안 되는 거예요.

안 해요, 안 해. 몰랐으니까 했지 난 안 해요. 난 내 갈 길 갈 거예요. 늘 그렇게 해 왔던 것처럼, 사람들이 와서 뭐라고 해도 그냥 그런가 보다 하고 난 내 일 할 거예요. 믿을 사람도 없어. 같이 파업하자고 해놓고는 뿔뿔이 다 흩어진 이 판국에 누구를 믿어. 믿을 사람 아무도 없어요. 나한테 어떤 희망적인 말을, 그런 답을 원하지 말아요. 그냥 이대로 끝내면 되는 거예요. 절망적이야, 힘들어.

아니, 희망적인 답을 바라는 게 아녜요. 그런 답 내려고 하는 건 저도 힘들어요.(웃음) 전 오히려, 절망의 바닥부터 우리가 제대로 봐야 한다는 쪽인데.

근데 아직 바닥은 아니에요. 가려고 하고 있는 거죠.(웃음) 어떻게 하면 파산선고를 받을까 하고 있으니까요. 막말로, 빚 갚아 준다고 하면 최저임금을 받아도 그러겠다고 하고픈 심정이예요.

> 막말로, 빚 갚아 준다고 하면 최저임금을 받아도 그러겠다고 하고픈 심정이예요.

그렇게 답답한 상황인데 어떻게 생활하세요?

그냥 열심히 일할 뿐이에요. 지금 편의점 두 군데에서 일해요. 이대하고 신촌 로타리 근처에서요. 서강대 방향이요. 보통 아침 8시까지 출근해서 밤 10시까지 일해요. 밤에 집에 가서 애들이 깨어 있으면 얼굴 보고, 안 깨어 있으면 그냥 자는 거고.

마지막으로 이 얘긴 꼭 했으면 좋겠다고 하시는 거요. 꼭 좋은 얘기나 아름다운 이야기가 아니어도요.

그런 건 딱히 없어요, 없는데⋯⋯. 그냥 그래요. 우울해요. 우.울.해.요. 내가 언제 갈지⋯⋯. 나 죽으면 와서 절이나 해요.(웃음) 어떤 보람이라도 있으면 좋겠는데 보람도 없고요. 투쟁을 하면 뭔가 좀 결과라는 게 나오면 희망이라도 있을 텐데. 그냥 그 자리니까요. '좋은 소식 없어요?'라고 물어보면, '그대로야'. 제일 듣기 힘들어요. 내가 이렇게 힘든데, 투쟁하는 사람들은 오죽하겠냐고요. 그 허탈감이.

그런 얘기 많이 했잖아요. 위원장님도 그렇고, 우리는 '승리할 수밖에 없다'고. 그런 얘기 들을 때 어떠셨어요.

그런 얘기할 때마다 나는, 몸은 여기 있어도 정신은 딴 데 갔다 왔어요. 그냥 공허한 거예요. 공중에 떠다니는 소린 거죠. 이기기는 이기겠죠. 질긴 놈이 이긴다고 하니까. 근데 100명 중에 한 사람만 이기면 뭐 하냐고요. 그게 제일 허탈한 거지. 100명이 같이했으면 100명이 같이 이겨야지. 20명이 이기면 기분이 좋겠어요? 이기는 것도 중요하지만, 그 와중에 상처 입은 사람들이 더 힘든 거죠. 내가 이게 어떤 맘인지는 모르겠는데⋯⋯, 3~4년을 함께 일하고 같이 막 웃고 떠들다가 같이 뭘 하자고 했는데, 타의건 자의건 뭐든 간에, 이를테면 나처럼 떨어져 나간 나머지들, 그 소수가요……. 이기면, 그래, 힘들게 싸웠으니까 대단한 거겠죠. 하지만 그전에, 함께 가지 못한 사람들이 그립죠. 파업하면서 왜 파업을 하는지, 어떻게 파업을 해야 하는지, 어떻게 하면 이긴다는 것까지, 처음 파업을 해봤기 때문에 풍문이든 이론이든, 간접이든 직접이든 들어 보면 단계가 다 있더라고요. 그걸 내가 몸소, 어 정말이네, 지난번에 배운 거랑 똑같네, 하는 식으로 한 계단 한 계단 올라간단 말예요. 끝없는 계단인 거죠. 근데 그 끝이 안 보인다는 거예요. 그러니까 이런 상황은 이기긴 하겠죠. 이기는 건 당연한데 그 자리가, 그 계단이 안 보인다는 거죠. 그러기에 우린 너무 나이 들었어요. 파업하는 동안에도 나이를 먹잖아요. 30년 후에 해결된다고 해봐요. 그러면 내가 뭘 할 수 있을 거 같아요? 뭘 할 수 있을까. 쉰을 바라보는 나이에 뭘 할 수 있을까. 여전히 그냥, 이렇게 찍어야 되나? 하여간에 아쉬워요.

아까 다시는 같은 선택을 안 할 거라고 하셨지만, 그래도 아쉬움이 크다고 하셨잖아요. 그런 전철을 밟지 않도록 사람들한테 하고 싶은 말씀은 없을까요. 더구나 비슷한 일이 앞으로도 계속 벌어질 수 있고, 틀림없이 그럴 거잖아요.

없어야죠, 그런 건. 무조건 없어야 돼요. 원래 비정규직이 없었던 것처럼, 파업이 없어도 되는, 이런 갈등 자체가 없어야 해요. 그랬으면 좋겠어요. 비정규직이네 뭐네, 이런 거 알고서 했나요. 아니잖아요. 아무도 몰랐잖아요. 그런데 어느 순간 그 말이 생겨난 거잖아요. 이런 식으로 절망적인 단어가 새로 나타나지 않았으면 해요. 갈등을 부르는 단어가 안 나오길 바랄 뿐이죠, 그냥.

6 노동 해방 세상 말로만 떠든다고 되는 게 아니잖아요

● **송영숙**(월드컵분회 조합원, 38), **박경은**(일산분회 조합원, 39)
손명섭(이랜드노조 총무부장, 43)　● 인터뷰 : **진재연**

이랜드일반노조 재정팀은 조합원들의 생계와 투쟁을 지원하기 위한 사업들을 꾸려 가고 있다. 새벽에 집에서 나와 밤늦게 들어가는 힘든 일정들을 소화하는 재정팀 송영숙, 박경은, 손명섭 씨와 이야기를 나누면서 궂은일을 함께하는 과정에서 쌓인 서로에 대한 신뢰를 느낄 수 있었다. 조금 썰렁하지만 종종 터뜨려 주는 손명섭 씨의 농담은 이야기 내내 즐거운 분위기를 만들었고, 연대 단위들에 대해 비판적인 고민을 풀어내는 송영숙, 박경은 씨의 솔직한 이야기는 긴 여운을 남겼다.

투쟁의 과정은 소중한 연대를 배우는 시간이기도 했지만 그 틈을 비집고 들어오는 동지들에 대한 실망과 서운함, 안타까움으로 가슴 아픈 날들이기도 했다. 소외와 차별이 곳곳에 도사리고 있는 이 시대에, 이랜드 노동자들처럼 '이렇게 될 줄 모르고' 싸움을 시작하는 수많은 이들과 어떤 연대의 모습으로 함께 해야 할 것인가. 윤리적이고 수평적인 연대를 만들어 나가기 위해 필요한 것은 무엇일까.

그/녀들은 지금도 재정을 마련하기 위해 동분서주하고 있다. 수많은 집회에 나가 생수를 팔고, 대학 축제에 자리를 얻어 주점을 열고, 어떤 계기마다 재정 사업을 마련하기 위해 고심하고 있다. 오늘도 어느 집회에 나가 "동지 여러분, 이랜드 재정 사업하고 있습니다. 한 병씩 좀 팔아주세요"라고 외치고 있을 것이다. 목이 터져라 외치며 고된 하루를 보내고 있을 이랜드일반노조 재정팀 동지들에게 감사와 존경의 박수를 보낸다.

우선 각자 소개를 해주세요.

박경은 저는 일산분회 조합원이고요 재정팀에서 활동하고 있어요. 2003년 6월 까르푸에 입사해서 안내 데스크에서 일하다가 홈에버로 넘어가면서 고객만족센터에서 일했어요. 안내 데스크가 고객만족센터로 이름이 바뀐 거예요.

송영숙 저는 월드컵분회 소속이에요. 재정팀이고, 2003년 5월에 입사했어요. 저도 안내 데스크와 고객만족센터에서 일했어요.

손명섭 지금 재정팀에서 같이 활동하고 있어요. 1996년도 까르푸 1호점(부천 중동점) 오픈할 때 입사해 식품부에서 일하면서 과장이 됐고, 천안점으로 오픈하러 내려가서 부장으로 진급했다가 2004년 순천점으로 가게 되면서 노조에 얽힌 거지.

박경은 (손명섭 동지는) 노조에 가입했다고 잘렸어요.

송영숙 그때부터 인생이 꼬이기 시작한 거지.(웃음)

손명섭 그때 과장급은 조합원이 몇몇 있었지만 부장급은 없었거든요. 그것 때문에 회사에서 찍혀서 권고사직당했어요. 나는 절대 나갈 생각 없으니까 법대로 처리하라고 했죠. 그러다 부산 해운대로 좌천돼서 4개월을 버티다가 이래저래 빌미를 잡아서 결국 2005년 10월에 징계위원회를 열더니 바로 해고하더라고요. 그때부터 너네 죽었어, 그러면서 싸움을 시작해서 지금까지 온 거예요.

박경은 너무 대단하죠?

손명섭 나 머리 단단해.(웃음)

송영숙 우리가 파업하기 전부터 혼자 싸우셨대요. 시흥점 앞에서 혼자 천막 치고.

손명섭 해고되고 나서 부산에서 6개월 정도 민주노동당 활동하다가

노조에 가입했다고 잘렸어요. 그때부터 너네 죽었어, 그러면서 싸움을 시작해서 지금까지 온 거예요.

2006년 6월에 복직 투쟁이라는 이름으로 시흥점 앞에 천막 치고 5개월 동안 농성했어요. 그 뜨거운 여름날 모기 잡으면서 쭉 하다가, 중계점 앞에서도 하고.

정규직이셨겠네요?

손명섭 그렇죠. 지금 홈에버 대부분 지점의 점장들이 내 동기에요. 까르푸가 처음 한국에 들어왔을 때 그 1호점에 입사했던 거니까.

박경은 그때 해고 안 됐으면 지금 점장이 됐을 거야. 좀 약게 살지 그랬어.

손명섭 그랬으면 여러분들 안 만났지.(웃음) 나도 정치적인 관점이라든가, 노동운동 관점에서 시작한 게 아니고 단순하게 시작했어요. 같이 일하던 직원 중에 5년 된 파트타임들이 진급이 안 되는 거예요. 같이 들어온 다른 비슷한 사람들은 진급이 되는데. 인사과장도 진급시켜 준다고 얘기는 했는데 계속 뺀질뺀질대면서 안 해주는 거야. 부장이 입장을 고수하면 안 될 것 같아서 노동조합을 만나 본 거지. 같이 있던 과장이 한 명 있었는데, '단순히 부장이나 과장이 건의한다고 되는 게 아니다. 노동조합을 통해서 하자'고 했어요. 그 과장도 지금 목동점 대의원인데 얼마 전에 해고됐어요. 노조랑 만나서 비정규직 문제라든가 그런 얘기를 잠깐 하다가 그냥 그쪽으로 홀딱 가버린 겨. 처음엔 단순하게 생각했는데 회사가 알게 되고 싸우면서 여기까지 온 거지.

정규직과 비정규직이 함께 싸우고 있다는 것이 이랜드 투쟁의 큰 의미잖아요.

송영숙 그래서 우리가 더 주목을 받은 거 같아요. 비정규직과 정규직이 같이 투쟁하는 거, 정규직이 나 몰라라 안 한다는 거요. 비정규직의 문제가 정규직의 문제라는 생각을 같이하는 것 같아요. 우리도 처음에는 그게 어려웠다고 하더라고요. 정규직과 비정규직이 함께하는 것에 대해서 문제 제기도 있었는데, 지도부들이 계속 토론하고 설득했어요. 비정규직이 왜 철폐되어야 하는지도 얘기하고.

박경은 그래도 우리 이랜드 홈에버 쪽에는 함께 일하면서 정규직, 비정규직 별로 따지지 않았어요. 정규직들이 더 어깨 높이고 그러지 않았어요. 저는 당연히 같이하는 줄 알았는데, 밖에 나와 보니까 그렇지 않더라고. 다른 사업장에서 우리한테 대단하다고 그러는 거 보고 놀랐어.

손명섭 금속 사업장 같은 데는 비정규직, 정규직 격차가 너무 심하다 보니까 힘든 것도 있겠지. 작업장에서 라인도 다르니까. 우리 유통업은 똑같은 계산대에서 정규직, 비정규직 섞여서 일하니까. 사실 말이 정규직이지 정규직도 월급 얼마 안 되는 경우도 많아요. 비정규직은 더 심하지만.

송영숙 다른 데는 비정규직 노조와 정규직 노조가 따로 있더라고요. 코스콤도 비정규 지부더라고. 비정규직 지회, 비정규직 지부라는 이름을 많이 본 것 같아요.

손명섭 금속노조 기아차는 비정규직 노조가 싸우는데 정규직 노조가 구사대로 나오잖아. 그런 상황을 보면 우리 이랜드노조는 이해가 안 되는 부분이긴 한데. 초창기에는 우리도 비정규직 조합원이 없었어요. 또 파업 들어오기 전에도 위원장은 계속 강조했지만 실질적으로 조합원은 인식이 별로 없었지.

송영숙 금속 사업장들에서 비정규직을 안 받아들이는 건 자기 일자

자본의 전략이 직장의 '안'과 '밖'을 허문 지 이미 오래인 마당에, 투쟁과 연대의 문법도 이젠 일상의 삶을 '현장' 삼아 그 외연을 넓혀야 할 때다. 휘영청 밝은 보름달 마냥 넉넉한, 일상과 맞닿은 실질적 연대의 네트워크는 어떻게 짜야 할까. ⓒ『노동자의힘』 강우근

리를 고수하려는 거잖아요. 어차피 비정규직은 계속 들어오는데 자기들 영역은 잡고 있어야 되는 거고. 비정규직을 방패막이로 생각하는 거죠.

손명섭 정규직들은 '비정규직이 안 싸울 때 우리는 싸워서 노조 만들었다. 다 만들어 놓고 나니까 당신들이 들어오겠다는 거 안 된다' 그런 거고. 그런 마음 들 수도 있지만 장기적으로 봤을 때 비정규직이 계속 늘어나는 상황에서 자기들도 버틸 수 있겠냐는 거지. 비정규직도 정규직도 둘 다 자멸하게 되는 거잖아.

송영숙 나는 초기에 비정규직이 조합에 가입할 수 없는 줄 알았어요.

박경은 비정규직이 조합에 가입을 하긴 했는데 회사 몰래 한 거죠. 조합비를 통장에서 안 떼고 몰래 CMS계좌로 처리했어요.

손명섭 회사에 알려지면 당시에는 바로 계약을 해지해 버렸거든. 나중에 18개월 이상 고용 보장에 관한 단체협약을 체결할 때 비정규직도 노조 가입이 인정되었어요.

박경은 비정규직들은 잘릴까 봐 그게 무서워서 못 들었어요. 저는 노조를 일찍 들었는데, 그때 우리 분회장이 박수치고 얼마나 좋아했는데. 근데 내가 노조 가입하는 걸 아무도 몰랐어. 간부들만 알고.

손명섭 처음 한두 명 가입하는 게 힘들었지. 그래서 비정규직들이 가입하면 비밀로 부쳤거든. 팀장이 뭐라고 하면 다시 탈퇴하거나. 나중에 한꺼번에 우르르 다시 든거지. 조합원끼리도 서로 누가 조합원인지 몰랐어요. 지금도 다른 데는 그럴 거예요. 그러니까 비정규직, 정규직이 함께 투쟁하는 게 특이하게 보일 수도 있겠죠.

박경은 그러니까 우리나라 모든 사업장에서 알아야 해. 비정규직이 없는 정규직이 없다는 걸. 비정규직이 해고되면 그다음에는 정규직이잖아요. 계속 용역 전환되고 그럴 텐데.

손명섭 우리가 표본이 돼서 다른 데서도 비정규직, 정규직 같이하게 된다면 비정규직 철폐 투쟁이 힘 받을 거라는 생각이 들죠. 노동 해방 세상 말로만 떠든다고 되는 게 아니잖아요.

송영숙 그러니까 우리는 꼭 승리해야 돼요. 우리가 승리 못 하면 같이 투쟁해서 그렇다는 얘기 들을 거 아니야.(웃음) 노동조합의 황무지인 유통에서 유일하게 이렇게 투쟁하고 있는데 꼭 이겨야지.

비정규직이 노조 가입하고 분회를 설립할 때 지대위도 많은 역할을 한 것으로 알고 있는데요.

손명섭 그렇죠. 월드컵은 지대위가 조합원들을 거의 다 조직했지. 언젠가 다른 곳에서 일정이 있어 가고 있는데 우리 문제로 촛불 문화제를 한다는 거야. 위원장도 모르고 아무도 모르는데 촛불 문화제를 한다니까 이게 뭘까 궁금하잖아. 누가 하는지도 몰라요. 그러다가 민주노동당 4개 지역위원회에서 같이한다고 들었지. 우리한테 얘기도 없이. 우리는 속으로 좋다고, 잘하고 있다고 좋아했지. 월드컵분회는 노조가 만들었다기보다는 지대위가 만들었죠. 간부들이 같이 참여했지만 지대위가 열성적으로 활동한 거지.

박경은 대단한 월드컵이야. 월드컵이 투쟁하는 조합원도 제일 많아요.

송영숙 월드컵이 오픈 때부터 홈에버로 갈 때까지 진짜 고생 많이 했어요. 매일 파죽음이 되어 가지고 집에 가고, 노조 생각할 겨를이 없었어요. 개별적으로 노조 가입하기도 힘들고. 그러다가 지대위에서 현장에 들어오고 그러면서 얘기 듣고 많이 가입했죠. 우리 조합원들은 당한 게 많고 억울해서 오히려 더 버티고 있는 것 같아.

박경은　우리도 지대위가 있긴 한데 안 굴러가요.(웃음) 월드컵 지대위는 대단해. 지대위가 조합원들보다 더 센 거 같아.

손명섭　지대위가 여러 군데 있어요. 월드컵·일산·면목·시흥·중계……. 열심히 활동하는 데도 몇 군데 있었는데 지금은 잘 안 되는 것 같아. 물론 다들 어렵긴 하겠지만. 지대위 계획을 가지고 꾸준히 하는 데가 지금은 월드컵 정도예요.

송영숙　어느 땐 너무 열심히 해서 피곤해요.(웃음) 특히 촛불 문화제. 사실 요즘엔 많이 지치니까 부담스럽기도 하고 그렇죠. 우리 일 때문에 하는 거니까 가긴 가지만 힘들어. 뒤풀이도 열심히 해. 난 몇 번 가다가 못 갔어. 체력이 안 돼.(웃음)

손명섭　지대위 멤버들은 직장인들이 많으니까 저녁에 문화제를 하잖아요. 근데 우리는 하루 종일 다른 집회 돌아다니다가 저녁에 또 거기를 가야 하니까 힘이 들긴 하지.(웃음) 윤성일 집행위원장이 헌신적으로 하더라고. 열심히 하는 동지들도 많이 있고.

송영숙　우리 조합원들은 지대위를 많이 신뢰하고 좋아하는 것 같아요.

손명섭　월드컵 지대위를 보고 여러 지역에서 그렇게 만들었고 활성화되었어요. 파업 투쟁이 끝나면 지역별로 지대위를 만들어야 할 테고, 그걸 지금부터 정착시켜 놓으면 다시 파업하거나 투쟁하더라도 판이 달라질 거다, 이런 생각에서 그렇게 하자고 했지요. 지역에서 운동의 흐름을 만든 게 대단히 의미 있거든요. 그런데 사실 지금 잘 안 되고 있는데도 많으니까. 속상하지.

재정팀에 대해 소개 좀 해주세요.

박경은　투쟁하면서 제일 어려운 게 금전적인 문제잖아요. 남들이 생각

공개 당시 호평받았던 재정 사업 홍보 동영상 '홈에러 쇼핑'. 사실 동영상뿐 아니라 '온라인 미디어'를 활용한 공감대 형성은, 범용성에 기반을 둔 무한한 잠재력과 파급 효과에도 불구하고 제대로 활용되지 못한 측면이 있었다.

각하는 것처럼 남편이 돈 벌어다 주면서 반찬값 벌려고 나온 게 아니라 혼자 사시는 여성분들이 굉장히 많아요. 스스로 벌어야 생계가 유지되는 거예요. 10개월 동안 투쟁하다 보니까 전기랑 가스가 끊어지고 돈이 없어서 애들 학원도 못 보내고 그런 엄마들이 굉장히 많아요. 그러다 보니까 투쟁 대오가 줄어드는 거예요. 그래서 재정팀을 만들어서 돈을 벌어 보자. 한 달에 몇 십만 원이라도 생계비를 줄 수 있게 돈을 벌어 보자, 그렇게 시작한 거예요.

송영숙 어제도 여의도 공무원 노조 집회에 물을 얼려 가서 한 병에 1,000원씩 팔았어요.

박경은 조합원들이 많이 나와서 대박이다, 잘 팔 수 있겠다 생각했는데 우리 조합원들이 하나도 못 팔고 서 있는 거야. 왜 그러냐고 그랬더니 사람들이 물을 얼려 갖고 와서 우리가 팔 수가 없다는 거야. 그래서 송영숙 씨하고 저하고 박스를 들고 대오 안으로 들어가서 팔았어요. "동지 여러분, 이랜드 재정 사업하고 있습니다. 한 병씩 좀 팔아 주세요" 불쌍하게 외치면서……(웃음) 외면하는 사람도 많고, 한 병을 들었다가 1,000원이라고 하면 딱 놓는 사람도 많아요. 너무 비싸다고. 그래도 1,120개나 팔았어요.

송영숙 지난 설 때는, 배, 떡국 떡, 곶감, 굴비, 칫솔을 팔았어요. 저기 쌓여 있는 칫솔 다 팔아야 해. 설 때는 인터넷으로 홍보도 많이 되고 사업장에 전화도 많이 해서 성원이 많아 생각보다 많이 팔았어요. 월드컵 지대위에서는 조합원들이랑 홈쇼핑 홍보 영상도 만들고 여기저기 알려져서 관심도 많이 받고 잘 팔았어요.

박경은 떡국 떡은 이랜드노조 일산분회하고 부여 농민회하고 자매결연을 맺어서, 그 쪽에서 많이 도와주셨어요. 거기서 떡을 해 갖고 와서 판매했어요. 얼마 전에는 민주노총 충남본부에서 일일주점을 열어 주셔서 우리가 사업장마다 직접 돌아다니면서 티켓도 팔았고요. 그때 600~700만 원 정도 벌었어요. 재정팀이 다섯 명인데 그런 일들을 전담해서 하니까 많이 힘들죠. 새벽 5시에 집에서 나와 새벽 2시에 들어가고 그랬어요. 그런 걸 조합원들이 잘 모르더라고요. 그럴 땐 섭섭하죠. 재정팀 하면서 한 푼이라도 아끼려고 노력했거든요. 직접 배달하면서 택시비도 아끼려고 하고요. 처음엔 정말 힘들게 했어요. 조합원들이 잘 몰라주는 것 같아서 힘이 빠질 때도 있지만요.

송영숙 하지만 조합원들도 자기 맡은 분야에서 힘들기는 마찬가지에요. 율동패도 사업장 다니면서 춤추고 돈 벌어 오거든요. 투쟁 사업장마다 돌아다니면서 땡볕에, 한겨울에 앉아 투쟁하고 다 힘든 거죠. 우리만 힘들다고 말할 수는 없겠죠.

박경은 딸내미가 하나 있는데 내가 꼭두새벽부터 나가고, 집에 들어오면 아이가 자고 있으니까 며칠 동안 애 얼굴을 못 본 적도 있어요.

송영숙 노조 활동을 1년 했는데 우린 계속 제자리인 것 같다는 생각이 들기도 해요. 부당한 거에 맞서 싸우는데 우린 만날 초과 노동에 부당한 대우를 받고 있잖아.(웃음)

손명섭 시간 외 근무하고 야간 근무하고 재정팀이 고생이 많죠. 생계비 지원도 처음에 얘기되었던 것만큼 안 되니까요. 재정 문제가 투쟁에서 중요한 부분이잖아요. 그러니까 일도 많고.

박경은 사실 민주노총이 우리 생계비 지원한다고 대국민 선언해서 인터넷에도 떴잖아요. 그래서 우리가 떼돈을 받는 줄 알아요. 지나가는 시민들이, 저것들 돈 받고 다닌다, 일당 얼마냐 그렇게 물어봐요. 사람들이 그럴 때는 정말 속상하죠. 아예 처음부터 얘기를 안 해줬으면 우리가 이런 생계비 생각도 안 했을 거예요. 원망스러운 마음이 생길 때도 있었죠.

송영숙 처음에는 생각지도 못한 생계비를 준다고 해서 그래도 되나 싶었죠. 우리가 생계비 받으려고 투쟁하는 건 아니잖아요. 그런데 막상 한 번 받고 나니까 생활에 쏠쏠하게 도움이 되고, 그 다음부터는 기다리게 되는 거야. 그런데 어떻게 한 번 나오고 나서 영 소식이 없었어요.

박경은 위원장님이 감옥에서 나오고 나서 사업장마다 다 돌아다닌 거예요. 민주노총에서 생계비를 지원해 준다고 하지 않았냐면서요. 그래서 사업장에서 돈을 걷어서 두 번째 50만 원이 나왔어요. 민주노총에서 100만 원이 나온 거예요. 물론 우리 생계비 모아 주신 다른 사업장 조합원들에게는 정말 고맙게 생각해요. 그게 어디 쉬운 일이겠어요. 우리보다 어려운 사업장들도 많은데……. 그리고 우리가 직접 재정 사업해서 30만 원, 20만 원 이렇게 두 번 받고. 10개월 동안 그렇게 받았어요.

송영숙 그리고 얼마 전에 이남신 수석부위원장님 앞으로 나온 퇴직금으로 50만 원 씩 받았어요. 퇴직금이 7,000만 원 정도 나왔거든요. 그걸로 생계비를 받았어요.

박경은 회사에서 간부들 해고했잖아요. 해고당하면 보름 안에 퇴직금이 통장으로 입금돼요. 우리가 일단 받기는 받았는데, 재정 사업을 해서 돈을 모으든가 투쟁 기금이 들어오면 나중에는 갚아 드려야죠. 그분이 무슨 죄가 있다고 7,000만 원을 내 놓아요. 너무 미안하고 안타깝죠.

민주노동당 분당되고 진보신당 만들어지는 과정을 보면서 어떤 생각이 드
셨어요?

송영숙 마음이 아프죠. 같이 갔으면 좋았을 텐데. 서로 찢어져서 보기
도 그렇고. 연대하는 동지들이 서로 서먹해하는 게 보여요. 서로 아니
라고 말은 하는데, 갈라져도 이랜드 투쟁은 같이한다고 말은 하는데.
막상 서로 나와 있는 것 보면 거리감이 있는 게 보여요. 다들 힘들어
해요.

손명섭 저는 민주노동당 당원이긴 했는데. 부산에서 해고되고 해운
대 지역위원회에서 같이 활동했어요. 근데 부산 쪽에 선도 탈당이 많
았잖아요. 그 과정에서 나한테 함께하자고 했어요. 나는 반대 입장이
었고, 안 그래도 힘이 약한 상황에서 갈라져서 뭘 하겠다는 거냐, 갈라
지는 모습은 좋은 것 같지 않다고 말했어요. 나는 개인적으로 갈라지
는 거 바라지는 않았지만 해고되고 나서 6개월간 같이 활동했던 사람
들이 대부분 탈당했거든요. 그렇게 흘러 나가는 과정에서 나도 탈당
했지. 나중에 복직되면 부산에 내려갈 건데 보는 사람이 그 사람들이
니까. 그러면 같이는 한다, 그러나 개인적 입장은 갈라지지 않았으면
좋겠다고 말했어요. 그리고 갈라진다고 해도 서로 적대시하지 않아야
한다. 뭐 지금도 같이하는 부분이 있잖아. 내가 진보신당으로 오기는
했어도 민주노동당에서 열심히 하는 사람들도 있고. 우리의 입장이
거창하게 노동 해방이라고 하면 다 같이할 수 있는 거지. 정파적으로
다르다고 해도.

박경은 우리가 진보신당 비례대표 후보로 나갔잖아요. 그거 결정할
때 가장 많이 속상하고 힘들었던 같아요.

손명섭 지난 대선 때 민주노동당에서 비례대표를 제안한 적이 있었

어요. 비공식적으로. 우리 이랜드 쪽에서 비정규직 비례대표 후보로 나가는 걸로 얘기하고 넘어갔었는데 그 뒤로 당이 갈라졌어요. 총선 들어오면서 민주노동당에서 비례대표 후보로, 비정규직 중에서 우리를 할 것이냐, 민주연합노조 홍희덕 위원장을 할 것이냐, 코스콤 비정규직지부를 할 것이냐, 그런 얘기를 했다고 해요. 우리 안에서도 이야기를 많이 했어요. 사실 총선에 대응하면 현장이 흔들릴 수 있다는 우려도 있었고요. 어쨌든 비례대표 나가는 쪽으로 이야기가 되고 있었고 김경욱 위원장이나 이남신 수석부위원장 중에 후보를 결정해야 하는데, 총선이 4월 9일이었잖아요. 민주노동당에서 3월 2일 결정해야 한다고 했고, 우리도 총회에서 결정을 해야 하는데 시간이 없는 거야. 그렇게 시간이 촉박해서 우리가 결정 못했다고 하니까, 민주연합노조 홍희덕 위원장을 후보로 결정한 거죠. 민주노동당 후보가 안 된 상황에서 진보신당에서 제안하지 않았으면 그냥 넘어가는 건데. 진보신당 비례대표 후보를 할 거냐 말 거냐 하는 걸로 다시 얘기를 많이 했죠. 총회에 올려서 투표를 했어요. 그렇게 해서 진보신당 비례대표 후보로 나간다고 결정을 했는데 그걸 반대하는 사람들이 계속 문제 제기를 했어요. 주변 활동가들이나 상급 단체에서도 이거는 나가면 안 되는 거다. 주변에서 우려의 목소리가 많았죠.

박경은 전 총선에 대응하는 거에 찬성했어요. 우리 투쟁에 조금이라도 도움이 된다면 뭐라도 하자 그런 생각이었으니까. 우리 아줌마들 생각이 너무 단순한가요. 만약 비례대표 출마해서 당선되면 사 측에 압박이 되지 않을까, 그런 단순한 생각으로만 찬성한 거야. 근데 반대하는 사람들은 너무 머리들이 좋은 거야.(웃음)

송영숙 나중에 그게 안 됐을 경우에 후폭풍까지 다 생각하더라고. 우린 당선되면 회사에 압박이 될 거다, 그렇게만 생각한 거지. 되면 좋지만 안 되면 당이 이렇게 갈라진 상황에서 그 후폭풍을 어떻게 다 감당할 거냐, 그것까지 내다보고 말들을 했던 거야.

손명섭 반대하는 사람들의 가장 큰 이유는 비례대표로 나가고 안 나가고가 중요한 게 아니라, 노동운동에 정파적인 게 많이 있잖아요. 우리는 어떤 정파에 소속되지 않는다고 얘기해 왔는데 다른 정파에 있는 사람들 다 배신하는 거 아니냐, 노조가 힘이 많이 떨어진 상황에서 그런 연대 조직마저 떨어져 나가면 어떻게 감당하냐 그런 말들을 한 거예요. 그래서 우리 투쟁이 더 힘들어질 거라는 거죠. 국회의원이 돼서 확실히 보장이 된다면 몰라도 그렇지 않으면 어차피 우리가 투쟁으로 해결해야 하는데 우리 힘이 약한 상황에서 연대 조직 사람들이 다 떨어져 나갈 것이다, 그런 거지. 민주노총과 민주노동당과 서비스연맹이 이미 진보신당과는 다른 정파에 속해 있기 때문에 상급 단체로부터 어떠한 지원도 받을 수 없게 된다고…….

송영숙 우리는 총회에서 '진보신당 비례대표로 출마한다'라고 투표로 결정했으니까 이미 결정한 것을 다시 번복할 수 없다, 이런 입장이었는데 워낙 말이 많고 어지러웠어요. 그러다 보니 조직이 분열될 수 있다, 그러면 재투표를 하자고 했어요. 단, 재투표를 하기 위해서는 결과에 승복한다는 단서를 달았죠.

손명섭 그리고 우리가 비례대표 후보로 나가는 것은 국회의원을 내기 위해서가 아니라 투쟁을 승리로 이끌기 위한 방편일 뿐이므로 만약 이 안을 넘어설 수 있는 방안이 있다면 서비스연맹이든 당이든 단체든, 그런 안이 제시된다면 우리는 수용한다. 만약 그게 없다면 우리는 그냥 끌고 간다. 투표 결과 진보신당 비례대표 후보로 출마하기로

당초 민주노동당 비례대표 후보로 거론되다가, 우여곡절 끝에 진보신당 비례대표 후보로 출마한 바 있는 이남신 수석 부위원장. ⓒ민중의소리

했죠. 그래서 그 이후로 말이 없었던 거지. 그런데 이 때문에 총연맹과 서비스연맹 쪽은 심기가 불편한 거였죠.

박경은　우리가 어떻게 결정하든 이랜드 투쟁에 함께한다고 말하는 동지들도 있었어요. 그런 동지들한테는 정말 고마웠어요.

송영숙　1차 투표에서 이미 결정이 되었는데, 재투표를 하게 되니 조합원들 마음이 안 좋았어요. 조합원들이 투표로 결정했는데 왜 그렇게 왈가왈부 말이 많은지. 우리도 생각이 있고 판단할 줄 하는 사람들인데. 우리가 결정했는데. 근데 너무 이쪽저쪽에서 말이 많으니까. 우리를 무시하는 것 같다는 생각이 드는 거죠.

박경은　홍윤경 사무국장도 반대 입장이었지만 그래도 조합원들의 의견을 따르겠다고 했는데 오히려 민주노총이나 그쪽에서 자꾸 그러니까 기분이 안 좋았죠. 이해하는 면도 있어요. 오랫동안 운동해 왔던 사람들이니까 생각이 있고 판단이 있겠죠. 하지만 그런 정파적인 것보다 우리 투쟁 자체에 대해 같이 생각해 주길 바랐던 거예요. 그게 아닌 것 같아서 화가 난 거죠.

손명섭　오히려 화가 나서 찬성했던 사람도 있었어요.

송영숙　난 1차 투표 때는 반대했다가 2차 투표 때 찬성했어요.

박경은　1차 때 왜 반대했어?

송영숙　이남신 수석부위원장이 불쌍해서.(웃음)

박경은　맞아, 너무 불쌍했어. 선거 운동하는 당시에도 너무 안 됐어. 총선 겪으면서 10년은 늙은 거 같아.

송영숙　우리 땜에 왜 저 사람이 희생을 하나, 그런 생각이 들었어요.

손명섭　사실 개인적인 측은함 때문에 반대한 사람도 많아요. 이남신 수석은 계속 고사했어요. 우리 내부에서도 계속 함께 연대할 수 있는 사람들이 떨어져 나간다는 이유로 반대하는 사람들이 있었으니까. 만약에 국회의원이 된다면 가문의 영광이지만.(웃음) 그 중간에서 왔다 갔다 했던 거지. 그래도 이남신 수석은 계속 반대했어요. 사실 간부가 후보로 나가면 현장 투쟁에 신경을 잘 못 쓰게 되잖아요. 총선 이후에 진짜 10년은 늙은 거 같아. 고생 많이 했어요.

박경은　사람이 초조해 보이는 게 표시가 많이 났다니까요.

송영숙　겉으로는 괜찮다고 말하는데. 하루하루 날짜가 다가올수록 막상 투표 끝나고 나서도 우리가 얼굴을 못 보겠더라고. 미안해서. 고생을 그렇게 했는데…….

박경은   시간이 가면서 많은 생각이 들어요. 좋은 뜻에서 한다고 하지만 그렇게만 볼 수 없을 때도 많고. 가장 속상했을 때는, 우리가 비례대표 때문에 비상총회 했을 때에요. 서비스연맹에서 안건을 갖고 왔잖아요. '비례대표를 나가지 않으면 이렇게 해주겠다……. 안 나가면 몇 천 명의 연대를 모아 주겠다, 사업장마다 돈을 모아서 생계비를 지원해 주겠다, CMS 후원금을 조직해 주겠다…….' 그러니까 속 보이는 일이라고밖에 생각이 안 들죠. 그것 때문에 조합원들이 정말 힘들었어요. 밤에 잠이 안 올 정도로 속상해 한 사람들도 있었어요.

손명섭   민주노총에서는 굉장히 신경 쓰고 있다고 생각할지 모르지만 조합원들이 느끼는 것 하고는 좀 다른 것 같아요. 비정규직 사업에 대해서도 생각하는 방식을 좀 바꿔야 하지 않을까 하는 생각이 들어요. 어떤 사업에 대해 그냥 산하 연맹에 공문 한 장 보내는 게 민주노총이 하는 일이 아니잖아요. 그렇게 되면 산하 연맹에서는 조직을 하라는 건지 말라는 건지 모르는 거죠.

송영숙   조합원들도 그렇지만 우리 위원장님이 진짜 힘드셨을 거에요. 두 번째 총회할 때는 우리 위원장님이 울었어요.

박경은   우리 다 가슴이 찢어졌어요. 마음이 너무 아팠어.

손명섭   사실 우리가 이렇게 말하면 이해 못하는 부분도 있을 거에요. 민주노총이 뭘 잘못했냐, 생계비도 걷어 줬고, 와서 투쟁에 동참했고, 연행되었고……. 서비스연맹에 어떤 동지는 나랑 같이 연행되었다가 같이 재판받느라 고생하고 있고. 할 만큼 다 하고 열심히 했다, 왜 그거 가지고 안 좋게 표현하느냐고 얘기할 수는 있어요. 사실 우리 간부들은 조합원들한테 그렇게 생각하면 안 된다고 얘기하죠. 그리고 실제 열심히 하는 활동가들도 많이 있고 서비스연맹에서 우리 투쟁 때문에 고생 많이 했죠. 근데 조합원들과의 틈이 생긴 건 사실인 것 같아요. 사람의 기본적인 심정으로 생각해 주면 되는데 정파적인 입장에서 그렇게 하니까 마음이 아픈 거죠.

지금 어떤 점이 가장 힘드세요?

송영숙　글쎄요. 우리가 지금까지 너무 거칠 게 말한 게 아닌가 하는 생각이 들기도 하는데.(웃음) 사실 투쟁이 길어지니까 처음에 안 보이던 것들도 보이고 그러는 것 같아요……. 전 요즘에는 집에서 반대하는 게 힘들죠. 남편이 족쇄를 채우려고 해요.(웃음) 이게 너무 길어지니까 남편도 지치는 거야. 자기도 회사 갔다 와서 피곤한데 집에 오면 와이프 없지, 애들 밥 챙겨 줘야지.

박경은　밖에서도 투쟁하고 집에 가서도 투쟁한다잖아요. 그런 사람들 많죠. 어떤 동지는 지금 못 나오는 이유가 남편이 반대해서 못 나온데요. 이혼해야 투쟁하러 나온다고.

송영숙　언제 이혼할 거냐고 우리가 만날 물어보죠.(웃음) 전 얼마 전에 무지 크게 싸우고 며칠 못 나왔어요. 안 하면 될 거 아니냐고. 안 나간다고 그랬지.

박경은　그래 놓고 몰래몰래 만날 나와.(웃음) 어떤 언니는 장 보고 온다고 말하고 집회에 갔다가 집에 들어가고 그래요.

송영숙　네가 그렇게 한다고 비정규직이 없어지냐고, 세상이 바뀌냐고, 민주노총 꼭두각시밖에 더 되냐고 그러더라고요, 남편이. 그런 얘기 들으면 속상하죠.

손명섭　남편들이 가장 많이 이야기하는 게 경제적인 문제인 것 같아요. 남자들이 능력 있으면 좋지만 다 그렇지는 않잖아요. 자기 혼자 벌어서 충분히 살 수 있으면 괜찮지만 사실 와이프랑 맞벌이해야 먹고 살 수 있거든요. 비정규직이기는 하지만 와이프가 80만 원 벌어 오면 도움이 되잖아요. 근데 이제 경제 활동이 안 되니까 남편들이 부담이 있지. 그리고 툭하면 경찰서에서 연락 오지.(웃음)

박경은 또 그냥 들어오기나 하나? 맞고 들어오지.

송영숙 맨날 법원에서 서류 날아와.

손명섭 남편들 중에도 노조에 가입한 사람이 좀 있어요. 울산분회에 는 그런 경우가 많아요. 울산에 현대 자동차가 있잖아요. 남편 중에 현 대 자동차 노조 대의원이나 간부들도 많이 있어요. 그런데 그 사람들 도 다 달라. 나도 했으니까 하기는 하지만, 앞에 나서지는 마라 그러기 도 하고. 힘들다, 때려치워라 하는 사람도 있고. 그냥 사람 본연의 마 음으로 생각하면 자기가 노동조합 하면서 그런 얘기하면 너무하는 것 아니냐 그런 생각이 들지만, 그건 어디까지나 노동운동 판에서나 하 는 생각이고. 남자 입장에서 나도 그렇게 터지고 깨지고 있는데, 자기 와이프까지 그러고 있으면 힘들지. 다른 사람이라면 신경 쓰지 않지 만 같이 사는 사람이라면 그 사람이 안 다치고 행복하게 살면 좋은데. 나 같아도 반대했을 것 같아.(웃음)

송영숙 아휴, 힘들어.(웃음)

박경은 처음에 우리가 투쟁할 때는 진짜 멋지게 끝날 것이다, 신문에 빵빵하게 나올 것이다, 그렇게 생각했어요. 지금은 그냥 빨리 손배 그 런 것만 해결하고 빨리 끝냈으면 좋겠어요.

송영숙 나도 처음에 점거할 때는 그 안에 끝날 줄 알았어요. 점거하고 있는 도중에, 멋지게, 회사가 우리 요구 조건 다 들어주고 끝날 줄 알 았어요.

2008년 5월 홈플러스가 홈에버 인수를 결정하면서, 이랜드일반노조는 이제 당면 현안뿐 아니라 홈플러스를 상대로 노조 자체의 인정 여부를 놓고까지 씨름해야 하는 힘겨운 처지에 놓여 있다. 홈플러스 측은 노조에 대해 '원칙적 인정'을 언급했지만 인수 계약 내용에 노조 관련 사항이 없었던 터라 이 같은 언급은 그야말로 '립 서비스'에 그칠 공산이 크다. 더군다나 '무노조주의'를 고수해 온 삼성그룹 계열사가 지분을 보유한 상황에서, 홈플러스 측이 말하는 노조 인정이란 '길들여진 노조'만의 인정으로 귀착할 소지도 있다.
ⓒ이랜드일반노조

박경은 맞아요. 길어 봤자 일주일에서 한 달이겠지, 그랬어요. 그렇게 생각한 게 10개월이 넘었어요. 우리 아줌마들이 그렇게 시작한 거야. 난 우리 싸움이 정당한지도 몰랐어요.

송영숙 이기긴 이기겠죠. 지금은 누가 오래 버티느냐, 시간 싸움인 것 같아요.

박경은 우리 조합원들 대다수가 앞으로 1년이 더 갈지 2년이 갈지 모른다 그렇게 생각들 해요.

손명섭 어떤 식으로든 해결은 될 텐데. 매각설이 나오고 있어서. 매각설이 확정되면 우리 투쟁과 무관하게 위기 국면을 맞을 수도 있으니까. 지금 우리 힘으로는 회사를 굴복시킬 힘이 안 되고. 회사도 굴복할 생각이 없고. 시간 싸움이지. 하지만 매각설이 확정되면 인수하는 회사 쪽에서는 어떤 식으로든지 해결하고 넘어가려고 하겠지. 그렇게 되면 포괄적으로 적용되는 안으로 해결되어야 하는데. 단순히 현재 투쟁에 나오고 있거나 복귀했지만 아직까지 노조에 우호적인 생각을 갖고 있는 사람들 수준에서, 그런 안으로 해결하고 넘어가지 않겠느냐 그런 생각도 들고. 그것도 문제인 거지…….

파업을 일으키기는 하겠지만 오래는 못 가겠구나:
어느 '온정적 회의주의자'가 바라보는 이랜드노조 파업

● 장동균(식품대기업 업체 대리, 가명, 34)　● 인터뷰 : 권성현

쉽지 않았다. 야근도 부족해 '심'야근에 이골 난 월급쟁이를 만나기란, 설레발 좀 치자면, 유명 연예인 뺨치게 어려웠다고 할까. 그렇게 만났건만, 한껏 기대감 키운 블록버스터, 막상 들여다 보니 썰렁함만 작렬시켰던 경험들처럼, 그의 일상은 때깔 좋은 개살구 같았다. 기업 이미지 설문마다 때깔 좋기로 손꼽힌다더니 저게 뭐냐고 한다면, 애꿎은 '눈높이' 탓일까. 아니면, '원판' 가리느라 화장발 한껏 세우고서 어설픈 선망만 부풀려 온 탓일까. 게다가 '피부 트러블'이 만성화한 상황에서 화장발만 세우는 건, 자칫 독이 될 수도 있는데 말이다.

그래선지, 전체 노동인구 가운데 12퍼센트 정도인 대기업 노동자 수는 기업별 증감이야 있겠지만, 1990년대 후반 이후 줄곧 감소 추세다. 대기업 셋 가운데 하나는 이윤을 내고도 감원을 했다. 소위 '구조적' 실업인구의 증가는 기업들에 문제는커녕 합리적 해결책이었던 셈이다. 이 합리성엔 물론 사람처럼 '성가신' 성분들은 가급적 쳐내 좀 더 매끄럽게 이윤을 짜내고픈 축적 욕망이 녹아 있다. 물론, 빵빵한 인센티브들로 '소수 정예화'에 치중하면서 말이다. 노동시간은 고탄력 빤스 줄처럼 늘어나는데 직무 압력은 도리어 더 커진 것도 다 그래서일 터.

이렇게 사는 친구한테, 이랜드 노동자들이 벌인 파업에 대한 생각을 물었다. '온정적 회의'의 정조가 짙게 풍겼다. '기업하기 좋은' 경제가 자신을 얼마나 쥐어짜고 있는지 온몸으로 느끼는 것과는 별개였다. 끈 떨어져 결국엔 터지고 말 예쁜 풍선 같을지언정, 그런 처지를 상쇄해 줄 유·무형적 보상의 확률이 꽤 높다는 믿음 덕인 듯했다. 그래도 그렇지, 이 친구 말마따나, 대기업 집단 자체가 소위 '중산층의 요람'이기를 일찌감치 그친 지금, 그 믿음은 과연 얼마나 합리적일까. 좋든 싫든 발 담그게 된 '현실'에서 그만 빠져나오고 싶어도, 자기 처지를 곱씹어 볼 여유마저 궁핍해진 사람들한테 '좀 더 합리적'인 출로는 어디서부터, 어떻게 만들 수 있을지. 참, 쉽지 않았다.

회사에서 비정규직 노동자나 직원을 만나는 경우는 얼마나 되나요.

숱하죠. 대형 유통업체, 쉽게 말해 할인점 쪽에 물건을 납품하고 있어서 많이 보기도 하고 대화도 종종 해요. 하지만 만나도 비정규직과는 업무 이외의 이야기를 할 기회는 많지 않아요. 정규직들은 업무 외적으로도 만나서, 어떻게 보면 우리 회사 직원들이니까 술자리도 하는데, 비정규직하고는 업무 지시나 보고 외에 감정을 나누는 경우가 많지 않아요. 그냥 저 사람들이 어떻게 살고 있구나 하는 건 어렴풋이 느끼고 있는 정도?

어떤 삶을 살고 있는 것 같아요?

그 동네가 여자들이 많잖아요. 내가 정말 사회에 나가서 막판까지 몰리는 경우가 아니라면, 죽어도 내 딸이나 와이프나 엄마한테는 저 일을 시키지 않겠다고 생각해요. 정말 열악하고, 자기가 할 수 있는 것도 없고 연봉도 낮고요.

매장의 이면이 그렇다는 거죠? 조합원분들 얘기 들어 봐도 매장 안이야 깨끗함의 첨단을 달리는 것처럼 보이지만 뒤쪽은 전혀 그렇지 않다고 하더라고요.

그렇죠. 뒤쪽으로 가면 '개판'이죠. 대형 제조업체뿐만 아니라 온갖 제조업체에서 물건을 팔아야 하는데, 예전에는 다변화돼 있던 판로가 이제는 대형 할인점으로 집중돼 있어요. 그럼 물량이 대형 할인점으로 몰리게 돼 있어요. 엄청난 물동량이 할인점 창고로 들어가면 거기서 소비자의 손으로 빠져 나가기까지, 모든 총괄 관리, 말이 총괄 관리지 모든 노동, 육체적인 노동은 그 사람들이 다 하는 거예요.

산뜻함의 첨단을 달리는 홈에버 매장 내부 모습. 하지만 매장 이면의 노동 여건에는 대형 매장이 자랑하는 휘황함 만큼이나 짙은 그늘이 드리워 있다. ⓒ이재각

아름답게 얘기해서 총괄이니 관리니 하는 거겠죠.

물건 들어오는 거, 나도 실제로 해봤어요. 하루에 1,000박스도 날라봤죠. 쉽게 말해서 업계 1위인 이마트 같은 경우에는 한 번 오픈하면 물건이 하루에 8,000박스씩 들어가요. 그러면 거기 여사원들이랑 관련 업체 직원들이 다 날라서 창고로 옮겨요. 그걸 정리정돈하고, 매장에 깔끔하게 진열하고 그 와중에 나오는 쓰레기나 박스, 부산물들 다 치우고. 그렇게 힘들게 몸 쓰는 일까지 여성들이 대부분 도맡아서 해요. 관리자 중에는 계산원이 짝다리 짚고 있다고 갈구기도 해요. 홈플러스에 갔을 때는 계산원이 일하다가 하혈하면서 쓰러지는 것도 실제로 봤어요. 물론 그런 일이 비일비재하다고까지야 할 순 없겠죠. 그래도 한 6개월 간격 정도로, 일하다가 그렇게 쓰러졌다는 소리가 공공연하게 들린다고 보면 될 거예요. 참, 거기서 젊은 직원이 일하는 거 보고 있으면, 아니 왜 굳이 저기서 일하나 하는 의문이 들어요. 내가 보기엔 생긴 것도 예쁘고…….

(웃음) 얼굴이 예뻐서 의문이 드셨군요.

상고를 나왔겠죠, 아마도. 요즘에는 정보산업고라고 하나요. 아무튼 고졸이긴 하겠지만, 일할 데가 다른 데도 많을 것 같은데 왜 저렇게 고생을 하나 그럴 때가 정말 많아요. 엑셀이나 뭐라도 좀 익히고 하면 될 것 같은데. 뭐, 일할 데가 그만큼 없는 거라고 해야겠죠.

일하시는 분들을 보면 꼭 그렇지도 않던데. 아무튼, 매장에서 남성들은 지휘·감독하는 식으로 역할이 나뉘는 건가요?

비정규직으로 일하는 사람은 여성이 많아요. 쉽게 말해 지시를 받는 사람은 100퍼센트 여성이라고 봐야 하고, 지시를 하는 그런 대규모 유통업체 직원들은 남자가 90퍼센트, 여자가 10퍼센트 정도라고 봐야죠.

그러다 이랜드노조에서 파업했다는 소식을 접했을 때, 어떤 생각이 들었어요? 주로 어디에서 소식을 접했나요?

대학 다닐 때야 관련 홈페이지 들어가 보거나 소책자를 접할 기회가 많았지만, 직장이다 사회생활이다 하다 보면 접할 기회가 거의 없어요. 사실 솔직히 신문 볼 시간도 없죠. 가끔 얼얼한 표정으로 마감 뉴스 보다 잠드는 경우가 대부분인데. 그러니까 대표적인 언론을 보는 게 대부분인 거죠. 대표적인 언론이라 함은, 가장 많이 노출되는 데 있잖아요. 『조선일보』나 『중앙일보』. 그래도 『한겨레』나 〈오마이뉴스〉는 찾아 가기도 하는 편이라서 가끔 읽기는 해요. 그 외에는 없다고 봐야죠. 그만큼 바빠요. 힘들고. 죽을 거 같아요. 참고 일하는 거예요. 볕 들 날이 있겠지, 이런 생각보다는 볕 들 날은 없지만 지금보다 조금은 더 조건이 나아지겠지 그런 거. 그리고 경제적인 기반이 안 잡혀 있기 때문에, 그 기준이 뭐냐고 하면 솔직히 없지만, 아무튼 잡힐 때까지는 그냥 참고 나아간다, 그런 생각하면서 일해요. 그런데, 그러다 보면 내려오는 업무는 많고 손은 두 개고…….

일이 그렇게 많아요?

보통 6시 20분에 일어나서 50분에 집을 나와요. 그럼 7시 40분 정도에 회사에 도착해요. 하지만 참고 기다리면 뭔가가 올 거라는 확신은…… 없어요. 두 가지 문제인 것 같아요. 이 사회에서 남을 딛고 일어서건 어쨌건, 상위 계층으로 살아남는다면 지금보다 조금이라도 나아지지 않을까 하는 생각은 들어요. 그러니까 열심히 하고 있는 거고. 그렇지만 반대로 보면, 그냥 기다린다고 나아지는 건 없지만 이걸 안 참으면 삶의 대안이 없다, 당장은 그렇게 느끼는 거죠. 뭐, 그런 딜레마에 빠져 있는 거죠. 이걸 포기하면 진짜 끝일 것 같고 더 어려운 상황에 빠질 것 같다, 그런 위기감 같은 거랄까.

불안감인가요?

어, 당연하죠. 최근에 그런 적이 있어요. 저랑 같이 일하던 선배를 만났거든요. 회사 그만두고 보습학원 강사 일을 하다가 학원을 하나 차렸는데, 같이 일했으면 좋겠다, 생각 있으면 오라는 거예요. 솔깃했고, 상담까지는 아니지만 술 한잔했죠. 제시 조건은 지금 받고 있는 조건보다는 상당히 낮은 수준이었는데, 다만 그런 건 있었어요. 추후에 크게 성공하면 많이 떼어 준다는. 근데 이건 리스크(위험부담)가 큰 거죠. 리스크를 안을 건가 말 건가를 고민했고, 당장은 안 하기로 했어요.

입사 무렵하고 지금하고 직무 조건을 비교하면 어때요?

엄청 빡세졌어요. 내가 볼 때는 한국 경제 자체, 그리고 내가 처해 있는 업계 자체의 경쟁 상황이 엄청나게 치열해진 거예요. 효율화라는 이름으로 1인당 업무량 자체가 점점 늘어나고 있고요. 인적 자원 효율화 내지는 뭐, 판촉 자원 효율화, 자원 효율화로 시장이 갑자기 커지지 않는 이상, 이익을 계속 내거나 유지하려면 비용을 줄이는 수밖에 없으니까 자원을 효율화하는 거예요. 투입 비용을 효율화하는 거죠. 그건 그냥 현상으로밖에는 설명이 안 되는데. 회사 들어왔을 때(2002년)는 아침 8시나 8시 반에 출근, 저녁 6시 반에서 8시 반 사이에 퇴근했는데, 지금은 아침 7시에서 7시 반까지 출근해서 밤 9시 반에서 11시 반 사이에 퇴근해요. 이렇게 하고도 안 한 게 쌓여 있는 것 같은 느낌이 들어요. 신입 때는, 물론 신입이라 일이 많지 않기도 했겠지만, 인터넷으로 신문도 좀 보고 느긋하게 화장실도 갔다 오고, 커피도 한잔 마시고 차분하게 일을 시작했거든요. 지금은 아침에 오자마자, 겉옷도 벗기 전에 너, 이리 와봐, 이거 어떻게 됐어, 부르는 데가 많아졌죠.

그저 직급이 올라가서만은 아니다?

그렇죠. 직급 때문인 게 있다고는 해도, 그보다는 워낙에 그렇게 돼 버린 거예요. 누구나 느껴요. 나만 그렇게 느끼는 게 아녜요. 신입사원도 이젠 옛날이랑 틀려요. 옛날에는 3개월이나 6개월은 OJT(On the Job Training의 줄임말로, 신입사원들을 실무에 투입해 직무 내용을 익히게 하는 과정)를 했는데, 지금은 들어오자마자 5일 만에 현장에 투입돼서 뭐 해라 그러면, 뭔지도 모르면서 앉아 있기도 하고 그래요.

특정 업무에 필요한 숙련도 같은 것이 있을 텐데, 그런 것이 없어서 생기는 어려움이 있나요.

회사 입장에서 좋게 보면 이런 거예요. 웬만한 업무는 대부분 시스템화돼 있다. 네가 지금 들어와서 하나, 3년차가 하나 5년차가 하나, 10년차가 하나 다를 게 없다. 물론 연차가 높으면 조금 더 빨리하거나 매끄럽게 할 순 있겠지만, 웬만하면 다들 해낼 수 있다. 당장 A를 빼고 B를 넣어도 안 돌아가는 건 아니다. 대신 조금 힘들기는 하겠죠. 잘 모르니까, 여기저기 물어봐야 되고. 아무튼 회사라면 다들 이런 입장을 가지고 있을 거예요. 내부적으로 커뮤니케이션할 때는, 이를테면 네가 열정적으로 먼저 와서 물어봐라, 알려주는 사람은 없다, 선배들도 바쁘다, 해야 할 업무가 있으면 선배들 붙잡고 집까지 찾아가서 밤을 새서라도, 술 사 달라고 해서라도 어떻게든 알아서 해라. 어떻게든 알아서 해라 이거죠. 그러니까 현업에 적용하는 시간은 최소화됐어요. 시스템화됐다는 거예요. 내가 없어도 상관없는 거죠. 내 윗사람도 그렇고. 나야 열심히 일하고 의미 있는 존재라고 스스로 생각하지만, 기업 입장에서, 사업팀장이나 사장 입장이 돼서 보면, 장동균을 개동균으로 바꿔도, (웃음) 상관이 없는 거죠. 사실 난 위기감을 느껴요. 적어도 나는 못 바꾸도록 열심히 해서 극복하겠다는, 그런 건데…….

시스템화돼 있어서, 한 명쯤 없어도 상관없다면서요.

그중에서도 몇 명은 키우거든요. 제대로 키워서 고급간부로 데려 가

고 나중에 충분한 보상을 해주죠. 요즘 대기업 들어가기가 쉽지 않잖
아요. 대기업 들어가려면 이른바 상위 다섯 개 대학을 나와야 하는데,
나름대로 날고 기었다는 애들이 들어와요. 들어오면, 한 50명 가운데
한 명이 부장을 달까 말까 해요. 그리고 한 200명 가운데 한 명이 임원
이 될까 말까. 아까 위기감을 느낀다고 했던 것 중에는, 이런 얘기했다
고 나중에 (회사) 조직을 배반했다는 소리를 들으면 어쩌나 하는 것도
있어요.

그런 위기감에 대해 직원들끼리 서로 터놓고 얘기할 분위기는 되나요?

친한 사원들끼리는 터놓고, 재밌게 얘기하죠. '야, 그 새끼는 1년 빨리
달았더라, 저 새끼는 대리 못 달았던데?' 하는 식으로요. 하지만 개인
적으로는 자기 벽을 다 알고 있는 거예요. 고졸 사원이라면 잘나가도
과장, 정말 잘나가서 진짜 개 발에 땀나면 부장까지 가는 거고. 그런
사람은 진짜, 진짜 3~400명 중에 하나인 거고. 일반적으로는 30년을
다녀도 대리나 과장에서 끝나는 거죠. 대졸 사원들은 뭐, 열심히 하면
차장까지는 가고. 부장 가는 건 쉽지 않고…… 이런 감을 잡는 거예요.
그런데도 일단 해보자고 다 달려드는 건, 일종의 이데올로기죠. 열심
히 하면 될 거라는. 열심히 하면 된다는 게 사실이기는 해요. 100명 중
에 두 명이라 그렇죠.

**냉정한 사실을 생각할 겨를이 없는 건가요? 아니면 그럴 필요가 없는 건
가요?**

여러 가지 유형이 있다고 봐요. 어떤 사람은 난 안 될 거니까 포기하고,
어떤 사람은 나이라는 유리 천장이 있다는 걸 알지만 그냥 가겠다는 거

고요. 개밥의 도토리가 될지언정 끝까지 한번 해보겠다는 사람도 분명 있을 거예요. 물론 대부분 개밥의 도토리가 되는 거죠. 도토리는 안 돼도 이를테면 감 정도는 되겠지, 수박이 되고 싶었지만 하는 식으로 말예요. 그러다 실망하는 사람들은 (그만두고) 나가는 거라고 생각해요.

많이 했죠. 솔직히 말하면, 이랜드에 우리 회사 매출을 올려야 하는데 파업 때문에 그렇게 못하니 열 받는다, 대부분이 그런 얘기거든요? 실제로 파업으로 매출 안 된 게 90퍼센트였고요. 조금 다르게 보는 친구들은 이렇게들 말해요. 이랜드는 진짜 머리가 나쁘다. 법을 그렇게 만들어 놨는데, 삼성처럼 똑똑한 애들은 교묘하게 진짜, 세상의 부러움을 사면서 욕도 안 먹고 세련되게 (웃음) 넘어가는데 이랜드는 정말 곧이곧대로 한다. 병신이 머리가 나빠 가지고 욕은 욕대로 먹고, 갖은 고초는 고초대로 겪는구나. 이렇게 보는 사람들은 조금 수준이 높은 친구들이라고 봐요.

이랜드 노동자들이 처한 조건에 대해서는 대부분 알고 있었으니까요. 이랜드뿐만이 아니라 롯데마트, 이마트, 홈플러스, 다 마찬가지예요. 노동조건은 대부분 비슷하거든요. 그런 일이 일어날 만했다는 건 모르지 않았던 셈이죠.

박성수 장로를 위시한 대한민국의 파워엘리트들에게, 교회는 진작부터 주 예수가 아니라 화폐의 신 맘몬을 섬기는 성전이었다. 그렇다면 외려 필요한 건, 이들이 붙인 딱지 '사탄' 혹은 '테러리스트'에 대한 반발이 아니라 적극적 긍정이 아닐까. 그네들이 구축한, 안 그래도 우악스런 자본의 성채를 '창조적으로 파괴'하지 않고서는 딱지 떼기란 어차피 난망할 일일 테니 말이다. ⓒ레디앙 이창우

파업 들어갔다고 했을 때 어떻게 생각했어요?

어떻게 가치판단을 할 거냐를 떠나서 현실을 알고 있으니까, 그렇게 될 거라고 생각했어요. 법규가 바뀌었으면 어떤 놈들은 세련되게 대처할 거고 어떤 놈들은 강하게 부딪힐 거고, 부딪히면 어떻게 부딪힐까 생각하게 되죠. 이랜드가 자본력이 나름대로 강한 회사거든요? 20대 기업 안에 들어요. 자본력이 약한 회사였으면 망했을 거예요. 매장들을 딴 데 팔아넘길 수도 있겠다는 생각도 많이 했어요. 이마트나 롯데마트가 사겠구나, 더 이상 이랜드라는 이름을 걸지는 못하겠구나 하는 생각이요.

그렇게 될 거라고 생각했다는 건 어떤 의미인가요?

이랜드가 아니어도 어느 유통업체에서든 언젠가 이런 일이 한 번은 있지 않겠나 생각했던 거죠. 비정규직 관련 법안이 계속 바뀌어 왔잖아요. 보호하는 듯 하지만 보호하지 않고, 안 보호하는 듯 하면서도 보호하는 것 같고. 이런 애매한 법안들이 이슈화되면서 분명히 문제가 한 번 발생하겠다, 어디가 될지는 모르겠지만요. 하여간 머리 나쁜 이랜드에서 먼저 발생한 것 같다, 그런데 파업을 일으키긴 하겠지만 오래는 못 가겠구나 생각했어요. 왜냐하면 아까 우리 회사에서 저를 대체하기도 쉽다고 말했지만, 거기서 일하는 노동자들은 너무너무 대체하기가 쉽거든요. 거의 나무젓가락 바꾸듯이 바꿔도 아무 상관이 없는 거죠. 그분들이 하고 있는 업무 자체가 쉽게 말하면 양질의 업무가 아니라는 거예요. 그분들이 다 나가도 실업자가 많으면 사람들을 또 구해올 수 있다는 건데. 그래서 이렇게 오래 갈 줄은 난 몰랐어요. 남는 사람은 남는 거고, 이랜드에서 잘린 사람은 이랜드에서 잘렸으니까 롯데마트 가겠구나, 내 생각에는 이런 사람들이 대부분일 줄 알았어요.

만나서 들어 보면 조합원들이 싸웠던 데에는 인간적인 모멸감이 상당히 컸던 거 같더라고요. 그걸 이전에 미처 깨닫지 못한 것에 대해 '난 참 바보처럼 살았구나' 하고 느끼는 거죠. 어쨌거나 동균 씨 같은 경우는 그렇게 무슨 일이 나도 나겠구나 생각하고는 있었는데도 그 결과에 회의적인 건 왜일까요. 말하자면 '온정적 회의'에 빠지는 이유라고 해야 하나요?

나름대로 신념이 두 가지 있는데요, 하나는 아는 거랑 행동하는 게 일치하는 삶을 살고 싶다, 업무에서든 삶에서든 그러고 싶다는 게 있고요. 또 하나는, 가급적이면 강자한테는 강하고 약자한테는 약하게 살자, 뭐 그런 모토가 있어요. 그래서 온정적이라고 한다면, 두 번째 모토에서 연유한 거라고 해야 할 거예요. 어떻게 보면 사회적 약자잖아요. 상대적으로 나보다 강한 사람보다는 최대한 공정하게 대해 주려고 노력하고, 약한 사람들한테는 그 사람들 입장에서 생각해 주고 싶어서 온정적이게 되는 것 같아요. 회의하게 되는 건…… 쭛, 현실인 거죠. 이상하고는 좀 다른 현실. 살아 보니, 사회를 살다 보니, 직장 생활을 하다 보니, 인생을 살다 보니 쉽지 않겠구나, 그리고 이 사람들을 제도적으로 버젓하게 살게 해주기가 쉽지 않겠구나, 그런 생각이 제일 많이 들어요.

리스크가 없어도 파업에 동참하지 않을 거냐고 묻는다면, 난 어쩌면 소극적인 참여는 할 수도 있을 거 같아요. 그게 나름대로 내 삶의 모토이고 그렇게 하는 게 맞는다고 생각하기 때문에요. 그러나 다른 한편, 왜 판세가 뒤집어지지 않을, 지는 싸움이라 생각하느냐고 묻는다면 뭐, 그들은 너무 많은 것을 가지고 있잖아요. 모든 법체계를 주무를 수 있고, 모든 언론이나 이데올로기를 좌지우지할 수 있는 자본력과 언로도 가지고 있고, 사회적으로 서로서로 영향력을 미치고 있으니까요. 그래서 질 거라 생각하는 거죠. 어떤 면에서는 이겼다고도 할 수 있겠지만, 큰 싸움 자체에서는 진다고 말이죠. 작은 전쟁이나 전술적으로는 한두 번 이길지 모르겠지만 그렇더라도 상처뿐인 승리이지 않을까. 어떻게 보면 단기적으로 파업하는 사람들의 자존심을 세워 주는 정도라고 해야 할까요.

기본적으로 온정적인 시선을 가지고 있다고는 하면서 거기서 더 나가기 힘든 이유가 종합적인 정보 부족 때문은 아닐까요?

그건 인정해요. 왜냐하면 모르는 걸 말할 수는 없잖아요. 내가 그렇다고 편협한 건 아니겠지만 내가 처해 있는 현 상황을 파악할 뿐, 다른 상황에 대해서는 잘 모르니까요.

그런 정보에 접근하기 어려운 상황을 바꿀 수 있는 실마리가 무엇이라고 생각하십니까.

여유죠, 뭐. 다른 사람을 어떻다고 평가하기는 뭐하지만, 적어도 내가 경제적인 자신감이나 삶의 여유가 있다면 충분히 알려고 노력할 거다, 어떻든 지금 내 상황에만 목매지 않을 수 있겠다는 거예요. 대부분의 사람들이 이데올로기에 빠져 있는 것 같아요. 말하자면 '이명박 신화' 같은 성공 이데올로기 비슷한 거요. 다들 무진장 열심히 하죠. 실제로 올해 우리 회사에서 대졸도 아니고 고졸 출신이 꽤 높은 자리까지 올라갔는데 이 사람이 10년간, 신입 1년차 때부터 줄곧 아침 7시에 출근해서 새벽 1시에 퇴근했다는 거예요. 주말에도 항상 그렇게, 단 하루도 안 빠지고, 365일을 그렇게요. 나름 입지전적인 인물이죠.

슈퍼맨이네요.

아무튼 회사에서 입지전적으로 승진한 사람인데, 뒷얘기를 캐 보면 10년 동안 그렇게 일했다고 하더라고요. 사람들은 와아, 저렇게 하면 되는 구나, 저렇게 할까 말까, 좀 살살할까, 저렇게 세게는 못하겠고. 암튼 벤치마킹하는 거죠. 그것도, 이데올로기죠. 사람들이 빠져 있는 환상 뭐 그런 거. 좋게 보면 긍정이지만. 요즘 보면 『긍정의 힘』이니

『시크릿』이니, 이런 책들이 그런 거잖아요. 난 할 수 있다. 난 24시간 열심히 일할 수 있다!

그럼 동균 씨가 있는 곳이나 이랜드 노동자들이 있는 곳이나 본질적으로는 다를 게 없을 텐데도, 한쪽은 조직적으로 뭉치지만 동균 씨가 있는 곳에서는 안 그렇잖아요. 무엇이 이런 차이를 만들어 낸다고 생각해요?

그건…… 이마트·롯데마트·홈플러스랑 이랜드를 비교하는 것과 비슷한 문제라고 생각해요. 이랜드는 기폭제가 됐던 거잖아요. 이마트나 롯데나 홈플러스나 이랜드에서 말하는 빡센 근무 조건이나 비인간적인 거, 그런 건 비슷해요. 비슷하지만 다른 데는 그냥 구질구질 살고 있는 거예요. 근데 이랜드는 한 번 쇼크를 준 거죠. 그래서 몇 명이나 될지는 모르겠지만 쇼크를 받고 누구는 다른 데로 빠져 나가고, 누구는 단결해 봐야겠다, 다른 방식의 삶을 찾아봐야겠다 깨달은 게 아닐까 싶어요. 입장 바꿔 생각해 보면, 내가 있는 데도 비슷할 거예요. 다만 기본적인 삶의 질이랄까 이런 게 좀 나은 거겠죠. 본질은 다르지 않다 해도 말예요. 이를테면 덜 힘들고 뭐 그런. 두 번째로는, 우리한테는 삶을 전체적으로 위태롭게 하는 그런 쇼크 같은 건 아직 없었다는 거죠. 그러면, 있으면 다 나갈 거냐. 쇼크를 받으면 빠져나가고 일부는, 뭐 쉽게 말해서 외롭게 투쟁하고 그런 것 아닐까요.

급여 조건이나 직무의 질이 다르니까, 기댈 구석이 그만큼 더 탄탄하기 때문이라고 봐야 할까요.

아, 또 한 가지가 있는 것 같아요. 내가 있는 데라고 개밥에 도토리되지 말란 법은 없지만, 우리 같은 사람들은 더 나아질 가능성이 있다는 면에서 그분들하고 차원이 다른 거죠. 그분들은 심하게 말해 1분 자고 24시간을 일해도 노동조건이나 삶의 위치가 바뀔 가능성이 99퍼센트 없지만, 나 같은 조건에서는 사회적 조건이 나아질 가능성이 비교할 수 없을 정도로 더 크다고 할까. 회사나 조직에서는 그런 가능성을 이데올로기화하는 거고. 넌 할 수 있다, 넌 할 수 있다 하는 식으로요.

파업이나 비정규직 문제 자체에 대해서 나름대로 어떻게 판단하시나요. 대기업 유통업체 대리라는 자리에서 봤을 때요.

안타깝지만, 경쟁력의 차이라고 생각해요. 그들도 서울대나 연고대 나왔으면 거기 가서 일하겠냐는 얘기죠. 그러면 그런 데에 지원도 안 할뿐더러 다른 어디라도 지원할 수 있을 텐데. 어디가 됐든, 경쟁력이 있으면 뽑아서 돈 많이 주고 키우겠다고 하는 데 말이죠.

그럴 만해서 그런 거라는 이야기인가요?

내가 좋으냐 싫으냐를 떠나 구조적인 문제라는 거예요. 태생적인 한계가 분명히 있다는 거죠. 뭉쳐서 뭔가를 해보려고 해도 불리하고 열악한 조건이고요. 그런 막막한 상황에서, 싸운다고 해도 의미 있는 성과를 낼 수 있겠냐 하는 거예요.

이랜드 파업 사태의 본질이 가방끈 길이 같은 경쟁력의 차이라고 했지만, 저번에 회사에서 몇 십 명을 소리 소문 없이 정리했다는 얘기한 적 있잖아요. 그런 얘기 들으면 가방끈이 믿을 만한 동아줄이기는 한 건가 싶은데요. 당시 사내 반응은 어땠나요.

반발 심리가 생기기보다는 솔직히 말하면…… 난 저러지 말아야지 하는 거죠. 정리당하는 사람들은 대부분 조직에 반하거나 일을 못하거나 능력이 없거나 조직에 큰 해를 끼쳤거나 그런 사람들이에요. 그러니 난 실적을 내거나, 무조건적은 아니더라도 조직에 충성을 해야지 하는 거예요.

누군가 그런 상황을 바꿀 가능성은 어느 정도라고 봐야 하는 걸까요?

가능성이라. 없지는 않은데. 내 생각에는 머리가 나쁜 애들이나, 물론 의도적인 건 아니지만, 그렇게 하는 거예요. 쉽게 말해서 이 회사가 어떤 곳인지, 분위기는 어떤지, 조직 구조를 파악하지 못하는 거예요. 비판이 너무 잦다거나, 쉽게 말해 내 멋대로 사는 사람들은, 뭘 잘 모르는 거죠.

그러니까 집단행동이 중요한 거잖아요. 내용이 어떻든 간에 혼자 그렇게 하면 결국 그 사람만 또라이 되는 거니까요.

깜짝 놀랄 만한 사실을 하나 얘기해 주면, 그런 얘기 있잖아요. 위치가 의식을 규정한다는 말이요. 사실인 것 같아요. 자기 삶의 조건이나 계급적인 위치가 사고방식도 규정하는 거죠. 대기업에 들어오는 아이들, 실제로 우리 회사에 들어오는 아이들 가운데 70퍼센트가 강남·송파·서초구에 산다고 해요. 그러니까 워낙 그런 애들이 들어온다는 얘기죠. 잘 먹고 잘살고, 교육도 잘 받은 애들이 오기 때문에, 그런 생각을 할 겨를이 없는 게 아니라, 그런 생각은 안 해도 되는 거죠.(웃음) 하여간에, 그런 애들이 80~90퍼센트예요. 내 동기들 중에서도 난 되게 특이한 놈이었어요. 입사해서 차를 샀는데, 20만 원짜리였어요. 근데 동기들 중에서 차 사는 애들을 보니까 차가 거의 대부분 2,000만 원이 넘는 거예요. SM5 정도 되는 차를요. 난 걔들이 이해가 안 갔거든요. 집에서 사 준 거겠죠, 집안이 일단 되니까요. 걔들은 내가 이상한 거죠. '쟤는 20만 원짜리 엑셀을 몰고 다니네?' 하는 식으로.

부모들의 직업 분포가 다양한가요?

일단 기본적으로 그쪽에 살면 돈이 많고, 돈이 많으면 교육받는 데도 어려움이 없었을 거고. 돈을 꼭 벌어야 한다고 생각할 필요가 없는 거죠. 월급 안 받아도 살 수 있는 애들이 대부분이거든요. 월급은 자기 용돈으로 쓰는 거예요. 3,000만 원이나 되는 연봉을. 내가 있던 팀 팀장도 그랬어요. 과장, 차장해서 3~4,000 연봉 받는 건 용돈으로 쓰고, 집안에서 쓰는 돈은 알아서 돌아간다는 거예요. 이런 사람도 봤어요. 회사에서 일하는 건 그냥 일하고, 하기 싫음 말고. 그냥 사회적 지위인 거죠. 대기업의 어떤 자리에 있다고 하면 딸릴 건 없잖아요. 사회적으로 그런 위치에 있고, 나름대로 일도 하고, 그러면서 그런대로 만족하는 식인 거죠.

오래 못 견디고 나가는 사람은 배경이 딸려서인가요?

두 가지 경우예요. 배경이 빠방하거나, 아니면 아주 약하거나. '에잇, 내가 여기 다녀야겠어? 난 MBA 갈래' 하거나 자기 사업하겠다는 경우요. 그리고 자기 자신 말고는 아무도 없는 사람들이요. '아, 이 세상을 과연 어떻게 헤쳐 가야 하나' 고민하는 그런 사람들이지요. 그런데 예전에도 말했지만 부잣집 애들이 오히려 성격도 좋고, 당당하기까지 해요. 이런 친구들은 아버지가 식약청 과장에, 서울지검 검사에 뭐 그렇단 말예요. 대기업 월급이 적지는 않지만 솔직히 많지도 않거든요.

그래서 자기밖에 없다고 생각하는 사람들은 차라리 나가서 학원 강사
같은 걸 하면 적어도 단기적으로는 더 많이 벌 수 있어요.
하지만 슬픈 건요, 그나마 그런 경우도 자주 못 본다는 거예요. 배경이
안 되는 친구들은 들어오기도 어렵거든요. 슬픈 일이죠.

그 누구보다 조합원들이 축하받아야 한다고
생각했어요

● 윤성일(월드컵분회지대위 집행위원장)　● 인터뷰 : 진재연

얼마 전에 월드컵분회 창립 1주년을 맞았잖아요. 분회와 지대위가 함께 1주년 맞이 후원의 밤 행사를 하셨죠.

분회가 설립되는 과정에 지대위 동지들이 함께했고, 이후에도 긴밀한 관계를 맺으면서 이어 왔기 때문에 항상 옆에서 조합원들을 봐 왔어요. 1년 동안 힘든 시간들을 보내셨다는 걸 누구보다 잘 알고 있으니까, 1주년 사업을 잘 하고 싶었어요. 그런데 사실 지금 조합원들에게는 월드컵분회 설립 1주년을 생각하는 것 자체가 힘들고 어려운 일이에요. 좀 망설이기도 하셨는데, 그래도 가장 중요한 게 동지고, 조직이잖아요. 분회가 만들어진 의미에 대해서도 생각해 보고, 월드컵분회가 앞으로 2년, 3년 후에도 기념할 수 있도록 1주년 사업을 내실 있게 하려고 했어요.

아직 파업 투쟁이 끝나지 않은 상황이라 후원의 밤 행사를 조합원들이 망설이고 주저하셨다고 들었어요.

지금 조합원들은 두 가지 마음이 있는 거 같았어요. 한편으로 많이 지쳐 있어요. 100일, 200일, 300일 계속 행사는 하는데 아직 파업 투쟁은 승리하지 않았죠. 그 과정에서 감동도 있었겠지만 연대 대오가 하나둘씩 멀어져 가면서 아쉬움도 느끼고 상처도 받았을 거예요. 동료들이 복귀하는 모습 보면서 안타깝고, 여러 가지 어려움을 안고 가시는 거죠. 1주년 사업을 하는 건, 함께 해온 동지들을 격려하고 즐거운 자리를 만들기 위해서였는데, 조합원들 마음속에서는 그런 안타까움이 있어서 주저하신 것 같아요. 또 한편에서는 빨리 승리하겠다는 마음들이 있어요. 여러 가지 기념행사를 하는 것보다 현장으로 돌아가고 싶고 하루빨리 승리하는 게 중요하죠. 그러니까 형식적인 행사라는 게 의미가 있나 그런 생각도 드신 것 같았어요. 저는 1주년 사업을 기념하자는 게, 파업 투쟁을 빨리 끝내기 위해 결의를 다지는 의미도 있지만, 더 중요한 건 1년 동안 고생했던 동료들과 마음을 함께 나누고 분회를 기억하는 계기가 되었으면 좋겠다고 말씀을 드렸고, 조합원들이 그걸 이해해 주셨어요.

형식적인 후원의 밤보다 조합원들에게 정말 기념이 되는 자리를 만들고 싶었어요. 서로서로 축하하고 다독여 줄 수 있는 자리. 조합원들이 그 누구보다도 축하받아야 한다는 생각이었어요. 그러다가 고민한 게 돌잔치였어요. 돌잡이를 해서 선물도 나눠 갖고 돌떡도 썰고. 조합원들이 직접 선물도 사러 돌아다니면서 준비했는데 고생 많이 하셨어요. 아침 일찍부터 음식 만들고, 집에서 이것저것 챙겨 오시고. 기억에 남는 건, 불을 다 끈 상태에서 조합원들이 고깔모자를 쓰고 돌떡을 가지고 앞으로 나가는데, 한 분도 안 빼고 즐겁게 가시더라고요. 또 제가 주의 깊게 봤는데 늦게까지 함께했던 것도 좋았고요.

끝나고 조합원들과 얘기 나눠 보셨어요? 최승진 조합원이 '어릴 때 돌잔치를 못했다. 갑자기 아버지 사업이 망하는 바람에 돌 사진이 없었는데, 이 나이에 돌잔치 할 줄 몰랐다'고 하시면서 하길 잘했다고 말씀하실 때 마음이 좋았거든요.

사실 궁금했어요. 조합원들이 어떻게 평가할까. 준비 과정에 우여곡절이 많았고 조합원들도 마음이 편치 않은 부분이 있었으니까요. 같이 얘기하는 과정에서 공감은 하셨지만 결과에 대해서는 어떻게 생각하시는지 궁금했죠. 즐겁게 행사를 치를 수 있어서 다행이죠. 그날 다른 일정이 많았는데 많은 분들이 오셨고, 후원의 밤 수익금도 많이 들어왔어요.

월드컵분회와 지대위는 굉장히 긴밀하게 활동하고 있잖아요.

설립 과정에서 특수성이 있다 보니, 단체와 단체의 형식적인 관계를 넘어서 구성원들끼리 가깝게 지내 왔죠. 또 지대위의 독자적인 사업들을 기획하면서 지역에서 할 수 있는 것들을 찾아왔어요. 한편으로는 월드컵분회 1주년을 챙기면서 다른 분회 동지들에게 조심스러운 마음도 있었어요. 자칫하면 월드컵분회만 유별나게 군다 이런 생각이 들까 봐 무엇을 하나 결정할 때 신중해야겠다고 생각했어요. 이랜드노조 안에도 여러 분회가 있잖아요. 서로 격려하고 축하해 주시겠지만, 자칫 이랜드일반노조 전체를 바라보지 않고 분회 자체 일정만 앞세우는 것처럼 보일까 봐 조심스럽죠.

조합원들이 지대위 동지들을 기억하고 있는 것 중에, 연행되었다가 경찰서에서 나왔는데 밤 늦은 시간에 차를 가지고 기다리고 있었던 일을 말씀하시더라고요. 그 순간 상당히 반가우셨나봐요.

이분들은 파업을 해본 분들이 아니잖아요. 집회 하나하나, 투쟁의 과정이 모두 첫 경험인 거죠. 그때 여러 가지 마음이 복잡하셨겠죠. 그런 심정들을 나누고 싶었어요. 우리가 잘못해서 연행된 게 아니잖아요. 수십 년 동안 투쟁해서 2~3년에 한 번씩 연행돼 본 분들이라면 별로 신경 안 썼겠죠.(웃음) 첫 경험이고 이랜드 투쟁은 여전히 진행 중인거고 그래서 나갔던 거죠. 원래 11시에 나온다고 했는데 계속 늦어졌어요. 월드컵분회 동지들이 방배경찰서하고 강남경찰서에 계셨어요. 마포 인근으로 다 같이 와서 회포를 풀었죠. 두부도 드시고 돌아가며 한마디씩 들어 보고 지대위 동지들도 더 불러 모아서. 힘드셨을 텐데도 표정이 밝으시더라고요.

지금 지대위 사업하시면서 어려운 점이 무엇인가요? 매주 문화제를 하는 것도 만만치 않은 일인 것 같던데요.

추석 전에 총력 투쟁을 한 적이 있었어요. 추석 전에 이 투쟁을 끝내자, 월드컵에서 추석 전 승리를 위해 불씨를 지펴 보자, 그랬었죠. 그때 참 열심히 잘 했어요. 지대위 단위 소속 회원들이나 당원들이 자발적으로 준비해 왔죠. 조합원들이 창 하시면서 장구도 치시고. 프로급이 아니어도 다들 좋아하며 즐겁게 했어요. 그런 것들을 모아 내고 그게 다시 이 투쟁을 지속시켜 나가는 힘이 되었죠. 그런데 지금은 한 주 한 주의 기획들이 조금은 일처럼 되었어요. 기획력도 많이 떨어져서 지대위도 그렇고 조합원도 그렇고 부담감이 없지 않죠. 그래도 여전히 함께하는 단체들이 있으니까 문화제를 이어가는 것이 의미가 있다고 생각해요. 기획팀을 꾸려서 준비하고 논의하고 있어요. 이랜드 투쟁 승리할 때까지 지대위는 조합원들과 함께 가야죠. 그 이후의 존립이나 방향은 지금과 달라지겠지만. 조합원들에게 항상 감사하고 존경스러운 만큼 저희도 힘내서 해야죠.

비정규직, 모든 사람들이 함께 풀어 가야 할 문제

● 오석순(금속노조 기륭전자분회 조합원) ● 인터뷰 : 진재연

기륭, 이랜드 모두 여성 조합원들이 많잖아요. 특히 기혼 여성들은 가사와 직장 일을 병행하는데 여성들의 노동이 정당하게 평가받지 못하는 측면이 있는 것 같아요.

사실 지금 남성 혼자 직장 생활해서 가정을 꾸려 가기 어려운 조건이 잖아요. 남편들도 비정규직인 경우가 많으니까요. 그러니까 여성들이 생계를 위해 일자리를 찾는 거죠. 기륭이나 이랜드나 마찬가지일 거 예요. 10년 전이랑 비교해 보면 물가는 엄청 올랐는데 임금은 제자리 라 정말 살기 힘들잖아요. 그래서 그런지 요즘 남자들은 결혼할 때 여 자가 직장 생활을 할 건지부터 물어본대요.(웃음) 자기 혼자 벌어서는 아이 키우고 집 사고 그런 것들이 어렵다고 느끼는 거죠. 아이들 키우 는 데 만만찮은 돈이 들어가니까요. 근데 우리 같은 경우만 봐도 말할 수 없이 저임금이잖아요. 이랜드같이 유통 쪽에도 많이 가겠지만, 사 실 중소 제조업 사업장들에 결혼한 여성들이 많이 몰려요. 젊었을 때 일했던 사람들도 결혼하고 나서 애 때문에 그만 뒀다가 중간에 일을 찾으려고 하면 막상 할 게 없고. 그런 걸 이용해서 회사에서는 저임금

을 당연하게 생각하고 여성들은 잘릴까 봐 쉬쉬하면서 일하고. 많은
여성들이 사실상 가정을 책임지는 경우가 많죠. 근데 이게 노동운동
하는 사람들도 별반 다르지 않아요. 얼마 전 어떤 사업장에 연대 투쟁
을 갔는데 한 남성 동지가 그러시더라고요. 기륭 동지들은 아저씨가
벌어 오지 않냐고……. 여성들이 일하는 걸 보조적인 거라고 생각하는
거죠. 사실 집안일도 하고 밖에서도 일하고 이중삼중으로 일하는 건데.

사회가 비정상적으로 가고 있다고 생각해요. 상시적으로 고용해야 하
는 사람들을 비정규직으로 쓰고 마음대로 부려 먹고 계약 해지하고요.
국민 중에서 60~70퍼센트가 비정규직이 되고 있는 거면 문제가 많은
거잖아요. 2005년에 우리가 서울관악지방노동사무소에 불법 파견 진
정을 내서 기륭전자가 불법 파견을 저지른 것으로 판정이 났어요. 사
업주가 불법으로 비정규직을 쓴 거죠. 그럼 원상 복귀가 되어야 하는
데 아직까지도 이러고 있으니, 참. 우리가 집회할 때는 이 선을 넘지
말라고, 그거 넘으면 불법으로 처벌하겠다고 으름장을 놓으면서 정부
는 국민을 상대로 어떻게 이럴 수가 있는지 기가 막히죠. 사회가 비정
규직을 대량으로 양산하면서 비정상적인 사회로 가고 있는 것 같아요.
대통령이 그런 불법을 저지르는 사람이 되었으니 더 이상 할 말이 없
네요.

이랜드 노동자들과도 연대하셨잖아요. 이랜드 투쟁 보면서 어떤 생각이
드셨어요?

작년에 이랜드가 파업 들어가기 시작하면서 비정규직 문제가 사회적

으로 많이 이슈화되었죠. 언론도 많이 탔고, 국민들이 이랜드 보면서 비정규직 문제에 대해 생각하는 계기가 된 것 같아요. 이랜드나 기륭만 비정규직이 아니고 실제 대다수 국민들이 비정규직이기 때문에, 많은 비정규직 사업장들 중에서, 어디든 한군데라도 빨리 해결이 되어서 비정규직 문제가 해결되고 있다고 국민들이 인식하는 게 필요하다고 생각했어요. 이랜드가 처음에 이슈화되고 힘 있게 싸우는 모습을 보면서 빨리 해결될 줄 알았어요. 이랜드가 해결되고 그 영향으로 비정규직 투쟁이 힘을 받을 수 있으면 좋겠다고 생각했죠. 그런데 투쟁이 자꾸 장기화되면서 국민들이 비정규직 문제를 해결되지 않는 어려운 싸움으로 인식할까 봐 걱정이에요. 모든 사람이 함께 나서서 풀어 가야 할 문제로 생각해야 하는데, 정말 어려운 문제, 누구도 해결해 주지 않는 문제, 당사자만 피해 보는 문제로 생각하게 될까 봐 걱정인 거죠. 우리뿐 아니라 비정규직 사업장 한 군데라도 빨리 해결되어서 비정규직 문제가 해결되고 있다는 희망을 줬으면 하는 바람이에요. 이랜드 동지들도 하루빨리 승리해서 당당하게 현장으로 돌아갔으면 좋겠어요.

우리가 투쟁한 지 1년 쯤 되었을 땐가, 한참 연대가 뭔지 느끼고 여기저기 다니고 그럴 때였죠. 인쇄 노동자들이 있는 사업장에 연대 집회를 갔더니 그분들이 전날 싸운 걸 얘기하는데, 어쩜 그렇게 우리랑 똑같은 거예요. 회사가 용역 깡패를 사고, 구사대를 세워서 조합원들에게 폭력을 휘두르고, 때리고. 어느 사업장 가나 양상이 똑같잖아요. 근데 그거 보면서 회사들이 자기네들끼리 소통하고 연구하는지 모르겠다 그런 생각이 들더라고요. 우리는 연대도 잘 못하고 노조 활동도 관성적으로 하기도 하고 그러는데, 그 사람들은 자기들끼리 발 빠르게 움직이는 것 같다는 생각이요. 하는 짓 보면 정말 악랄해, 악랄해.

기륭은 투쟁한 지 1,000일 되셨는데 그동안 어떠셨어요. 다른 장기 투쟁 사업장 동지들한테 하고 싶은 말 있으세요?

아, 글쎄요. 힘들죠. 길게 싸우니까 여러 가지로 힘들어요. 경제적인 문제도 그렇고, 인간관계도 어려워요. 오래 싸우면서 정서에서도 변화가 생겼어요. 아주 사소한 문제에도 발끈해요. 식구들이 저한테, 말 한마디 잘못했다가 죽겠어, 그래요.(웃음) 그렇지만 모든 사람이 이 문제를 피하면 아무도 해결해 주지 않잖아요. 당사자인 우리가 해결해야 하는 문제인 거죠. 당사자만으로 해결되는 문제는 아니겠지만 당사자인 우리가 끝까지 포기하지 않고 가면 해결할 수 있을 거라 생각해요. 어렵지만 우리 같이 힘내서 끝까지 갔으면 좋겠어요. 동지들이 이 얘기 들으면 안 좋아할 것 같은데요.(웃음) 우리처럼 1,000일 가라고 얘기하는 것 같아서 미안하네요.(웃음) 오래 가지 않고 빨리 끝나야죠. 비정규직 싸움이 승리하는 모습을 꼭 보고 싶어요.

삶 자체를 다르게 구성하는 운동을 꿈꾸다

● 양미(서울여성노동자회)

연대글

1

처음부터 선택이 아니었다. 아니 선택할 수 있는 문제가 아니었다. 차별과 배제는 내가 여성으로 태어나는 순간 시작된다. 여성은 오랫동안 '시민이 아니거나' '인간이 아니거나' 혹은 '동물보다 조금 더 나은 존재일 뿐'이었다. 여성이 '뇌가 있느냐' 하는 문제가 논쟁거리였던 것도, 프랑스혁명 당시 남성과 동등한 여성 시민의 권리를 요구하다 사형당한 한 여성 철학자(올랭프 드 구즈)의 사례도, '빵과 장미'로 대변되는 '여덟 시간 노동'과 '참정권'을 요구하며 투쟁했던 1908년 여성 노동자들의 투쟁도 '여성도 인간이다'라는 것을 인정받기 위한 지난한 싸움 가운데 알려진 일부분일 뿐이다.

내게도 10년 가까이 다닌 회사에서 파견직(당시에는 그런 이름도 몰랐다)이라는 이름으로 일해야 했던 기억이 있다. 회사가 어떤 업무를 파견직이라는 고용 형태로 하겠다고 선택한 순간 나에게 고용 형태와 임금 등 노동조건에 대한 선택권은 없었다. 경쟁과 회사에 대한 충성을 통해 —나와 마찬가지로— 정규직이 된 어느 동료가 파견직·계약직 직원들에게 '억울하면 지들도 정규직 하면 되지'라는 말을 하는 것을 들었을 때 정규직(상시적인 업무를 하는 노동자에게는 당연한 권리)이 이미 하나의 특권이 되었다는 것을 알았다. 성별, 고용 형태, 학력 이런 것들로 노동자를 차별하고 배제하는 자본의 방식을 노동자인 우리가 반복하고 있었다. 그것은 나보다 더 약한 이들에 대한 차별과 배제를 통한 나의 존재를 키우는 방식이었다. 결국 회사는 여성 노동자들이 대부분인 우리 부서를 외주화하겠다고 발표했고 노동조합 위원장이 갑자기 사직했던 황당한 상황을 끝으로 나의 직장 생활도 끝이 났다. 이런 기억들은 나를 여성 노동운동으로 이끌었다.

그리고 20년 동안이나 여성 노동운동을 해온 단체에서 일하는 사람으로서 나의 고민은 여성 노동자의 투쟁을 '조직화'하는 것이었다. 여성 노동운동 단체의 투쟁 결과물로 1988년 고용평등법을 만들고 그 후 지속적으로 개선해 왔지만, 법을 만들고 개선하더라도 사회 구성원들의 인식이 바뀌지 않는 한 저임금과 육아와 출산으로 인한 경력 단절, 비정규직의 고리를 자연스럽게 이어 가는 여성 노동자의 고용 현실(여성 직종의 외주화나 경기 불황일 때면 여성 노동자 우선 해고로 나타나기 마련인)은 여전하다는 생각 때문이었다.

그런데 100인 이하 중소규모 사업장에서, 그것도 비정규직으로 일하는 여성 노동자의 노동조건을 고려하건대 기업별 노조라는 틀은 한계가 있었다. 또 노조가 생긴다 하더라도 ('직장 내 성희롱 사건' '여성 직군 외주화' 같은) 여성 노동자 관련 사안은 번번이 무시되거나, 때로는 (이를테면 '비정규직의 정규직화' 같은) 교섭의 성과에 뒤따르는 희생양이기

일쑤였다. 노조, 혹은 노동운동 내에서도 대체로 여성-노동자는 차별
과 배제의 대상이었던 거다.

2

그 무렵 이랜드일반노조(특히 홈에버로 바뀐 '구 까르푸' 노조)를 알게
되었다. 노조의 이름에 '일반'이란 표현이 들어간 게 흥미로웠다. 유통
서비스 업종의 특성상 (직·간접) 비정규직이 많을 수밖에 없는데 특히
여기는 90퍼센트 가량의 노동자가 비정규직이라 했다. 그리고 그중
대부분은 여성 노동자라 했다. 이런 현실 때문에 '일반노조'를 만들었
다고 했다. 즉 이랜드그룹에서 노동조합을 만들고 노조가 자기 역할
을 충실히 하기 위해서는 '일반노조'의 형식을 취할 수밖에 없는 상황
이었고 그들(노조 간부들)은 이 상황을 피해 갈 생각이 없어 보였다. 그
들은 처음부터 '배제가 아닌 상생과 협력'의 방법을 선택한 것이다.

월드컵분회가 건설된 지 꼭 한 달 만에 이랜드·뉴코아노동조합이
파업에 들어갔다. 파업이라고는 생전 처음인 조합원 언니들에게 투쟁
가를 부르고 팔뚝질하는 데 대한 어색함은 불가피한 것이었다. 하지
만 점차 살아나는 눈빛으로, 인간이자 노동자로서 획득한 자부심과
당당함이 그 자리를 대신해 갔다. 여성으로, 비정규직 노동자로 멸시
와 억압에 치이며 살아왔던 자신이, 이렇게 자랑스러운 인간이라는
자각의 경험을 평생 언제 또 하겠느냐고 했다. 그럼에도 불구하고 나
는 때때로 언니들이 매장 진입 투쟁 중 전경들이 보고 있는 앞에서 점
주들에게 얻어맞고 피투성이로 머리를 잡혀 끌려갈 때, 텐트로라도

거점을 만들겠다며 맨몸으로 물대포에 맞서 온몸에 멍이 들어야 할 때, 그만큼 분노와 증오가 쌓이는 것을 발견할 때 마음이 무거워졌다. 그리고 '현장으로 돌아가자'란 구호를 들을 때마다 지금까지의 경험보다 더 힘들어질 '현장에서의 노동'이, 자신을 감정적으로 육체적으로 기계화시킬 노동이, 새롭게 '인간'으로 자각된 조합원 언니들에게 어떤 양날의 칼이 되어 돌아갈까 마음이 무거웠다.

투쟁한 후 돌아간 그 자리에서, 언니들은 이전과 같이 정신없이 일하고 이 사회가 필요할 것이라며 떠들어대는 물건들과 아이들 학비와 간식과 용돈 등등을 소비하는 것에 자신의 임금을 '보태며' 사는 것에 만족할 수 있을까? 아니 만족해야 하는 것일까? 고용 안정만 되면? 파업 투쟁 이후의 삶은 파업 투쟁을 통해 새롭게 알게 된 것으로 다른 삶을 꿈꾸며 모색해 보는 삶이어야 하는 것은 아닐까? 자본주의 노동 시장에 좀 더 깊이 '포섭'되고 그에 적응하기 위해서가 아니라, 행복한 삶을 위해 스스로 행복한 '자발적 이탈'을 고민하게 하는 노동운동. 돈을 더 벌기 위한 것이 아니라, 돈이 더 필요하지 않도록 하는 상황을 만드는 그런 대안적 노동운동은 어떻게 가능할까. 직장·가정 할 것 없이 아직도 이등 시민이자 불완전한 인간으로 취급받는 여성-노동자의 삶을 극복하는 방법으로서의 운동이라면, 모두가 행복한 사회를 만들어 낼 대안 운동이 가능하지 않을까 생각했다.

3

그렇지만 현실에서 여성-노동자들 내부의 다양한 존재 조건은 같은 노동자이거나 여성이면서도 그들 사이를 멀어지게 한다. 직장 내 성희롱 사건이 나더라도 같은 여직원들이 쏟아 내는 뒷담화에 더 상처받고, 임신으로 출산휴가를 쓰겠다는 여성-노동자에 대한 비난도 같은 회사의 비혼-여성-노동자한테서 더 거세기 십상인 것이다. 이랜드 파업을 보며 '나도 비정규직이고 한국 사회 여성이 대부분 그렇게 살고 있는데 왜 이랜드만 난리냐'고 흥분했던 출근길 어느 여성 노동자의 말이, 한편으론 안타깝지만, 그냥 지나칠 수 없는 숙제로도 다가오는 이유다.

더군다나 기존의 노동은 아직 답하지 못했다. 실업/비실업 여성, 정규직/비정규직 여성, 소규모 영세업체의 여성 노동자, 주변부 노동자, 무급 가족 종사자, 고령 여성 노동자, 여성 자원 봉사자로 끊임없이 자리바꿈을 해야 하는 여성-노동자의 조건에 맞도록 어떻게 투쟁을 조직하고 연대를 확장할 건지에 대해서 말이다. 투쟁은 여전히 개별 사업장 안에 갇힌 채, 그것도 '고용 보장'이라는 수준에 머물러 있다.

사업장과 고용이라는 문제를 넘어서 '행복하고 인간다운 삶을 영위하는 노동의 귀환'이라는, 노동운동의 근본 물음에 제대로 답할 운동은 어디서 시작할 수 있을까. 효과적인 투쟁과 연대를 확장하는, 생활권에 기반한 대안 노동운동이 그 실마리는 아닐까. 노동시장 안팎을 들락날락거리기 마련인 여성-노동자들의 처지에 걸맞게 노동조합-지역운동-사회단체 등이 다층적인 네트워크를 형성하다 보면, 생활권이란 포괄적인 문제의식에 기반해 '삶 자체를 다르게 구성하는 운동'이 비로소 가능해지지 않을까. 나중을 위해 지금을 희생하는 것이 아니라 지금 다르게 살 것을 고민하는 운동을 만들어가는 것! 나는, 여기서부터 시작해 볼 참이다.

3부 지금까지와는 다른 삶을 살 거 같아요

그때 생각하면 진짜로 따사로운 봄날 같아요

● 이경옥(홈에버 월드컵분회 조합원, 32) ● 인터뷰: 진재연

세계 여성의 날(3월 8일)을 맞이해 강연회가 열린 날이었다. 2008년, 100주년을 맞이한 세계 여성의 날에 비정규직 철폐를 외치는 여성 노동자들의 투쟁은 여전히 진행 중이었다. 매주 조합원들의 총회가 열리는 영등포 산업선교회 강당에서 강연회를 마치고 이경옥 씨와 이야기를 나눴다. 장소가 마땅치 않아 산업선교회 사무실에서 일하는 분들에게 양해를 구하고 한쪽 책상을 빌려 앉았다. 햇볕이 들지 않는 사무실은 한낮인데도 어두웠다. 이경옥 씨는 2006년 4월 홈에버 월드컵점에 캐셔로 입사해 3개월 후 고객만족센터로 옮겨 일했고 2007년 9월 해고되었다. 어두운 사무실에서 마주 앉아 이야기를 나누기 시작했을 때, 줄곧 긴장을 멈출 수가 없었다. 그녀의 얼어 버린 가슴이 쉽게 녹을 것 같지 않았기 때문이다. 여름에 시작한 투쟁이 가을, 겨울을 지나 봄을 맞이하고 있었고, 시간은 터널처럼 이어지고 있을 뿐 그 끝을 보여 주지 않고 있었다. 그녀가 말을 할 때마다 가슴속 떨림과 갈등이 고스란히 전해져 왔다. 힘들고 어려운 상황에서도 그녀는 싸움을 이어 가는 쪽을 택했다. 같이했던 사람들을 배반할 수 없어서, 등질 수 없어서라고 했다.

인터뷰를 하고 나서 얼마 후 그녀는 생계를 위해 아르바이트를 시작했다. 콜센터에서 일하며 시간을 쪼개 조합원 총회와 집회에 참가하고 가끔은 신화 공연을 하기도 한다. "그때 생각하면 진짜로 따사로운 봄날 같아요"라고 그녀가 말했을 때, 어두운 산업선교회 사무실에 잠시 햇볕이 드는 것 같았다. 그 말이 참 좋아 자꾸자꾸 곱씹어 보았다. 따사로운 봄날이 지나간 후 수많은 시린 기억들을 간직하게 되었지만 그 모든 시간이 그녀와 우리를 성장하고 변화하게 했을 것이라 믿는다. 그녀가 안고 있는 삶의 부대낌을 곁에 있는 이들과 나눌 수 있기를, 나도 그런 존재일 수 있기를 소망해 본다.

오늘 강연은 어떠셨어요?

중간에 화장실도 가고요. 차도 마시러 가느라 잘 못 들었는데. 그냥 글쎄요. 사실은요. 너무 솔직한지 모르겠는데, 교육이나 발언이 지금은 되게 싫어요. 듣고 있는 것 자체가 힘들어요. 물론 여기서 오래 운동하시고 활동하시는 분이 얘기하시니까 굉장히 의미 있고 좋은 이야기인 줄은 알겠는데, 그래도 잘 모르겠어요. 지금은 우리 투쟁이 예기치 않게 너무나 길어지고 있기 때문에, 그냥 편하게 솔직하게 얘기하면, 투쟁이 빨리 끝났으면 좋겠구나 외에 다른 건 깊게 생각하고 싶지 않은 게 속마음이에요. 이기적이라고 생각할 수 있겠지만 저희는 애초에 큰 뜻이 있어서 한 것도 아니구요. 말은, 세상을 바꾸자 그러는데 저희가 본의 아니게 생각하지도 않았던 구호들 많이 하잖아요.

네, 편하고 솔직하게 말씀해 주세요.

물론 비정규직법이 모순이 있다, 안 좋다, 바꿨으면 좋겠다, 그런 생각은 있었지만. 진짜 세세하게, 그렇게 크게, 세상을 바꿔 가지고 정부를 어떻게 하고 그런 거창한 뜻은 애초에도 없었고 그런 생각까지는 안 해봤어요. 그냥 구호야 따라하지만. 모르겠어요. 깊이 생각해 보지 않았으니까요.

싸움이 길어질수록 더 힘드시겠죠.

암울해요, 우울해요. 그런 와중에도 서로 배신하지 못하고 있는 거죠. 배반하고 등지는 것 같아서 그렇게 못하고 있는 것 같아요. 기계적으로 냉정하게 생각하면 사실 이러고 있을 입장들이 다들 아니에요. 모르겠어요. 지도부 측에서는 뭔가 다른 의미에서 긍정적으로 생각하는 게 있을지 모르겠지만, 내가 봤을 때는 여건이 좋아진 부분은 없거든요. 대통령부터가 그렇고. 그래도 그냥 뭔지 모를 막연한 희망 같은 것, 기대감, 이렇게까지 했는데 끝나지 않을까? 그런 기대를 하고 있어요.

요즘은 어떻게 지내고 계세요?

요새 한 달 정도 집에 일이 있어서 못 나왔어요. 집에 환자가 있어서 돌봐야 했거든요. 다들 그렇겠지만, 어려워요. 어렵지만 나와서도 어렵다는 말을 못 해요. 어렵지 않은 사람이 없기 때문에. 나 힘들어서 못해 그렇게 말을 못 해요. 못 나오다가 그래도 큰일은 일단락돼서 다시 나왔죠. 나가지 말아야 겠다고 생각해 본 적은 없어요. 설 이후로 나와서 나름 열심히 하려고 하는데, 집에 가면 한숨만 나와요. 우울할 때는 다 그만두고 싶기도 해요. 진짜 순간의 생각으로 여기까지 오게 된 거지, 지금은 할 수 없이 이러지도 저러지도 못해서 나오는 게 사실이고요. 그만둘 수도 있을 것 같은데. 그게 또 쉽지도 않은 것 같아요. 사람 마음이라는 게, 안 나왔다가도 조합원들 꾸준히 나오는 것 보면 해야 되겠다, 힘을 보태야 되겠다, 그런 생각이 들어요. 그래서 참 힘들어요.

환자를 돌보셨어요?

집에서 그 일할 사람은 저밖에 없고, 이래저래 신경 쓰느라 원형 탈모도 생겼어요. 그것 자체만으로도 힘들어서 여기까지 신경 쓰는 게 벅차기도 했어요. 사실 차라리 투쟁하러 나오는 게 돌파구가 되는데. 근데 사람들의 눈초리라든지 그런 것도 힘들었죠. 처음엔 그런 거 저런 거 제 얘기를 하고 싶지 않았어요. 근데 길게 해야 할 거 같은 생각이 들면서는 대충 얘기를 했죠.

차라리 서로 물어보면 좋을 것 같아요. 그런데 그런 분위기가 안 되고 그냥 썡해요. 그런 얘기를 해야 할 때가 있는데, 하루 이틀 안 나오면 그만둔 줄 알 수도 있잖아요. 처음엔 말 안 하려고 했는데 다른 오해들이 생기겠다 싶어서 그걸 잠재우려고 말했죠. 언니들 안 볼 것도 아니니까요. 우리 분회는 서로 믿음이 있고 아는 사람들이니까 괜찮은데 특히 다른 분회에서 아는 체도 안 하고 그러면 별로 반응하고 싶지 않아요. 확인받고 싶지도 않았고요. 사실 그럴 마음도 없어요. 힘들기도 하고 (한숨) 불안하기도 하니까요. 사실 투쟁 너무너무 오고 싶었는데 집안일 때문에 못 왔다, 그렇게 얘기하고 싶지도 않아요. 그냥 흘러가는 대로, 그렇다고 해서 딱히 나쁜 것도 아니니까. 지금은 그래요.

가족들의 반응이 어떠세요?

이루 말을 못하죠. 가족들이야 뭐 자꾸……. 근데 솔직한 것도 좋은데 내가 너무 우울하게 하는 거 아니야? (웃음)

아니에요. 다들 그런 말씀을 하고 싶은데 못 하고 계신 거예요. (웃음)

그런데 '괜찮아', 그런 얘기는 도저히 안 나와요.

당연히 그런 마음이 있으시겠죠.

가족들은 저한테 세게 말을 못해서 그렇지, 한심하게 생각하는 부분도 있고. 아니면 뜻도 좋고 다 좋은데, 너 혼자 사는 거 아니다, 네 뜻이 뭔지는 모르겠다만 네 가정이나 먼저 평화롭게 만든 다음에 뭐라도 해야 하는 것 아니냐 그래요. 일단 아이들이 어리니까요. 지금도 집

월드컵분회 율동패 '신화'가 연대 공연하는 모습. 이들에게 율동이란 이제, 단순히 대중을 상대로 '뭔가 보여 줘야 하는' 몸짓보다는, 지속적인 '거듭남'과 소통을 자극하는 역동적 촉매에 더 가까워졌다.
ⓒ조혜원

에 애들끼리 있어요. 나오는 것 자체가 쉽지 않아요. 둘인데, 하나 학원 가면 하나는 혼자 있어야 하는데, 애들이 '혼자 있고 싶지 않아', 그렇게 얘기하면 정말 한심해요. 내가 왜 이러고 있나. 사실 아이들은 죄가 없잖아요. 남편은 저 땜에 고생스러울 게 딱히 없죠. 다 큰 사람이고 성인이고 그래 봐야 살림 소홀히 하는 거지. 그것보다 애들한테 너희가 커서 좋은 세상 만들기 위해 싸운다, 듣기 좋은 말로 그렇게 말하는데, 그렇게 얘기하기에는 아이들이 너무 어려요. 여섯 살 여덟 살 그런 시절은 다시 돌아오지 않거든요. 그때 엄마가 없다는 것이 나중에 커서도 애들한테 굉장히 미안한 부분이 될 것 같아요. 내가 이걸 안 했더라도 요즘 엄마들처럼 일거수일투족 다 쫓아다니며 다 해주는 스타

일은 아니지만, 그래도 엄마가 최소한의 관심은 가져야 하니까요. 아직까지는 애들이 잘 있어 주고, 엄마 말도 이해해 주는 것 같아요. 어쨌든 혼자 사는 게 아니니까. 아무리 옳은 일도, 우는 애 젖도 안 주고 할 수 있는 게 아니잖아요. 그런 기분이에요.

아이들을 데리고 집회에 나온 적도 있으신가요?

큰애가 아들이고 작은애가 딸인데, 작은애 데리고 가끔 나왔어요. 얼마 전에 월드컵점에서 집회할 때 공연 연습을 하고 있었어요. 제가 신화(월드컵분회 율동패)를 하고 있거든요. 그런 거 하면서 우울한 얘기하면 안 되는데.(웃음) 그때 새벽과 신화가 연합 공연을 했어요. 저는 그날은 공연하기가 어려웠는데 다른 동지들이 연습하는 걸 보고 애가 따라하더라고요. 그래서 같이 무대에 올라갔어요. 열심히 하던데요. 사람들이 무척 좋아하는 걸 보고 자기도 좋아했어요. 그래서 자기도 가끔 데리고 와 달래요. 아들한테는 둘은 못 데리고 다닌다, 엄마 너무 힘들다 그렇게 말해요. 우리 아들이 좀 착해요. 많이 포기했어요. 이해를 하더라고요.

노조에 가입할 때 어떤 생각을 하신 건가요?

처음에는 정말 순간적인 감정으로 들었어요. 제가 그 17개월 해고자에요. 희생타라고 해야 하나요. 3개월, 6개월, 12개월 계약이라고 알고 들어왔어요. 인사과에서 그렇게 교육했거든요. 그런데 비정규직보호법이 생기고 나서 3개월, 6개월, 8개월로 생전 듣도 보도 못한 그런 계약을 했어요. 제가 일을 못 했나, 그건 아니에요. 처음에는 수납 쪽에 있다가 3개월도 안 돼서 고객만족센터에 자리가 생겼어요. 이런 말하면 그렇지만, 계산대에서 나름 어느 정도 인정을 받아야 갈 수가 있어요. 그것도 오픈 멤버들이 굉장히 많은 상황에서, 당시 새내기인데도 불구하고 추천한 주임이 잘 봐서 간 경우거든요. 가서도 역시 처음엔 8개월 계약으로 끝날 수 있던 걸, 팀장님이 아쉬워해서 저를 구명하려고 굉장히 노력을 해줬어요. 그런데 저랑 비슷하게 입사한 사람들이 다 17개월 해고자가 된 거예요. 회사의 농간인 거죠. 그래도 노조에 가입할 생각은 없었어요. 전 뭐 그렇게 따지고 드는 그런 성격이 아니에요. 웬만하면 넘어가고 세 번 정도는 참고요. 그래, 그냥 고용보험 받고 집에 있으면 되지, 애들도 어리고, 그러자 했어요. 그런데 주변에서 이랜드에 대해 하는 얘기를 들으면서 마음이 바뀌었어요. 고객만족센터에 비정규직과 정규직이 절반씩 있었는데, 비정규직을 정규직 시켜 줘야 한다는 그런 얘길 들었어요. 그런데 회사가 그걸 피하려고 타 부서로 이동시키거나 타 점포로 전환 배치시킨다는 그런 소문도 듣고요. 뭐 저는 크게 억울한 마음은 없었어요. 일도 열심히 했고 자부심도 있었고 보람도 있었고. 아니, 보람은 별로 없었구나.(웃음) 하지만 위에 똥차들이 많았어요. 궂은일은 다 하고, 아랫사람들 가르치면서 일하는 사람들이었는데, 그런 사람들이 그렇게 된다는 건 너무나 억울하고 말이 안 되는 처사라고 생각했어요. 그래서 처음에는 조용히 그만두려고 했는데 어차피 그만두는 거면 힘을 실어 주자, 그런 생각이 들었어요. 그래서 바로 가입했어요. 순간의 감정으로 가입한 거예요. 그래서 여기까지 오게 된 건데. 근데 지금은 그때 욱하지 말걸 그랬나 그런 생각이 들어요. 그때 조금만 참을걸. 제가 잘 참는 반면에 욱하는 게 있어요. 현장에서도 구사대랑 충돌할 때 멀찌감치 있어야 되는데 앞에 있으면 하지 말아야 할 짓을 하고, 못할 말 안 할 짓 많이 하죠. 그걸 알기 때문에 옆에서 같이 활동하는 동지들이, 어디 갔어, 이 인간 어디 갔어, 욱하지 말랬지, 그래요.

그러게요. 저는 까르푸에 들어가면서 인생이 꼬인 것 같아요. 이건 여담인데, 같이 밥을 먹는데 그러더라고요. 까르푸에는 되는 년이 있고 안 되는 년이 있는데 넌 안 되는 년이라고. 예를 들어 하찮은 거지만 희한하게 주말에만 휴무가 잡히는 사람들이 있잖아요. 저는 한 번도 그런 적이 없어요. 같은 길을 가더라도 편하게 일하는 사람이 있고 궂은일을 많이 하는 사람이 있는데 말이죠.

이랜드로 넘어가면서 위로금이 있었어요. 저는 위로금을 2주일 차이로 못 받았어요. 17개월로 계약이 해지되면서도 다른 동지는 저보다 일주일 늦게 들어와서 추석 상품권이 나왔고 저는 또 안 나왔어요. 위로금은 늦게 들어와서 못 받았고 추석 상품권은 빨리 들어와서 못 받았고, 그런 식인 거죠.

지금 생각해 보면 굳이 내가 일을 꼭 했어야 했나 싶기도 해요. 한 살이라도 젊어서 자리 잡아 놓으면 괜찮겠다는 생각으로 일을 했거든요. 까르푸에 들어간 게 잘못된 것 같아요. 그다음에는 욱해서 노조 들어간 게 잘못됐다고 생각은 하죠. 물론 계속 그렇게 생각하는 건 아니구요. (웃음) 떳떳하긴 해요. 떳떳하긴 하지만 이제는 끝났으면 하는 바람이 크고요. 다른 사람들의 힘든 상황이 잘 안 들어온다고 할까요. 내가 어느 정도 여유가 있어야 남도 돌보게 되는데 사실 그런 생각이 없어졌어요. 내가 이랜드에서 계속 일을 할지 안 할지도 모르겠구요. 솔직히 일 안 할 거 같아요. 집안 여건도 그래요. 이사할지도 모르고요. 다니려고 해도 못 다니는 상황이예요. 근데 모르죠. 크게 승리를 하면 어떻게 될지. 저희 분회는 인원이 많은 게 장점이잖아요. 활동을 안 하는 사람들이 있기는 하지만 들어가게 되면 노조 인원이 적지 않으니까 일을 해야 하나 그런 생각도 들고. 기를 못 편다거나 그런 건 없을 것 같아요. 들어가서도 다른 조합원들이 기를 펼 수 있게 힘을 보태야 되나 그런 생각도 들기는 하는데요, 사실 그냥은 일하고 싶지 않아요.

싸움하는 동안 지도부한테 섭섭한 점은 없으셨어요?

지도부한테 섭섭한 건 없어요. 힘들 때 제가 나름 신화 활동도 하느라 그날 하루 일정이 빡세면 궁시렁궁시렁대긴 하지만 막상 지도부들 얼굴 보거나, 다음 일정도 짜야 하고 계획을 세워야 하는 입장을 생각해 보면, 사실 안 된 마음이 더 많죠. 그분들한테 불만은 없어요. 대부분 조합원들이 우리 위원장님 좋아할 거예요. 이남신 수석부위원장님이나 간부들 다 좋아할 거예요. 믿음이 있어요. 돈독하다고 생각해요.

연대 단위들을 보면서 부족한 부분들도 많이 보셨을 것 같은데요.

연대 오는 것 자체가 저희를 도와주는 건데 마음에 들고 안 들고가 어디 있겠어요. 도와주면 고맙고 안 오면 본전인 거지. 그런 생각은 있어요. 우리가 뭘 모르고 시작은 했는데 곧이곧대로 믿는 우리한테, 민주노총이라든지 여러 단체들에서 '뻥이 심했다' 그런 생각은 했어요. 책임지지 못할 말들이요. 우리가 순수하지 않고 그 세계를 잘 아는 사람들이라면 별문제가 안 돼요. 지금은 뭐 얘기하면 알아들을 줄도 알지만. 사실 초반에는 우리가 너무 몰랐고 순수했기 때문에 그런 말들을 그저 너무나 감사하고, 지나치게 고맙게 생각하고 그런 게 있었어요.

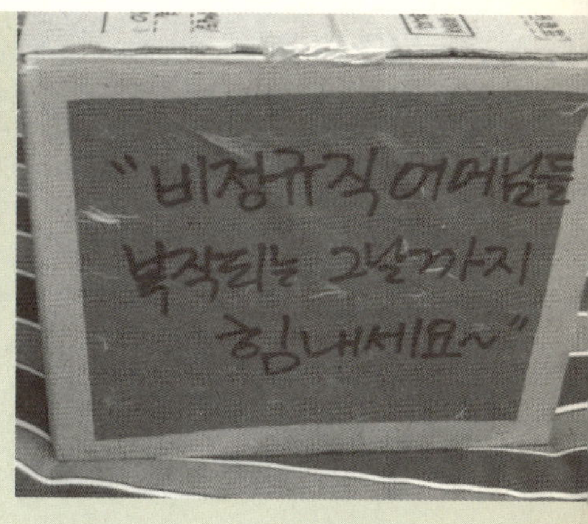

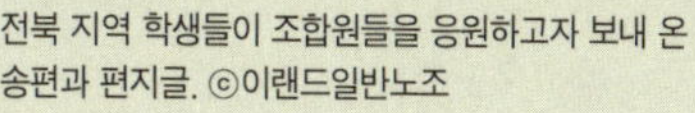
전북 지역 학생들이 조합원들을 응원하고자 보내 온
송편과 편지글. ⓒ이랜드일반노조

책임지지 못하는 말에는 유감이지만, 개인적으로 순수하게 연대하시
는 분들 많거든요. 그런 분들한테는 고맙죠.

**책임지지 못할 말을 하고 결국 지키지 못하는 상황들이 조합원들을 더 힘
빠지게 했을 것 같아요.**

얘기하시는 분들은 진심이었겠죠. 하지만 자기 의지만으로 얘기하는
사람도 있었겠지만 어떤 자리에서 책임을 가지고 얘기하는 분들도 많
았어요. 그렇다면 그동안의 경험을 토대로 예상되는 그런 게 있었을
텐데. 저희가 지나치게 기대하도록 만든 거예요. 사실은 언론 플레이
식으로 그렇게 했다는 생각이 들어요. 언론이 없으면 좀 소홀한 것 같
기도 하고요. 우리한테 너무나 확신을 줘 놓고서 뒷감당 안 하고 물러
나고, 그날그날 실망하게 만들고. 아예 고마운 마음만 있었더라면 좋
았을 텐데 사람이 그렇지가 않거든요. 기대를 갖게 한 다음 실망을 안

겨 주면 그 사람 잘못이라고 생각해요. 물론 개인적으로는 그런 마음이었겠죠. 민주노총이 몇 만 명인데, 그 사람들 중에서 십분의 일만 와도 될 것 같고. 본인은 그렇게 생각했는지 모르지만 실제로 그렇지 않다는 건 본인도 알잖아요. 우리는 잘 모르니까 진짜 그런 줄 알았죠. 1,000인 선봉대라고 했지만, 많이 오면 500명 오고. 그동안에 점점 줄어서 0하나 빼먹고 100명 오고. 물론 고마웠던 순간순간이 있어요. 그걸 다 뭐라고 하는 건 아니고요. 아시겠죠. 처음엔 순수했던 우리한테 너무 부풀려서 얘기했다, 그런 거예요.

신화를 만들고 활동하게 된 계기는 무엇인가요?

초반에, 점거하기 전에, 여의도에서 굉장히 큰 집회가 있었어요. 그날 우리도 율동패가 있었으면 좋겠다, 할 만한 사람이 누가 있을까 그런 얘기를 했어요. 그때는 우리가 사람이 굉장히 많아서 가볍게 생각했죠. 시작할 때는 8~10명 정도 됐는데, 처음에는 겁이 많이 났어요. 모르면 겁이 없기도 하지만 모르는데 앞에 혼자 나가는 건 용기가 있어야 하거든요. 그래서 한 번 무산됐어요. 나중에 면목점에 가서 새벽이 율동하는 걸 보고서는, 주변에서 하고 싶어 하는 사람들이 생긴 거예요. 금속노조 문화국장님이 많이 도와주셨죠. 그게 언제냐면, 점거하기로 결정하고 난 다음이에요. 그래서 어차피 점거를 했으니까 여기서 뭐하겠냐, 하루 종일 심심하니까 재롱떠는 정도로 배워 가면서 하자, 그렇게 생각한 거예요. 우린 어디 큰 데 가고 그러지는 말고, 점거하는 동안 그런 식으로 하자고 해서 만들었어요. 하다가 점점 줄어서 지금은 세 명이 남았어요. 선생님이 딱히 없었어요. 그때 연대하러 온 대학생들한테 좀 배우고, 오며 가며 배운 거죠. 새벽처럼 진지하게 해

야 하는데, 그러진 못했어요. 그래도 그렇게 하니까 더 많이 찾더라고
요. 못하는, 오히려 부족한 그런 걸 좋아한다고 할까, 조합원 냄새나는
거. 뭐 사실 잘하려고 해도 실력이 안 돼서. 지금쯤은 잘해야 되는데
지금도 그게 안 되네.(웃음) 이미 처음부터 우리는 〈내일의 노래〉처럼
부드럽고 발랄한 걸로 시작해서 각 잡는 거 잘 안 돼요. 움직이지 말라
는데 엉덩이 실룩실룩 대고. 그런 것도 많이 좋아해 주시더라고요. 힘
들었지만 뿌듯했죠. 왜냐면 그게 보통 일이 아니에요. 사람들 볼 때는
별것도 아니지만, 문선을 하는 것 자체가 힘들어요. 가뜩이나 새벽이
너무 잘하기 때문에, 우리는 대충대충 하는 것처럼 보일 거예요. 그거
배우려고 안 맞는 시간 맞춰서 연습했어요. 투쟁 시간 전후에 만나서
하다 보니까 체력적인 면에서 굉장히 힘들더라고요. 아침 일찍 만났
다가 선생님이 시간이 안 돼서 그냥 우리끼리 알짱알짱 대다 온 적도
있고, 나름 힘들었죠. 사람들이 봤을 때는 모르죠. 쟤네가 뭘 하고 다
니나. 어디서 공연해서 돈을 벌어 오기도 하지만, 다 돈을 주는 것도
아니잖아요. 우리보다 더 어려운 데도 많은데 그런 데 가서 돈 받아 오
기도 어렵거든요.

노조를 탈퇴하거나 현장으로 들어가신 분들 보시면 어떠세요?

사실 이해는 하죠, 하는데…… 서운하고 그런 거죠. 사실 다 어려운 사
람들이잖아요. 우리가 취미 생활로 한 건 아니거든요. 저부터도 어려
운데요, 백지장 한 장 차이잖아요. 그걸 뭐라고 못하겠어요. 이해하면
안 돼, 이해하면 안 돼, 하면서도 전 사실 이해가 돼요. 힘들 때면 저도
농담이든 진담이든 그만두고 싶어…… 아니, 그런 건 아니고. 그냥 그
래요. 하여튼 도움이 되고 싶기는 한데, 막연하게 그만했으면 좋겠다

는 생각이 드는 거죠. 이해는 돼요. 정말 힘에 부쳐요. 힘들어요. 그냥 평화롭게 살았으면 좋겠어요. 그냥 다른 사람들처럼. 애들한테 유난히 잘하겠다, 그런 게 아니라. 그냥 평범하게. 회사 다닐 거면 회사 다니는 대로, 그렇게. 이런 특이한 생활 말고요.

매장에서 일할 때 친하게 지낸 분들과 지금도 같이 투쟁하고 계신가요?

저희 고객만족센터에서 일했던 여섯 명이 다 열심히 하고 있어요. 김현주, 유영자, 황선영, 오주영, 송영숙. 직대(직무대행)가 황선영 씨다 보니까, 뭐가 필요하다거나 궂은일 있으면 만만하니까 우리를 시켜요. 친분이 있어서 좋은 게 아니에요. 다른 조합원들을 시키면 왜 그걸 나한테 시키냐고 그러니까요. 근데 남들은 오해를 해요. 뭐 편의라도 봐주는 줄 아는데 그런 게 아니에요. 자기가 뭘 잊어버리고 있다가 생각나면, 갑자기 누굴 나오라고 하겠어요. 만만한 사람 시키는 거죠. 그런 식이에요. 뭐 여섯 명이 같이 다니지는 않지만 나름대로 각자 열심히 하죠. 김현주, 유영자, 송영숙은 재정팀 활동하고, 저랑 오주영은 신화 활동 하고요.

투쟁하는 동안 가장 기억에 남고 좋았던 일은 무엇이었나요.

월드컵 매장 점거했던 거요. 날도 따뜻하니, 그때 생각하면 진짜로 따사로운 봄날 같아요. 앞으로 무슨 일이 닥칠지 모르는데, 다들 아무 생각이 없으니까, 같이한다는 게 좋았죠. 뭘 몰라서 우울한 것도 있었지만. 지금보다는 분위기가 좋았죠. 서로서로 아끼는 마음도 많았고요. 그때 생각하면 기억이 좋아요. 여기 딱 좋아요. 넓은 데 널브러져 자면 되고, 화장실 가면 되지, 끼니때마다 밥 줘서 살 뒤룩뒤룩 쪄, 주변에

아무개 조합원이 불러
제끼는 구성진 가락에
박수를 치며 호응하는
주위의 노조원들
ⓒ민중의소리

산책하러 나가고, 자전거 왔다 갔다 하면서, 너무너무 좋았죠. 공권력이 투입되기 전까지요. 공권력이 투입되면서 매장 앞에서 개네들 지키고 있을 때부터 안 좋아졌지요.

매장 멈출 때는 어떠셨어요?

처음에 박수치면서 매장에 들어갔을 때 고개를 못 들었어요. 당당하라고 하는데 솔직히 당당할 수가 없었어요. 막 웃음도 나오면서. 아, 이래도 되나 그런 생각도 들고. 서로 앞에 안 서려고 움츠리고 그랬어요. 여기저기서 사진을 찍는 것 같으니까요. 근데 하루 되고 이틀 되고 그러니까 구호하고 그런 거는 편해졌어요. 그런데 우리가 굉장히 진도가 빠르게 나갔잖아요. 계산대 안으로 들어가라고 하고. 무서워하면서도 스릴이 있었어요. 그때만 해도 연대가 상당히 많았죠. 연대뿐 아니라 우리 조합원도 굉장히 많았어요. 뉴코아 한 번 뜨면 아주 든든

이랜드그룹이 추구하는 '영리'라는 섭리와 참여정부의 기업 친화적 경제 기조는 공교롭게도, 노동자들의 게토화로 수렴하는 모습을 보인다. 이 게토들은 당장 고립된 웅덩이마냥 흩어져 있는 양상을 띨 텐데, 그 수가 많고 깊어질수록 이를 질서 있게 통제·관리할 치안의 강도는 더더욱 높아질 수밖에 없다. 이른바 '경찰국가'의 탄생이다. ⓒ레디앙 이창우

했죠. 계산대를 한번 점거해 보니까 신기하죠. 득달같이 싸우고. 그때만 해도 우리는 회사에서 항상 위축이 되어 있어서, 뭐라고 그러면 겁내면서 들어가고 그랬는데, 점거하니까 재미도 있고 스릴도 있고 기분이 묘했죠. 세상이 안 돌아갈 것 같고, 놀랍고 신기하고. 그렇게 처음에 다 해서 할 게 없는 것 같아요. 그렇게 하면 끝날 줄 알았더니만……

그렇게 조금은 갑작스럽게 투쟁이 상승하다가 꺾였다고 생각이 들던 때가 언제인가요?

털리면서 그랬죠. 특히 마지막 3차 점거 끝내면서 그랬어요. 1차 점거

경찰에 연행되는 월드컵분회 김경미 조합원을 연대 성원들이 성원하고 있다. 앞 좌석에 앉아 있는 사람이 이경옥 부위원장. ⓒ오마이뉴스 최윤석

들어갔을 때는 위원장님이 잡혀가서 슬프긴 했지만 또 하면 될 것 같았어요. 우리가 공권력에 무기력하구나 하는 마음 때문에 힘들긴 했지만요. 매번 점거 때마다 그랬지만 3차 점거했을 때 3~4시간 만에 털리니까, 그때 점거라는 방법은 안 되겠구나 생각했어요.

지금 가장 어려운 점은 무엇인가요?

남편이 돈을 벌고 있긴 하지만 생활이 굉장히 힘들어요. 제가 5월에 이사를 했어요. 사정이 있어서 빚을 져서 이사를 했는데 이자를 갚아야 하잖아요. 내가 여기에서 80~100만 원 번다고 치고 그걸로 이자를 갚자 그렇게 생각을 했어요. 그리고 나머지는 신랑 버는 걸로 생활하자, 아끼면 살 수는 있겠다 싶어서 그렇게 했죠. 5월에 이사했는데 6월에 파업 들어갔잖아요. 그래서 사실 지금 차압당할 위기에요. 카드 빚도 그렇고 여기저기 빚더미에 쌓여 있죠. 지금 만땅이에요. 몇 달 월급 없던 여파가 굉장히 크더라고요. 없는 사람한테는 그렇죠. 계속 돌려서 갚아야 되고. 눈덩이처럼 불었어요. 근데 아무 대책이 없어요. 사실 저는 오라는 데도 있어요. 굉장히 안정적이고 편한 데 있어요. 근데 못 가고 있어요. 해피콜이요. 콜센터. 다른 텔레마케터처럼 뭘 파는 게 아니고 순수 해피콜이기 때문에 편하죠. 따뜻하고 건물 좋은 데 앉아서 토요일 일요일 다 쉬어 가면서 하는 일이기 때문에 너무 좋죠. 애들이랑 주말도 보낼 수 있고. 그런데도 굉장히 괴로웠어요. 참 내가 배부른 건가. 거기를 등지고 내가 이걸 해야 하나. 앞으로 거기 자리가 나면 또 연락이 올 텐데, 그러면 사실 갈등이 될 것 같아요. 그런데 모르겠어요. 여기를 보면…… 너무 힘들어요. 내가 언제까지 버틸지 모르겠어요.

힘들고 어려운 상황에서도 남아서 투쟁하고 있는 이유가 있을 것 같은데요.

조합원들 때문에 그래요. 같이 했던 그 사람들을 배반할 수가 없는 거예요. 등질 수가 없는 거죠. 그 사람들이 구사대한테 맞았다고 하면, 그럴 때 내가 있을 걸 이런 생각이 나도 모르게 들어요. 뭐 내가 힘든데 왜 그런 생각이 드나. 하지만 그런 생각이 먼저 드는 게 사실이에요. 희한하죠. 손을 못 놓는 거예요. 이성적으로 생각해 보면 여기 있을 이유가 없어요. 그러나 몸이 못 빠져나오는 거예요. 문자 날아오잖아요. '오늘 투쟁 중요합니다. 최대한 와 주십시오.' 오늘처럼, 어머 세상에, 자리가 많이 비었네. 안 나왔으면 많이 비었겠다. 그렇게 걱정하고.

투쟁하면서 배웠다고 생각되는 지점에 대해 말씀 좀 해주세요.

세상이 불만족스럽다, 불평등하다 그런 거요. 우리 목소리가 이렇게 작다거나 상식이 통하지 않는 사회가 맞구나. 예전에 시사 프로를 봤을 때는 사회 어두운 면이 나오면 말도 안 돼, 어떻게 저런 일이 있을 수가 있나 생각했어요. 사실 관심도 없었고요. 그런데 지금은 그렇지, 말이 되지, 저것들이 그런 얘기 들어줬겠어? 그런 생각이 들어요. 아무리 목소리를 내 봐도, 아무 영양가 없는 전경한테만 들리지. 정말 들었으면 하는 정부나 경찰청이나 노동부에는 안 들어가거든요. 들어도 그 사람들이 무시할 테지만. 그런 걸 느낄 때 정말 마음이 아파요. 아무것도 아닌 존재구나, 이 나라에서. 얘네가 원하는 대로 움직이지 않으면 아무것도 아니구나.

마지막으로 싸움을 지켜보고 있는 사람들한테 하고 싶은 말씀을 해주세요.

같이 하라는 얘기는 감히 안 해요. 저도 옛날에 그랬어요. 차도를 막고 여러 사람한테 불편을 끼치고 투쟁을 하는 게 불편하고 짜증도 나겠지만. 저 사람들이 왜 저럴까. 저럴 만한 이유가 있지 않을까, 오죽하면 저럴까 한 번쯤은 생각해 주면 좋겠어요. 그 정도? 우리 입장이 되어 달라고는 절대 안 해요. 입장은 누구나 다르니까요. 하지만 저희는 너무 억울해요. 흔히 생각하듯이 우리만 잘살겠다고 그런 것도 아닌데. 월급 많이 달라고 싸우는 것 아니잖아요.
여러 사람한테 우리가 빛이 되고 희망이 되었다, 그런 말 들으면요, 지금은 그럼 우린 뭐야, 다른 사람들한테 빛이고 희망이고, 우리는 왜 이렇게 구렁텅이에 들어간 기분인 건데. 우리는 뭐야, 남만 다 빛내 주고 우리는 왜 이래, 그런 생각이 들어요.

그때 처음으로 엄마를 이해하게 됐어요

● 이건중(황선영 조합원 아들, 18)　● 인터뷰 : 김은경

처음엔 도와줄 요량으로 선뜻 작업에 참여하기로 했다가 첫 편집회의를 하고 나서, 나는 작업에서 빠지기로 했다. 이랜드 싸움과 좀체 멀리 있던 내가 그들의 말을 담아내는 건 좀 무리라는 생각이었고, 인터넷상에 보도되는 그들의 싸움을 클릭해 읽고선 쉽게 창을 닫는 내 무심함에도 낯이 뜨거웠기 때문이다. 며칠 지나 인터뷰어가 부족하다는 연락을 받고 그것도 배부른 고민임을 알고, 덥석 참여한다고 해 버렸다. 그렇게 해서 찾아간 황선영 씨의 집, 악덕 자본과 용감히 싸우던 모습 너머 한없이 무거운 일상들이 기다리고 있을 줄 미처 몰랐다.

큰 아들 건중이는 앳된 얼굴과는 달리 인터뷰 내내 담담한 모습이었다. 실직한 아버지를 대신해 가족의 생계를 책임져 왔던 어머니가 파업을 하고서부터 근근이 버텨 오던 생활이 극단으로 치닫기도 했다. 아픈 몸으로도 기어이 집회 현장으로 나서는 어머니를 지켜보는 것도, 늦은 귀갓길이 위험할까 싶어 새벽 마중을 나가는 것도, 학교운영회비 납부가 달을 넘기는 것도, 그 모든 게 이젠 일상의 한 부분이 되어 버린 듯했다. 그간의 심경을 물어보자, 힘들었다는 말 대신 자기는 성격이 좋아서 웬만한 것들은 다 참을 수 있다고 넌지시 웃어넘겼다. 하지만 어머니가 왜 지금 이 싸움을 계속하고 있는지에 대해서는 제법 강한 목소리로 또박또박 힘이 실렸다. 어머니가 '지난여름'을 어떻게 통과해 왔는지 이해한다는 듯, 아이는 그렇게 집안에서 제 할 일이 무엇인지를 찾아가면서 말없이 이 싸움에 동참하고 있었다.

나는 잠깐 동안 그들의 일상을 방문하면서 최소한의 생활조차 정지되어 가는 불안들 속에 이 싸움이 지속될 수 있다는 게 믿겨지지 않았다. 회사 측의 회유가 있을 때, "나 혼자 들어가려고 했으면 시작도 안 했다"는 황선영 씨의 말이 떠오르기도 했지만, 생활의 벼랑들이 곳곳에 도사린 채 300여 일을 함께 채워 가고 있었다고 생각하니, 더 이상 그 말이 당차게만은 들리지 않는다. 다른 조합원들은 또 어떤 일상들을 그렇게 버텨 내고 있을지 이제 그 안부를 물어보기가 두려워졌다.

고등학교 1학년이에요. 겨울 방학이 지나면 2학년이 돼요.

어머니가 밖에 나가서 일하시게 된 계기가?

제가 초등학교 때는 엄마가 계속 집안일만 하셨어요. 제가 중학생이 되고, 동생도 자꾸 크니까……. 그때는 또 아빠가 경제적으로 어려움을 겪으실 때라서……. 그때부터 밖에 나가서 일을 하시게 됐어요. 처음엔 까르푸에서 일하시다가 회사가 이랜드로 바뀌어서 지금 상황까지 온 거구요.

어머니가 일하시면서부터 집안 분위기가 좀 달라졌을 것 같은데, 어떤 변화가 있었는지?

엄마가 집에만 계셨을 때는 빨래가 밀린 적이 없고, 집이 더러운 적이 없었는데, 이제는 집에 오면 밥이 없고(웃음), 청소가 안 돼 있고, 시장을 안 보고, 그런 것들이 달라졌어요.(웃음) 엄마가 허리 아픈 게 심해지면서 청소나 설거지, 빨래하는 걸 힘들어 하셨어요. 허리를 못 구부리시니까. 제가 집안일 좀 해야겠다는 생각이 들어서 요즘에는 설거지는 좀 하고 있고, 청소랑 밥도 하려고 노력해요. 동생하고도 같이하려고 하는데, 가끔씩 청소하다가 다투기도 해요.

아버지가 경제적으로 좀 어려움을 겪었다고 했는데, 어떤 일을 하셨어요?

예전에는 외국 가전제품을 수입해서 파는 회사를 다니셨는데, 그만두고 나서 개인 사업을 하겠다고 하다가 그게 잘 안돼서 2년인가 3년인가 그 정도 쉬셨어요. 얼마 전에 다시 직장을 구하셨어요.

그간 생활이 힘들었겠네요.

네. 근데 제가 생활하는 데는 불편함이 없어서 잘 모르고 있었어요. 엄마가 그렇게 일하시다가 몸이 많이 안 좋아지면서부터 집이 힘들다는 사실을 좀 알게 됐죠. 그때가 중3때…….

그동안은 생활비는 어떻게?

(2~3년 정도) 엄마가 벌어 오는 걸로 생활했어요.

생활비로도 적은 월급이었을 텐데…….

80만 원에서 한 90만 원 정도요.

빠듯했겠네요……. 학생인데 학원도 다녀야 하잖아요.

네, 학원은 종합반으로 한 군데 다니는데, 얼마 전에 학원비가 10달 정도 밀린 걸 알았어요(좀 많이 밀렸다는 생각이 들었는지 머쓱한 듯 고개를 비스듬히 기울이며 웃어 버렸다).

학원비가 얼마에요?

한 달에 35만 원이에요.

아버지는 그간 어떻게 지내신 거예요?

일자리를 구하러 나가시는 것 같기도 하고, 집에 계실 때도 있었어요. (말끝을 흐리면서) 아빠랑은 대화를 잘 안 하는 편이라서…….

원래 대화가 없는 편이에요?

아니요, 어렸을 때는 아빠랑 피씨방도 같이 가고……. 친구들이랑 같이 가면 아빠가 보호자 역할을 해주기도 했어요. 아빠도 게임을 좋아했거든요(웃음). 제가 어렸을 때 단둘이 여행도 갔었어요.

그때 얘기 좀 해줄래요?

(웃으며)기억나는 게 딱 한 장면밖에 없어요. 어디였는지는 모르겠는데 아빠랑 어느 바닷가에 갔어요. 해변을 걷다가 그냥 바닷가에 있는 아무 돌이나 주워다가 그 돌판에서 고기 구워 먹었던 거? (환하게 웃으면서 그때가 아빠와 가장 친했던 시기로 기억하는 듯했다) 동생은 어려서 안 데리고 갔어요.

아버지와 친했는데, 지금처럼 대화가 줄어든 어떤 이유라도 있나요?

중학생이 되면서 저는 학원 다니느라 바쁘고, 아빠는 아빠대로 힘들었고……. (실직 기간) 중간에 한번 지방에 몇 개월 동안 내려가서 일하기도 했어요. 서울이랑 지방을 왔다 갔다 하긴 했지만……. 서로 거의 본 적이 없었어요. 내가 아빠한테 다가가지 않은 것 같애요. (부모님들의 고민에 대해) 알려고 안 했어요. 엄마는 나가서 일하는데 아빠는 일을 못하니까……. 서로 막 싸우는 거 보니까 집에 있기 싫어서 나가 놀고, 그때는 집에 있는 것보다 친구들하고 같이 노는 게 더 좋았던 것 같아요.

그때 아버지를 지켜보면서…… 어떤 마음이 들었는지?

(아빠가) 좀 힘들겠다. 잘 다니던 회사를 왜 그만두고, 일을 새로 시작했나…… 그런 생각?

> 서로 거의 본 적이 없었어요. 내가 아빠한테 다가가지 않은 것 같애요. (부모님들의 고민에 대해) 알려고 안 했어요.

아버지가 집안일을 좀 하시는 편인가요?

아빠가 집안일을 도와주지는 않았어요. 엄마가 집안일도 하고 밖에서도 일을 하다 보니까 하루가 좀 빡빡했어요. 중학교 2학년 땐가 3학년 땐가 까르푸에서 일하다가 갑자기 쓰러지셔서 병원에 실려 갔어요. 그때부터 허리가 아프기 시작했는데, 일을 그만둘 수도 없고, 병원에 계속 다닐 수 있는 상황도 아니었어요. 그냥 내버려 두고 돈 벌러 다니셔서 지금은 더 크게 안 좋아져, 허리디스크로 고생하고 계세요. 8시간 동안 계속 서 있는 일을 하시다 보니까…….

엄마가 일하는 곳에 가 본 적은 있어요?

한 번도 없어요.

엄마가 투쟁하고 있다는 사실을 처음 어떻게 알게 된 거예요?

처음에는 엄마가 하는 일이 비정규직이라는 것? 그냥 그 정도만 알았는데, 엄마가 일을 안 나가고 어디(투쟁 현장)를 자꾸 간다는 거예요. 작년 5월인가 6월이었는데, 그때 처음으로 엄마가 투쟁한다는 걸 알게 됐어요. 담임선생님이 엄마가 어떤 일을 하고 계신지 알고 있어서 잠깐 그런 얘기를 몇 번 했어요. 또 엄마가 아프셨는데 선생님이 그걸 아시고 저를 불러서 물어보기도 하셨어요. 이랜드 문제가 커졌을 때, 선생님이 마지막 8교시에 반 아이들한테 이랜드가 어떤 기업이고, 비정규직 문제가 뭐가 잘못됐는지 얘기해 줘서 애들이 제대로 인식하게 됐어요. 그때 제가 이랜드 문제에 대해서 좀 알고 있으니까 엄마가 놀라면서 "그걸 어떻게 알았냐"고 하길래 "텔레비전에서도 보고, 학교 선생님한테도 들어서 알게 됐다"고 했어요. 나중에 알게 됐는데 엄마

220

도 밖에서 파업을 하고 있으면서도 집에 그 얘기를 어떻게 해야될지 몰라서 얘기를 못 했었다고 하더라고요. 어떻게 해서 파업을 하게 됐는지, 또 왜 이 일을 계속해야 하는지, 무슨 말부터 시작해야 할지 많이 막막했다고…….

아버지는 밖에서 어머니가 투쟁하는 건 알고 있어요?

아빠는 엄마가 왜 밖에 나가서 늦게 들어오시는지, 또 피켓들고 집회에 참여하는 것도 잘 모르시는 것 같아요. 엄마가 매일 늦게 들어오면은 저 보고 "엄마가 어디 가길래 설거지도 안 하고 밥도 안 하고 다니냐"고 해서 그냥 "일하러 간다"고만 얘기했어요. (고개를 갸웃거리며) 아빠는 엄마가 왜 나가는지를 거의 모르시는 것 같아요.

어머니가 파업했다는 사실을 알고 어떤 기분이었어요?

처음에는 왜 엄마는 나가서 힘든 파업을 할까……. 그런 생각도 잠시 했어요. 그리고 처음에 엄마가 완전히 돈을 못 버시는 줄은 몰랐어요. 엄마가 투쟁을 하면서 돈을 벌고 있는 게 아니고, 돈을 벌려고 지금 그 일(투쟁)을 하고 계시는구나, 그래서 지금 상황이 그렇게 됐구나 라는 것을 알게 됐어요. (제법 강한 어조를 띠며) 제가 알기로는 엄마는 밖에 나가서 지금의 활동(투쟁)을 안 해도 계속 매장에서 일할 수 있던 것으로 알고 있어요. 회사에서 정규직으로 바꿔 준다고 했는데, 엄마 옆에서 일하는 동료직원 분들이 얼마 안 있어서 해고되고, 또 18개월이 지나면 정규직으로 전환해 주는 게 법에 그렇게 되어 있는데, 이랜드가 17개월만 계약해 주는 식으로 악용하고 있다고 했어요. "엄마 옆에서 일하는 사람들이 이렇게 부당한 대우를 당하는데 어떻게 혼자서 일할

가족 촛불 문화제가 열리던 날, 경찰은 이중삼중으로 출입구를 막았다. 시간이 다가올수록 그렇게 보고 싶던 얼굴들이 하나둘씩 나타났다. 유리창을 사이에 두고 농성장 안과 밖에 있는 사람들은 마이크를 통해 이야기를 나눴다. ⓒ민중언론 참세상 김용욱

수 있겠냐'라고 했는데…… 그때 처음으로 엄마를 이해하게 된 거예요.

어머니와 직접 얘기를 나누고 나서 어땠어요?

멋있다……. 그때 전기가 끊겨서 불편하기도 했지만, 그냥 그게 이해가 됐어요. (차분한 어조로 천천히 고개를 끄덕이며 말했다) 그 뒤로 대화를 많이 하게 됐어요. 알아주는 사람이 저밖에 없으니까……. 저한테 말도 자주 걸고 그러세요. 동생도 뉴스 볼 때 정치에 대해서 궁금한 게 있으면 엄마한테 물어보기도 하고. 한 번은 같이 텔레비전을 보는데 엄마랑 같이 일하시는 분들이 홈에버 매장 안에 들어가서 계산대 앞에 막 누워서 자리 잡고, 매장을 점거하는 장면이 뉴스에서 나왔어요, 주변은 경찰들에 둘러싸여 있고. 저는 엄마가 거기 있는 줄도 몰랐는

222

데, "엄마도 저기 있었어"라고 해서 놀랐어요. 우리 엄마한테 저런 면이 있었나 할 정도로. 내가 "엄마 많이 과감해졌다"고……. 요즘은 사랑의 교회에 가서 밤새서 투쟁하는데, 그렇게 뭔가 뜻을 가지고 활동하시는 거 보고 우리 엄마도 집안일, 회사 일 말고도 잘할 수 있는 게 있구나…….

6~7개월 동안 어머니는 밖에서 투쟁 중이셨고, 아버지는 실직 상태였는데 어떻게 생활한 거예요? 전기까지 끊겼다고 했는데…….

네, 한 번 크게 힘들었던 적이 있었어요. 어느 날 동생이 집에 불이 안 켜진다고 해서 와 보니까 전기가 끊겼더라구요, 돈을 안내서. 가스도 끊겼고요. 제가 성격이 좋아서 다른 건 다 참을 수 있는데(웃음), 전기가 끊기니까 아무것도 할 수가 없어서 답답한 생각이 들었어요. 텔레비전도 안 나오고, 컴퓨터도 안 되니까…….

그때 어떤 마음으로 생활을 한 거예요?

(담담한 말투로) 못 먹어도 세끼만 제대로 먹으면 된다, 지금 힘든 것보다는 나중에 좋았을 때를 생각하는 편이라서……. 그땐 힘들어서 다시 전기가 들어오면 기쁘겠다, 또 이제는 아껴서 써야겠다, 그런 생각으로 지냈던 것 같아요.

몇 달치가 밀렸어요?

잘은 모르겠는데 그 비용을 내느라 엄마가 고생을 좀 하신 것으로 알고 있어요.(웃음)

그럼 얼마 동안 그렇게 생활했어요?

좀 많이 힘들어서 그 시간이 길게 느껴진 것일 수도 있는데, 2주 정도 그렇게 살았어요. 학교 끝나고 집에 와서 밤 되면 양초 켜 놓고 전기가 안 되니까, 할 게 없어서 핸드폰 불빛으로 책도 좀 읽었어요. 나름대로 분위기가 좋았어요(황선영 씨는 그동안 힘들다는 내색 한번 하지 않던 건중이가 처음으로 "이런 날은 집에 일찍 들어오면 안 돼?"라는 문자를 보내왔다고 했다. 당시 집회 현장에 있으면서 어둠 속에 있을 아이들을 챙겨 주지 못해서 참 미안했다고도 한다. 다음날 아침, 집에 와보니 거실 바닥에는 촛불에 의지하며 밤을 보냈을 아이들의 발자국을 따라 촛농 자국이 뚝뚝 떨어져 있었다고 했다).

그때는 엄마도 집을 많이 비우셨을 텐데 밥은 어떻게 먹었어요?

전기밥솥에 밥이 없어서, 동생과 자장면을 시켜 먹기도 하고, 그러다가 자고, 바로 학원가고, 왔다가 자고 아침에 학교 가는……. 그렇게 생활했던 것 같아요.

아버지의 실직이 오래되었고, 어머니의 투쟁은 지금도 진행 중인데, 개인적으로 힘들었던 점이 있다면.

전기 끊긴 것 외에는, (웃음) 그냥 학교에 내는 급식비, 현장 학습비, 학교운영회비 이런 게 막 밀렸을 때? 근데 엄마가 아는 분들한테 돈을 빌려서 내고, 한동안은 그렇게……. 납부 기한이 한 네 번째 정도 됐을 때 내고 그랬어요.

파업 농성 중에 돈도 빌리러 다니신 거예요?

네. 용돈도 엄마가 다 챙겨 줬어요. 저는 막 필요 없다고 해도 "그래도 이런 것 다 들고 다녀야 된다"고 하면서 쓰라고 주셨어요. 내가 그런 거 때문에 힘들어하는 걸 아예 안 느끼게 해주려고……

아까 아버지가 새로 직장을 구하셨다고 했는데, 요즘 회사 생활은 어때 보이세요?

거의 처음부터 다시 시작하는 마음으로 다니는 것 같아요. (이 부분에서 목소리가 조금 커지면서) 아빠 말로는 시험 봐서 1등으로 들어갔다고, 나이는 제일 많은데, 직급은 제일 낮아요(웃음). 예전엔 아빠가 없거나 아니면 만날 집에 있거나 그랬는데, 요즘에는 다른 집처럼 아빠가 출퇴근하시는 거 보니까…… 사는 것 같아요. 여전히 엄마는 힘드시지만……

또래 친구들과 이랜드 투쟁에 대해 얘기해 본 적은 있어요?

아는 게 별로 없어서 얘기하거나 그러지는 못했어요. 친구들하고는 집 얘기를 잘 안 하기 때문에 그런 건 잘 몰라요. 엄마가 예전에 까르푸에서 일했다는 정도만 알고 있고 특별히 얘기한 적이 없어서…… 담임선생님만 알고 계세요.

이랜드 투쟁은 언론에도 많이 보도되었는데, 그 때문에 힘들었던 점은?

언론에서 보도하는 것 때문에 힘들거나 그러지는 않았어요. 저는 그냥 학교 다니고 제 할 일을 하니까……

지금 투쟁이 장기화되고 있어서 모두가 힘든 상황인데, 그런 엄마를 지켜보면서 어떤 생각이 들어요?

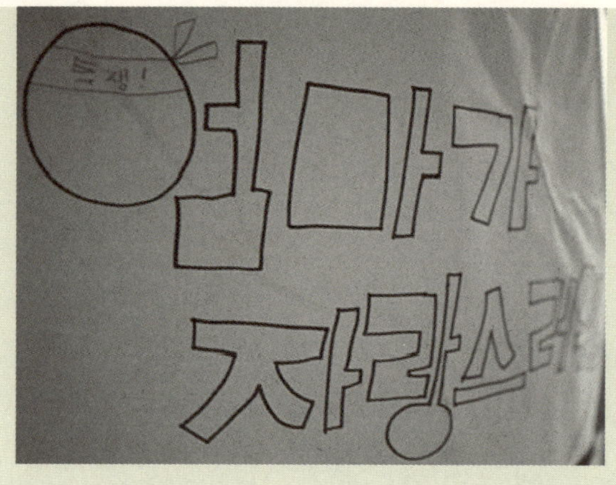

엄마를 자랑스러워하
기엔 건중이가 맞닥뜨
려야 할 현실은 어이없
을 만큼 삭막하고 후지
지만, 그 마음 한쪽의
설핏한 빛이 사람의 틈
새를 메우기도 한다.
ⓒ프레시안

열심히 한 만큼 좋게 마무리돼야 할 것 같다는 생각이 들어요. (투쟁을)
그만 하기보다는 좀 더 열심히 했으면 좋겠어요.

**근데 어머니 건강이 안 좋아서 실제로 집회에 계속 나갈 수 있는 상황은
아닐텐데요.**

(천천히 고개를 끄덕이면서) 네……. 한편으로는 작년 겨울방학하기 전에
엄마가 아파서 입원을 했다가 다 낫지 않은 상태에서 퇴원했는데, 아
프면서도 거기 일(투쟁 현장)은 잘 되고 있나 걱정하고. 입원했을 때 엄
마 친구들이 안 오고, 같이 일하던 동료 분들이 오는 거 보면 그동안
일하느라 바빠서 친구랑도 거의 못 만나고……. 투쟁 현장에 나가는
걸 볼 때면 몸도 안 돌보면서까지 그 일을 해야 할까, 그런 생각도 했
었는데, 자신이 힘든데도 열심히 하는 걸 보면 그렇게 포기할 것 같지

226

않게 느껴져요. 몸 좀 다 낫고 활동을 했으면 좋겠다는 생각도 들어요. 여자들이 하기 힘든 것도 많고, 건강할 때 하면 더 좋을 텐데. 지금 상황이 어렵다 보니까……

잘 모르는 사람들이 이랜드 투쟁에 함께해 주고, 또 동참해 주는 것을 보고 어떤 생각이 들었어요?

처음에는 정당한 일을 해도 별로 알아주는 사람이 없다고 생각했는데, 이랜드노조에 관심을 가지고 다큐멘터리로 제작을 하는 분들을 보고 '아, 희망이 있구나, 잘 될 수 있다는 생각이 들었어요. 그리고 정당한 권리를 찾는 데 도움을 주는 사람들이 많이 있다는 것도요.

앞으로 어떤 일을 하고 싶어요?

선생님이요. 처음에는 평생직장이라서 막연히 해야겠다고 생각했는데, (얼굴에 환한 웃음이 스미면서) 이번에 저희 담임선생님을 보면서 선생님이 되고 싶은 진짜 이유를 알게 됐어요. 사회가 지금 안 좋잖아요. 그래서 좋은 사람들을 키워 내서 사회를 좋게 만들어야겠다는 생각을 하게 됐어요. 우리나라 엘리트들이 자기네들 권위를 유지하려고 하고, 또 그런 기득권이라는 게 역사적으로도 계속 있어 왔기 때문에 없어질 수는 없는 것 같아요. 자기한테 이득이 있는데 그걸 포기하라고 하면 그렇게 할 사람이 별로 없을 것 같고요. 선생님이 돼서 밑에 있는 사람들을 생각하고 잘 보살피면서 더불어 살아야 한다고 학생들한테 가르치고 싶어요.

담임선생님이 평소에 어떻게 지도해 주시는데요?

다른 반 선생님은 그렇지 않은데, 저희 선생님은 학생 한 명 한 명을 잘 챙겨 주세요. 저희 엄마가 아프실 때도 직접 저를 불러서 자세히 물어봐 주시고, 이번 이랜드 문제에 대해서도 관심을 가져 주시고요. 반 친구들을 불러서 아이들의 고민을 세심하게 챙겨 주시는 분이세요.

학생들 사이에서 선생님 인기가 대단하시겠네요?

네, 선생님이 대통령 선거와 관련해서 얘기를 하신 적이 있었는데, 누가누가 대통령이 되면 공부 잘하는 사람은 성공하고, 공부 못하는 사람은 성공 못한다고 얘기하시면서, 대학교와 고등학교를 평준화시켜서 학생들이 수능 스트레스 없이 외국 선진국처럼 미래가 보장돼서 학생다운 삶을 살아갈 수 있을 것이라고 얘기하셨어요. 아이들이 선생님 얘기 듣고 "선생님이 국회로 나가요! 우리가 뽑아 줄게요"라고 막 얘기했는데, 선생님이 하시는 말씀이 "권력의 맛을 보면 계속 거기에 빠져들게 되어 그건 못하겠고(웃음), 나는 그런 사회를 만들 수 있도록 학생들을 키우겠다"라고 하셨어요. 그래서 저도 그런 선생님이 되고 싶다고 생각했고, 반 친구들이 다 우리 선생님 멋있다고 얘기해요.

마지막으로 하고 싶은 말이 있다면?

엄마가 요즘 힘든 거 다 알고 있고, 앞으로도 지금처럼 열심히 했으면 좋겠고, 집안일이랑 동생도 제가 알아서 잘 챙길 테니까, 꼭 좋은 결과가 있기를 바래요, 그리고 끝까지 열심히 하셨으면 좋겠어요. 또 이랜드 회사에 바라는 점은 한 명 한 명 회유하면 노조가 힘들어질 수가

있으니까 모두 함께 정당한 대우를 받고 복직할 수 있도록 조치를 해

줬으면 좋겠어요.

월드컵분회 율동패 '신화'를 만들다

● **오주영**(월드컵분회 율동패 신화 구성원), **이장주**(금속노조 문화국장, 월드컵분회 자문위원)
● 인터뷰 : **진재연**

신화를 만든 과정을 얘기해 주세요.

이장주   기획한 건, 파업에 들어가면 선전 역할을 맡는 사람들이 필요하다는 생각에서였어요. 처음에는 노래패와 율동패를 제안했어요. 노래패는 잘 안 되었고, 율동패를 만들어 보자고 하니까 관심 있는 조합원들이 여럿 있었어요.

오주영   그래서 국장님하고 조합원들 여덟 명인가 같이 만나서 얘기를 했죠. 근데 그날 국장님이랑 얘기하고 나서 다들 못하겠다고 했어요.(웃음)

이장주   당시 나왔던 조합원들한테 그랬죠. '비정규직 투쟁은 어려울 수 있다. 문화패를 만들고 활동하면 개인적으로 많은 것을 얻고 좋은 사람들도 만나게 될 거다. 하지만 그만큼 많은 곳에 다니며 연대도 해야 한다'고요. 그리고 이틀 후엔가 이 모임이 깨졌어요. 이경옥 조합원한테 연락을 받았는데 '너무 겁을 줬다'고 하더라고요.(웃음) '조합원들이 하고는 싶은데 막 어디 돌아다니고, 앞에 나서야 되고, 운동권 티가 너무 많이 나서 어색하고 겁난다.' 그러더라고요.

오주영 얘기를 들어보니까, 우리가 생각하는 율동이랑 차이가 있었어요. 우리는 그냥 율동만 생각했는데, 다른 사람들 하는 것 보니까 장난이 아닌 거예요. 그리고 문화국장님이 겁을 너무 많이 주셨고요.(웃음)

왜 그러셨어요? (웃음)

이장주 저는 투쟁은 솔직해야 한다고 생각했어요. 우리가 덜 표현하는 건 속이는 거라고 생각해요.

오주영 따로 연습도 하고 공연도 하고 여기저기 다녀야 한다고 그러는데, 너무너무 무섭고 걱정이 되는 거예요. 솔직히 저는 하고 싶은 마음은 별로 없는데 나이가 제일 어리니까 언니들이 '너, 해' 그래서 한 거예요. 근데 저는 소극적이어서 사람들 앞에 서는 게 힘들었어요. 우리 분회 사람들 앞에 서는 것도 너무 부끄러운데 다른 데도 간다니까. 그래서 다들, '무서워, 하지 말자' '그래, 우리 접자' 그랬는데, 점거 들어가고 나서, '심심한데 율동이나 할까' 그렇게 시작한 거죠.

이장주 그날 첫 모임할 때, 강사 두 명을 데리고 갔어요. 대학 율동패 활동하시는 분들인데, 그분들에게 아르바이트 조절해 달라고, 줄여서라도 가르쳐 달라고 했죠. 그랬더니 조절하거나 끊겠다고 하더라고요. 근데 조합원들이 못 한다고 한 거지.(웃음) 그러다가 우리 조합원들이 연대 집회에 가서 잘하는 팀을 구경한 거예요. 그래서 우리도 해보자 생각을 하고 다시 모이자고 약속을 했는데 그 약속이 진행되는 과정에서 점거 농성을 들어간 거예요.

오주영 첫 공연을 점거 3일 만에 했어요. 여덟 명이 〈내일의 노래〉 공연을 했어요. 저랑 권후남, 김남희, 김혜경, 최경숙, 서은주, 이경옥 …… 고대 학생 분이 가르쳐 주셔서 즉흥적으로 한 거죠. 그리고 나서 이름도 지었어요. 같이 모여서 이름을 짓는데 '까대기'(진열) 그런 걸 말하는 거야. 너무 싫었어요.(웃음)

이장주 나는 두 개를 제안했어요. '까대기'하고 '축구공.' 월드컵이니까.(웃음)

오주영 저는 근사한 이름으로 하고 싶었어요. 그래서 '신화'를 밀었는데, 제가 제일 어리고 소심해서 확실하게 말은 못하고, 계속 언니들 찌르면서 '언니, 이거 어때요' 그러면서 '신화'로 하자고 했죠.

이장주 그래서 그때부터 매니저가 밀리기 시작했지.(웃음)

오주영 국장님이 매니저 역할을 정말 잘 해주셨어요. 우리가 실력은 딸리지만 우리에겐 이장주가 있다, 그랬어요. 율동 배울 때도 선생님들 연결시켜 주셔서 많이 배웠고, 무대에도 많이 서 보고, 항상 챙겨주셨어요. 초기에는 매장 안에서만 공연하다가, 점거 농성 끝나고는 외부 무대에도 나갔거든요. 국장님이 직접 운전해서 우리를 데리고 다니시면서 고생도 많이 하셨어요. 어디 이런 매니저가 있겠어요.

이장주 신화와 새벽(면목분회 율동패)이 처음 만난 날이 있어요. 새벽도 1년 동안 휴지기로 있던 팀을 파업 들어가면서 복구한 거예요. 같이 공연해 보자고 해서 상암 주차장 한쪽에서 연습하는데 새벽이 너무 잘하는 거야. 우리는 좀 못하고.(웃음) 〈내일의 노래〉를 같이 하려고 했는데 버전이 안 맞아서 그날은 못했고, 다음날인가 같이 공연했죠. 노조가 만들어지기 전에는 서로 잘 몰랐으니까 만나서도 서먹서먹했는데, 지금은 새벽과 신화가 한 식구처럼 지내죠.

지금은 신화 멤버가 좀 줄어든 거죠?

오주영 지금은 세 명 남아 있어요. 저랑 은주 언니, 경옥 언니. 요즘엔

경옥 언니가 생계 투쟁하느라 은주 언니랑 둘이 하지만…….

이장주 이경옥 조합원이 신화의 패장이에요. 이경옥 조합원이 발랄하고 사람들 앞에서 거리낌 없이 말하는 성품이라 모두들 그렇게 하자고 했죠.

오주영 경옥 언니하고 은주 언니는 해고자잖아요. 17개월 해고자. 이 사람들한테는 불안감이 있어요. 이기지 못할까 봐 그런 것도 있지만, 사실 '노조가 우리와 함께 가려다가 타결이 안 되면 어떡하나, 우리가 짐이 되면 빠지겠다' 그런 마음이 든다고 하더라고요. 그 얘기를 듣는데 너무 속상한 거예요. 경옥 언니랑 저는 고객만족센터에 같이 있었어요. 경옥 언니는 사람을 잘 다루고 고객한테도 잘해요. 일을 정말 잘하거든요. 그래서 너무 열이 받는 거예요. 신화를 같이 하면서 더 마음이 가고 의지가 되고 그랬어요.

이장주 이경옥 씨가 퇴사당하고 그 다음날인가 우리가 어느 사업장 집회하는 데 공연을 갔어요. 집회 끝나고 지역을 빙글빙글 돌아서 조개구이도 먹고 해복투(해고자복직투쟁위원회) 결성 파티도 하고.(웃음) 모두들 마음이 짠한 거지. 그전에 투쟁이 끝나서 매장에 들어갔으면 좋았는데. 투쟁이 정리되지 못하고 넘어가니까, 투쟁이 그 사람을 도와주지 못하게 된 거죠. 이 투쟁이 끝나면 해고자 문제를 얘기할 수밖에 없을 텐데. 본인이 협상 과정에서 짐이 될 거라는 생각이 드는 거죠. 서로 맘고생들이 있어요.

오주영 씨는 계속 신화 활동하실 거죠?

오주영 고민하고 있어요. 적성은 아닌데, 하고 싶은 마음은 있어요. 승리한다고 해도 다녀야 되나 말아야 되나 그런 생각도 드니까. 딴 데를 가더라도 우리의 권리를 찾아야 된다, 그런 마음도 있고. 고민은 많이 돼요. 근데 이게 쉽지가 않아요. 몸이 말을 안 들을 때가 많아요.(웃음) 저는 성격이 소심하고 내성적이라 사람하고 얘기하는 거 안 좋아했어요. 어떻게 하다 보니 서비스 쪽 일을 하게 되고, 사람들을 만나다 보니 성격이 괜찮아졌어요. 그런데 노조하면서 더 나아진 거 같아요. 신화 활동도 그렇고, 다 힘들지만 재밌게 했어요.

이 발걸음이라도 힘이 된다면

●●●●●

간간이 비가 흩뿌리고 있습니다.

끝끝내 자본의 권능에 바짝 엎드려, 부자들의 푸들이기를 자처하는 이 참여정부의 암울한 미래를 암시하는 듯하네요.

하지만 지고도 이긴다는 무한한 낙관으로 충만한 조합원 여러분의 흐릴 줄 모르는 투쟁 의지를 보고 있노라니, 참여정부의 암울한 미래 따위 알 바 아니라는 생각을 새삼 하게 됩니다.

이랜드 그룹과 정부가 드리워 놓은 그 어떤 운무도, 태양과도 같은 여러분의 삶에 대한 열망으로 순식간에 사라지리라 확신합니다.

조합원 여러분의 태양보다 뜨거운 삶의 의지 앞에서, 이랜드 그룹과 정부의 협잡과 기만은 한낱 해뜰녘 안개처럼 사라져 버릴 겁니다.

항상 맑은 모습으로 투쟁하는 여러분이 있는 한, 이 투쟁은 항상 승리임을 빌어 마지 않습니다.

주와 함께하는 여러분의 영혼이 생동하는 연대의 네트워크로 빛나는 그날까지, 승리는 언제나 여러분의 것임을 잊지 마시길.

안에 갇혀 많이 힘들고 답답하실 노조원들께

파업 초기에 함께 게임도 하고 노래도 부르던 그때가

생각이 나네요. 그땐 다들 의지에 불타 열심히 투쟁 구호도 외치고, 웃고 떠들기도 하고 그랬는데…… 지금은 많이 지치고 답답하시죠?

하루하루 힘내서 싸우다 보면 뭔가 조금씩이라도 해결될 줄 알았는데, 오히려 아주 어처구니없게도 갇혀 힘겹게 하루하루를 견디고 계시니 정말 짜증 나고 화도 나고 힘도 빠지실 것 같아요.

저는 비록 밖에서 지켜보고 소리치고 하는 게 전부지만, 많이 속상하고 답답해요. 그래도 이렇게나마 우리가 모두 노조원들을 지지하고 있다는 마음을 전할 수 있어서 다행이라고 생각되고요.

노조원들 보면, 특히 나이가 조금 있으신 여성 노조원들을 보면 우리 엄마가 많이 생각나요. 우리 엄마도 김밥집에서 일하시다가 잘리고, 지금은 새 반찬 가게에서 힘들게 일하고 계신데, 왜 다 이렇게 힘들게 살아야 하나, 어떻게 해야 바뀔 수 있나, 그냥 답답하고 너무 속상해요. 그래도 이렇게 바뀌어야 한다, 잘못되었다고 목소리 내는 사람들이 있다는 것, 그리고 많은 사람들이 자기 힘듦을 무릅쓰고 연대하고 있다는 건 아주 큰 희망이라고 생각해요.

힘낼게요. 우리 같이 조금 더 힘내요.

사랑합니다.

·····

조합원 여러분께

안녕하세요? 저는 홍익대학교 학생입니다.

저는 비정규직 문제가 이렇게 심각한지, 그리고 나의 문제이고, 우리의 문제인지 얼마 전까지만 해도 알지 못했습니다.

얼마 전 점거 농성을 하신다는 얘기를 듣고 홈에버 상암점 현장에 와서 비로소 노동자분들이 처한 현실이 얼마나 불합리하고, 말도 안 되는지 알게 되었습니다.

비정규직 문제가, 노동자분들의 문제가 나와는 동떨어진 문제라고 생각했던 저 자신이 너무나 부끄럽고 송구스럽습니다.

같은 인간으로서, 저도 사회에 나가 노동자로 살아갈 사람으로서 앞으로 부끄럽지 않은, 당연한 권리를 찾을 수 있는 청년 학생이 될 수 있도록 더욱 더 열심히 활동하고 투쟁하겠습니다.

많이 힘들고 지치시겠지만, 조금 더 힘내시고 부디 건강 지키시길 바랍니다.

인간이 인간답게, 민중이 한나라의 국민으로서 차별받지 아니하고 평등하게 살아갈 수 있는 사회를 위해 더욱 더 열심히 투쟁할 수 있도록 하겠습니다.

힘내시고, 꼭 승리하는 투쟁으로 만들어질 거라 생각합니다.

노동자 여러분, 이랜드 조합원분들 파이팅입니다.

• • • • •

안녕하세요, 민주노동당 마포 지역위 당원입니다.

홈에버 파업 전엔 저도 이곳에서 자주 물건을 사던 소비자였습니다.

돈 몇 만 원 쥐고, 그것도 권력이라고 소비자가 왕이라고 점원들에게

짜증 내고 제 짜증을 받아 주는 게 너무나 당연한 일이라고 여기던 저

자신이 생각납니다.

너무나 부끄럽습니다.

이 투쟁 속에서 저도 성장해 가고 있다는 것을 느낍니다.

저를 보다 나은 사람으로 살 수 있도록 일깨워 주신 여러분에게 제가

오히려 감사의 말씀을 드리고 싶습니다.

밤이 깊어 가고 있습니다.

내일 저는 아침에 또 저의 비정규직 일터로 나가야 할 것입니다.

그러나 오늘 밤, 저도 이 자리를 끝까지 지키겠습니다. 내일 아침 남편

아침밥은 준비하지 못하겠지만, 모레도 글피도 그럴지 모르지만 조합

원님들에 비하면 저는 희생이라는 말조차 하기 부끄럽습니다.

힘내세요.

이 비정규직 투쟁 끝까지 정말 끝까지 정말 끝까지 하겠습니다.

사랑합니다.

조합원 동지들께

민주노동당 마포당원 이정수입니다. '키 큰 청년' 아시죠?

'오랜만이네요'라고 인사하고 싶습니다. 오늘 아침에 보고 이렇게 저녁에 보고 있으니 오랜만인거죠.

24시간 함께 투쟁하고 싶은데 그렇게 하지 못해서 미안합니다.

그래도 월드컵분회장님이 "매일같이 묵묵히 와 주네"라고 말해 주셨을 땐 기분이 좋았습니다. 사실 매일 오진 못했거든요.

어쨌든 저는 악착같이 이곳, 상암 농성장에 오겠습니다. 왜냐하면 그저 오고 싶기 때문입니다. 제가 여길 악착같이 오겠다는 이유에 계급적 연대를 말할 수도 있고 '노동자성'을 얘기할 수도 있겠지만 '그냥 오고 싶어서 온다'고 말하고 싶습니다.

지젝이라는 사람이 "이미 자유를 위해 싸우는 한 자유로우며, 이미 행복을 위해 싸우는 한 행복하다"고 말했답니다. 자본의 끝 모를 탐욕과 노동자에 대한 억압과 착취에 대항하여 투쟁하는 여러분이 아름답기 때문에 아름다워서 보고 싶고, 보고 싶기 때문에 악착같이 와서 함께 싸우겠습니다.

오늘 입구를 둘러싼 전경 꼬꼬마들에게 썬크림을 발라 주었다는 소식 들었습니다. 전경 꼬꼬마들도 알 겁니다. 자기가 지금 무슨 짓을 하고 있는지, 지들 대가리들이 얼마나 있는 놈들에게 붙어먹으면서 없는 사람들 위협하고 억압하고 있는지, 국가 권력이 누굴 위해 존재하고 있는지 똑똑히 판단할 것입니다.

그런데 조합원 동지들, 어떻게 그러실 수 있습니까? 저는 한 번도 안 발라 주시고, 제 얼굴도 많이 타고 있습니다. 더 타기 전에 어머니들이 발라 주는 썬크림을 경험해 보고 싶습니다.

아니 그보다 더 이상 투쟁 때문에 썬크림을 바르는 일이 없는 승리의 그날이 오길 바랍니다.

저는 다음 학기 등록금을 걱정하는 평범한 대학생이고 저희 어머니는 병원에서 간병 노동을 하는, 이제는 너무 흔해져 버린 비정규직 노동자입니다.

동지들이 승리하고 제가 승리하고 저의 어머니가 승리하는 그날까지 함께 투쟁하겠습니다. 투쟁!

• • • • •

조합원분들께

수고 많으십니다.

저는 대학에 입학한 지 얼마 되지 않은 새내기입니다.

얼마 전까지만 해도 저는 비정규직 문제에 대해 별로 알지도 못하고 관심도 없었습니다.

언론에서 보이는 모습만을 보고 안일하게 생각해 왔는데

직접 와서 보니 조합원 분들의 절실한 목소리가 가슴에 와 닿았고 이 목소리를 들으려 하지 않는 이랜드라는 기업에 대한 원망감과 공권력 투입을 기다리는 경찰에 대한 두려움이 동시에 들었습니다.

제가 잘 알지는 못하지만, 법이 서민들을 지켜 주지 않는 사실이 서글 픕니다.

하지만, 끝까지 마음을 모아 투쟁한다면 절실한 마음이 반드시 전해 질 거라고 믿습니다.

꼭 승리합시다. 투쟁!

•••••

안녕하세요.

아이들을 키우고 있는 아줌마 김우예요.

아줌마는 전철문 열리기도 전에 들어와 빈자리 앉으려는 수치의 호칭 쯤으로 생각해 왔는데 이렇듯 당당히 저항하고 있는 여성 노동자 아줌마들이 자랑스럽기만 하네요.

아줌마 노동자들이 입으로만 부르는 것이 아니라 가슴으로 부르는 동지라는 말이 제게도 가슴으로 와 닿아요.

노동자는 공장의 기계를 멈추고 상품의 생산과 유통과 판매를 멈출 수 있는 존재들이죠.

제가 할 수 있는 일이 무얼까 생각해 봤어요.

바로 소비를 하지 않겠다는 것, 소비자의 큰 힘으로 악덕 자본가의 상품을 구매하지 않겠다는 것, 불매운동을 조직하겠다는 것을 약속 드려요.

정규직 여성 노동자들의 당차고 자랑스러운 투쟁을 지지합니다.

4부 나와 이랜드

그들이 싸움을 포기하지 않는 이유

여정민 〈프레시안〉 기자

"나 같은 아줌마가 투쟁이라는 말을 들어나 봤겠어. 우리 말이 틀린 게 없는데 너무 억울해서 하다 보니 여기까지 온 거지."

지난해 이랜드 여성 비정규직 파업을 취재하는 과정에서 제일 많이 들었던 말이었다. 아줌마들은 처음부터 그랬다. 홈에버 월드컵점 점거 농성이 한창이던 한여름의 무더위 속에서도, 21일 만에 손발이 경찰에 의해 들린 채 끌려 나올 때도, 그리고 얼마 안 돼 다시 뉴코아 강남점 점거에 나섰을 때도 아줌마들은 그랬다. 민주노총 위원장이 "이랜드 투쟁을 못 이기면 민주노총 깃발을 내리겠다"고 했을 때도, 유통업계의 2대 대목이라는 추석에 벌인 집중 불매운동의 기억이 아련해지기도 전에 또다시 설을 맞을 때도, 그리고 파란 반팔의 '스머프 티셔츠'를 다시 꺼내 입고 파업 300일 기념 문화제를 할 때에도 똑같았다. 언제든, 어느 장소에서든, 누구에게 묻든, 어떤 질문을 하든 항상 처음으로 들려주던 대답.

"파업하기 전에 사실 저는 아무것도 몰랐어요. 그냥 '그런가 보다'하고 살았던 거지. 근데 생각해 보니 이건 아니잖아요. 우리 요구가 뭐 대단한 건가요?"

아줌마들은 알고 있었을까? 이 짧은 대답이 고스란히 드러내고 있는 '이랜드 사태'의 의미를. 비정규직 850만 명의 대한민국에 던진 그들의 울림을.

아줌마 부대, 세상을 뒤흔들다

2007년 6월 29일 전화 한 통을 받았다. 주말을 앞둔 금요일, 걸려 온 전화는 간단했다. "그때 말씀드렸던 그거요, 내일 12시 전까지 오시면 되요." '그때 말씀드렸던 그거'란 며칠 전 들었던 이랜드일반노조의 '비공개 투쟁 계획'이었다. '그때'도 구체적인 내용은 없이 "우리 문제를 확 언론에 이슈화하기 위해 비정규직법 시행일에 맞춰 고민 중인 것이 있으니 연락이 가면 홈에버 월드컵점으로 취재를 와 달라"는 말만 했을 뿐이었다.

'우리 문제'란 이랜드그룹이 소유하고 있는 대형 유통업체 홈에버와 뉴코아에서 비정규직법 시행을 앞두고 벌어지고 있는 외주화와 계약 해지, 정규직의 전환 배치 등을 말하는 것이었다. 재계약을 하지 않겠다고 통보하는 회사로 인해 속수무책으로 비정규직이 일터에서 쫓겨나고 있었다. 계산원처럼 회사와 직접 근로계약을 맺고 있던 직접 고용 비정규직도 있었고, 용역업체 소속으로 주차, 보안, 청소 미화 등의 업무를 담당하던 간접 고용 비정규직도 있었다. 이랜드그룹이 소유한 거의 모든 유통업체에서 전국적으로 조용히 벌어지고 있던 비정규직 해고에 맞서 이랜드일반노조와 뉴코아노조는 이미 그해 봄부터 싸우고 있었다.

노조는 해고된 사람들의 정확한 숫자 파악조차 힘들어했다. '잘린' 사람이 노조를 찾아와 "그만두고 싶지 않은데 회사에서 나가라고 했다"고 하소연을 하지 않는 한 알 길이 없었다. 유통업계 노조 조직률은 1퍼센트도 채 안 됐기 때문이다. 그나마 노조가 없는 곳도 많았다. "비정규직법 시행을 앞두고 유통업에 종사하는 비정규직의 99퍼센트가 '으악' 소리 한번 내지 못하고 잘려 나가고 있다"는 말이 나올 법했다.

두 노조가 공동 총파업까지 벌이며 비정규직의 대량 해고에 맞서 싸우고 있었지만 세상은 그때만 하더라도 그들을 주목하지 않았다. 두 노조의 조합원 2,700여 명 가운데 1,800여 명의 정규직이 나머지 비정규직과 함께 싸우는 '아름다운 투쟁'도 세상의 관심을 받지 못했다. 아니, 나조차 자신이 일하던 일터로 뛰어들어간 아줌마들을 눈앞에서 보고 난 뒤에도 그들이 한국 사회에 그렇게 큰 울림을 던질 줄은 미처 알지 못했다.

약속했던 6월 30일 나는 약속한 시간에 홈에버 월드컵점 앞에 서 있었다. 초여름 더위 속에 조합원들은 월드컵점 입구 근처에서 삼삼오오 흩어져 있었다. 이미 알고 있던 사람의 눈에는 뻔히 보이는 '딴청'을 한참이나 하던 조합원들이 갑자기 직원 전용 통로로 뛰어가기 시작했다. 용역 경비원과의 사이에서 실랑이가 벌어졌다. 어느 순간 새하얀 소화기 분말이 눈앞을 뒤덮었다. 젊은 남자 용역도, 소화기 분말도 아줌마들을 막지는 못했다. 매장 안에 들어간 그들은 계산대 앞에 주저앉았다. 그리고 20일이 넘도록 일어설 줄을 몰랐다.

그들은 자신과 동료를 일터에서 쫓겨나게 만든 비정규직 관련법의 문제점을 그저 '조용히' 계산대 앞에서 먹고 자는 것으로 보여 줬다.

집에는 두고 온 아이가 있었고, 수시로 전화가 걸려오는 남편도 있었다. 시어머니가 대신 아이들 밥을 챙겨 주는 사람도 있었다. 그나마 잔소리든 응원이든 하는 남편이 있는 사람은 나았다. 자신이 없는 집 안에서 덩그러니 홀로 밥을 차려 먹을 아이들만 있는 엄마들도 있었다. 그런데도 아줌마들은 "내 발로 그냥 여기서 나갈 수는 없다"고 했다. 당초 1박 2일 농성만을 계획했던 노조 지도부도 당혹스러워했다. 아줌마 부대에 등을 떠밀려 노조는 그렇게 '매장 점거 농성'을 벌였다.

그때서야 사람들이 그들을 바라봤다. 그들이 5월부터 외쳤던 '비정규직법의 역효과'를 언론은 뒤늦게 역설하기 시작했다. 여론은 아줌마 부대의 편이었다. 노동조합의 파업에 대개 부정적인 시선을 보내던 사람들은 이번에는 "회사와 정부가 잘못"이라고 했다. 이랜드 파업이 한창이던 7월 한 설문조사 결과, 응답자의 77.6퍼센트가 그렇게 대답했다. 노동계가 '매출 제로 투쟁'으로 타격 입히기에 나서자 시민단체들은 '이랜드 불매운동'을 선언했다.

이랜드 아줌마들이 고발한 '법과 현실'의 괴리

이랜드 문제가 주목을 받은 것은 점거 농성이라는 그들의 극단적 행동 덕도 분명 있었다. 하지만 그에 앞서 본질적으로는 이랜드 문제만큼 비정규직법의 부작용을 잘 보여 준 사례가 없기 때문이었다. 이랜드 문제가 불거진 이후, 곳곳에서 터져 나온 비정규직 문제는 이미 썼던 이랜드 기사에 사업장 이름과 계약 해지된 사람의 숫자만 바꿔 넣으면 될 정도였다.

'직접 고용 비정규직의 계약 해지 후 관련 업무의 외주화'라는 공식은 비정규직법을 피해 가기 위한 기업의 절묘한 선택이었다. 비정규직법의 2대 핵심 내용인 '2년 고용 후 정규직화'와 '차별 금지 제도'를 동시에 벗어날 수 있는 '비법'이었다. 비정규직법은 직접 고용 비정규직, 즉 이랜드 그룹과 직접 근로계약을 맺고 있는 비정규직만을 대상으로 하기 때문이다. 홈에버나 뉴코아에서 일은 하지만, 용역업체를 통해 들어온 간접 고용 비정규직은 비정규직법이 규정하고 있는 그나마의 혜택마저 누릴 권리가 없었다. 결국 기업은 외주화를 통해 기존에 사용하던 비정규직을 그대로 고용하면서도 법이 규제하는 '정규직 전환'과 '차별 시정' 의무는 모른 척할 수 있는 것이다. 홈에버가 '18개월 이상 근무자의 고용 보장'이라는 단체협약까지 어겨 가면서 무리하게 계약 해지를 강행한 것은 따지고 보면 법이 먼저 허점을 보였기 때문이다. 이랜드 아줌마 부대는 바로 그 점을 온몸으로 보여 줬다.

개별 사업장인 이랜드 문제에 민주노총이 이례적으로 달려든 이유도 바로 여기에 있다. '총자본과 총노동의 싸움'이라는 말까지 공공연히 나돌았다. "이 싸움에서 승리하지 못하면 민주노총은 앞으로 어떤 투쟁도 이길 수 없다"는 말은 곧, 여기서 지면 앞으로 모든 기업이 이랜드를 본받아 똑같은 수순으로 비정규직법 회피에 나설 것이라는 우려를 나타냈다. 민주노총은 대의원대회를 소집했다. 안건은 '이랜드 투쟁 승리'였다. '매출 제로 투쟁'을 위해 '1,000인 선봉대'를 만들었고, 이랜드 조합원들에게 생계비 지원을 약속했다. 물론, 실천은 더뎠지만.

말로는 '노사 자율' 운운하며 공권력 투입한 정부의 이중 잣대

아줌마 부대의 매장 점거는 농성 시작 21일 만인 7월 20일 경찰 병력에 의해 강제로 해산됐다. 같은 시각, 뉴코아 강남점에도 경찰 병력이 투입됐다. 71개 중대 7,000여 명이 두 개의 매장에 투입되던 순간, 아줌마들은 조용히 울고 있었다. 김경욱 이랜드일반노조 위원장을 비롯한 모든 이의 눈에서 눈물이 흘러내렸다.

난생처음으로 경찰에 의해 사지가 들려 나가, 유치장에 갇히게 될지 모른다는 두려움 때문이 아니었다. 그보다는 남편도, 아이도 '모른 체'하고 힘겹게 버텨 왔던 농성장에서 아무것도 얻지 못하고 끌려나가야 하는 기막힘이었다. 집으로는 돌아가더라도, 일터로는 돌아갈 수 없을 것 같다는 막막함이었다. 이렇게 끌려나가고 나면 회사가 협상에도 안 나올지 모른다는 억울함이었다.

회사는 노조가 매장을 점거한 지 열흘이나 지난 7월 10일에야 처음으로 마주 앉았다. 점거 농성에 들어가기 이미 훨씬 전부터 두 노조는 공동파업 등 여러 경로를 통해 문제를 제기해 왔지만 이랜드 그룹은 대응하지 않았다. 홈에버의 경우 18개월 이상 근무자의 해고는 단체협약 위반이었지만 노조의 그런 문제 제기조차 홈에버는 무시했다. 끝내 아줌마들이 매장에 눌러앉고 방송 카메라를 비롯한 모든 기자들이 홈에버 월드컵점에 진을 친 뒤에야 회사는 협상장에 나왔다. 그것도 어떻게든 사태를 빨리 마무리 짓고 싶었던 정부에게 등을 떠밀려서. 원해서 나온 자리가 아닌 만큼 협상이 앞으로 나가기란 애초부터 무리였다. 이랜드그룹은 매번 모든 협상에서 "먼저 점거 농성부터 풀어라"는 조건을 들이밀었다. 노조는 "진전된 합의 없이 점거 농성만

풀 수는 없다"고 맞섰다. 사 측이 점거 농성 해제를 주장하면서 비정
규직 계약 해지, 외주화 등의 핵심 쟁점은 제대로 논의조차 하지 못했
다. 마침내 노조는 3개월 이상 근무한 조합원들의 고용 보장이라는 처
음 요구안에서 한발 물러서 "조합원에 대한 손해배상 소송이라도 취
하하라"고 요구했지만 회사는 받아들이지 않았다.

사실 회사의 이런 뻣뻣한 태도를 뒷받침해 준 것은 정부의 태도였
다. 노조가 점거 농성을 시작한 그 시점부터 노동부 장관은 "노사 자
율로 풀어야 한다"면서도 '불법 농성'을 운운하며 '법과 원칙의 적용'과
'공권력 투입'을 언급하고 있었다. 회사로서는 굳이 노조와 협상을 통
해 문제를 풀어야 할 절박함이 있을 리가 없었다. 말로는 노사 자율 해
결을 얘기하면서도, 백지 계약서 등 회사의 불법에는 관대하고 노조
의 불법에 대해서만 강력한 대응 의사를 밝힌 정부의 이중 잣대가 이
랜드 사태를 장기화시킨 셈이다.

노조가 강제로 매출 1위 매장의 영업을 중지시키고 있을 때에도 뻣
뻣했던 회사의 태도가 점거 농성이 해제된 이후에 유연해졌을 리가
없었다. 노조는 점거 농성이 강제 해산된 지 9일 만인 7월 29일에 다
시 뉴코아 강남점 점거에 들어갔다. 당시 뉴코아 강남점에서 만난 한
조합원은 회사가 제기한 수많은 손해배상 소송과 형사 고소 고발에도
불구하고 노조가 다시 매장 점거라는 '불법행위'에 나설 수밖에 없었
던 이유를 명쾌하게 설명했다. "이렇게라도 해야 회사가 협상에 나오
니까요."

다시 시작된 뉴코아 강남점 점거는 불과 사흘 만에 46개 중대 4,600
여 명의 경찰이 투입돼 또다시 강제로 해산됐다. 당연히 그 이후 노사
의 협상은 지지부진했다. 사람들의 시선이 쏠려 있던 때에도 어려웠

던 '대화를 통한 문제 해결'이 시간이 흐르고 세상 사람들로부터 잊혀가는데 실현되기란 쉬운 일이 아니었다. 두 번의 점거 농성으로 노조의 요구안은 더 다양해졌지만 체포영장 철회, 손배가압류 취하, 구속된 간부의 석방 등의 요구조차 시간이 지날수록 후퇴에 후퇴를 거듭했다. 연말이 되면서는 그나마 간간이 이뤄지던 교섭마저 열리지 않았다. 그 와중에 회사는 기존의 단체협약에서 무기한 고용을 보장받았던 18개월 이상 근무자를 고용만 보장해 주고 차별은 여전한, '무기계약직'으로 전환하고 생색을 냈다. 대신 노조 간부들에게는 대선 이후, 무더기로 징계해고 통보가 날아왔다.

참을 만큼 참았다 터져 '적당히'가 안 되던 외침, "왜 하필 나인가요?"

그리고 이랜드 아줌마들은 2008년 4월 17일로 파업 300일을 맞았다. 6월이면 1년이 된다. 그리고 복귀한 조합원들이 늘었다. 가장 큰 문제는 역시나 생계였다. "한 달에 80만 원, 1년에 960만 원 벌고 싶어" 시작한 파업인데, "아이들 학원까지 다 끊어 가면서" 버텨 왔다. 하지만 무한정 길어지는 데는 장사가 없었다. 서비스업에 종사하는 여성 노동자 가운데는 한 가정의 가장도 많았다. "언제 끝날지 희망이 잘 안 보여서 무작정 일을 쉴 수는 없었다"고 했다. 이미 해고된 조합원들은 다른 일거리를 찾아 새로 취직을 하기도 했다. 물론 비정규직이었다. 정규직이었다가 복귀한 조합원들도 "복귀했다고 파업을 끝낸 것은 아니"라고 했다. 복귀한 조합원들은 현장에서 '조끼 착용 투쟁'도

하고 일을 마치고 인천에서, 부평에서, 멀리 면목동에서도 집회에 참석하러 지하철과 버스를 타고 나왔다. 그들은 여전히 파업 중인 것이다.

이해할 수 없는 것은 바로 그 지점이었다. 힘 좋았던 시절에도 어려웠던 문제 해결이 지금 이 시점에서 갑자기 전향적으로 풀릴 가능성은 누가 보기에도 적었다. 그런데도 아줌마들은 "끝이 아니다"라고 했다. 여전히 "박성수를 처벌하라"고 소리쳤고, "일터로 돌아가고 싶다"고 외쳤다. 이랜드뿐이 아니다. 2008년 5월 19일로 파업 1,000일을 넘긴 기륭전자 여성 노동자들도, 바로 그 얼마 전인 5월 9일로 파업 800일을 맞은 KTX 여승무원도 마찬가지였다. 이랜드보다 다소 늦게 파업을 시작한 코스콤 비정규직 노동자도 여전히 서울 여의도 증권선물거래소 앞을 묵묵히 지키고 있다. 밖에서 보기에는 어둠뿐인 그 자리에서 여전히 그들은 "돌아가겠다"고 외치고 있다.

최근 벌어지고 있는 비정규직 싸움이 하나같이 장기화되는 것은 정규직 노사 관계와 달리 비정규직 노사 갈등은 양측 모두 물러설 구석이 변변치 않기 때문이다. 임금 인상이나 성과급 문제라면 적당한 선에서 양측이 합의점을 찾아볼 여지가 있다. 하지만 고용 그 자체를 놓고 벌어지는 비정규직의 노사 갈등은 사 측이 노조의 요구를 수용하거나 노조가 포기하고 원래의 불안정한 고용 상태로 돌아가는 것 외에는 딱히 '묘수'가 없다. 무기 계약직과 같은 '중규직' 수준의 합의점도 생각해 볼 수는 있겠지만, 파업 초반의 노조는 대개 이를 거부하고 완전한 정규직화를 요구한다. 노조가 이를 받아들일 수밖에 없을 만큼 시간이 흐르고 나면, 사 측이 "못 해주겠다"고 뒤로 물러선다.

더욱이 비정규직 노동자들을 폭발하게 만든 또 하나의 고리인 '차별'은 무기 계약직으로는 해소가 안 된다. 밖에서 바라보는 사람들과 달리, 당사자인 조합원들이 무기 계약직을 쉽게 받아들이지 못하는 것은 그들에게 차별이 얼마나 일상적인 폭력이었는지를 짐작케 한다. 똑같은 일을 하는데 왜 임금은 두 배나 차이가 나고, 나한테는 없는 상여금이 저 사람에게만 있는지. 저 사람은 매달 꼬박꼬박 챙겨 가는 월차를 왜 나는 아파도 말조차도 못 꺼내는지. 사소하지만 오랫동안 쌓여 온 차별에 대한 뿌리 깊은 저항이 비정규직 투쟁의 또 하나의 특징인 것이다. 이 부분에 공감하지 못한다면, '상식적으로는' 그만두고 다른 일을 찾는 게 나을 파업에 왜 그들이 '목숨을 거는지' 이해할 수 없다. 또 바로 이 지점에서 '운동권'도 아닌, 아니 "투쟁이라는 말도 처음 소리 내 해봤다"던 사람들이 장기 파업의 길로 들어서고 있는 것이다. 파업 초기 이랜드 아줌마들은 "흩어지면 죽는다. 흔들리면 우린 죽는다"로 시작하는 파업가도 노조가 나눠 준 수첩을 펴 들고서야 띄엄띄엄 따라 불렀던 평범한 아줌마들이었다. KTX 여승무원들도 마찬가지다. 학기 중에는 학점 따느라 정신이 없고, 영어 점수를 위해 방학 때도 학원에 다니던 평범한 우리 시대의 20대였을 뿐이었다. 그랬던 그들이 "이렇게는 못 살겠다"며 일어서고 있는 것이 최근 비정규직 투쟁이다.

비정규직의 파업이 장기화되는 또 하나의 이유는 당연히 지금과 같은 사회구조 속에서 비롯된다. 전문직도 아니고, 딱히 내세울 것도 없는, 40~50대 여성이 접근할 수 있는 일자리는 또 비정규직뿐이다. 최근처럼 파견·용역·도급의 고용 형태가 광범위하게 확산되고 있는 상황에서 KTX 승무원들처럼 20대의 팽팽한 젊은이들도 간접 고용 노동자로 사회에 첫발을 딛고 있는데, 나이 든 아줌마들이 갈 수 있는 '질 좋은 일자리'란 대한민국에 없다. 코스콤 비정규직만 해도 그렇다. 제조업보다 더 하도급의 층이 두꺼운 IT 업계에서 그들이 파업을 그만두고 열심히 노력한다고 튼튼한 기업의 정규직으로 들어갈 수 있는 희망은 적다. 결국 어렵게 시작한 파업을 중간에 아무 소득 없이 끝내라는 것은 '평생 꾹 참고 살라'는 말이나 다름이 없다.

그래서 답이 필요하다. 이들이 결국 그만두고 포기하더라도 어디선가 또 다른 제2, 제3의 이랜드 아줌마들은 일어날 것이다.

이랜드 투쟁과 21세기 자본주의의 속살

홍기빈(금융경제연구소 연구위원)

우리는 토끼 구멍에 빠진 앨리스처럼 '이상한 나라'에 살고 있다. 트럼프 카드 속의 낯익은 이미지들이 카드 밖으로 걸어나와 사방을 설치고 다닌다. 그러면 그 뒤를 따라 수없이 많은 사람들이 우르르 줄지어 또 트럼프 카드같이 생긴 깨끗하고 번쩍거리는 건물로 들어선다. 거기에는 트럼프 카드처럼 반짝거리는 온갖 물품이 또 트럼프 카드처럼 산더미로 쌓여 있다. 그리고 계산대 뒤에는 아주머니들이 약속이나 한 듯 똑같은 색깔의 립스틱으로 입술을 벌겋게 칠하고 하루 종일 활짝 웃고 서 있다. 그런데 이 외양의 껍데기를 한 꺼풀만 벗기면 상상 속의 이상한 나라는커녕 세상 그 어떤 도떼기시장에서도 볼 수 없는 난장판이 시작된다. 계산대의 줄이 조금만 밀리면 사람들은 욕지거리를 퍼붓는다. 돈 계산이 조금만 안 맞으면 청소부들이 사라지고 건물 곳곳은 쓰레기로 차오른다. 이 모든 악다구니 속에서도 변함없이 붉은 입술로 버티던 아주머니들은 누군가의 돈 계산에 맞추어 마치 장기판의 말들처럼 하루아침에 그것도 뭉텅이의 숫자로 우리 시야에서 사라진다.

이 '이상한 나라'에서 작년 드디어 그 아주머니 노동자들의 투쟁이 시작되었다. 우리는 이 투쟁을 흔히 '자본주의'라는 낯익은 용어를 통해서 파악하고자 든다. 자본주의는 시작된 지 몇 백 년이 된 아주 오래된 세계이며 그 기초적인 작동 논리는 아담 스미스의 『국부론』과 마르크스의 『자본론』에 이미 모두 설명되어 있다고 한다. 그래서 우리가 지금 보고 있는 이랜드 노동자들의 투쟁도 또 그것을 둘러싼 사회적·정치경제적 환경도 '해 아래 새로운 것이 없다'는 성경 말씀처럼 전혀 새로운 것이 아니라고 생각하기도 한다.

하지만 정말 그럴까? 만약 그렇게 생각한다면 지금 벌어지고 있는 투쟁도 200년 전 영국 맨체스터의 공장 지역이나 몇십 년 전 청계천 봉제 공장에서의 투쟁과 다를 바 없는, 그냥 '흔해 빠진' 또 하나의 노동자 투쟁일까? 그럴 수는 없다. '흔해 빠진' 노동자 투쟁이란 있을 수 없다. 모든 투쟁은 그것을 둘러싼 사회적 맥락과 사회적 환경이 독특하고 색다를 법하다. 투쟁들의 특수성과 특징을 구체적으로 파악하지 않는다면 각각의 투쟁에 가장 효과적인 '맞춤형' 연대 전략과 투쟁 방향 등을 내어 올 수 없게 될 것이다.

이랜드 비정규직 노동자 투쟁을 둘러싼 수없이 많은 쟁점과 특징을 낱낱이 찾아내어 그것을 체계적으로 분석하고 종합하는 작업은 분명히 필요한 일이지만 나의 능력을 한참 넘어서는 일이다. 나는 그저 21세기 들어 우리가 익숙하게 알고 있던 '어제의 자본주의'에 나타난 큰 변화의 특징들 가운데 이번 투쟁의 의미와 맥락을 이해하는 데에 관련이 있을 것으로 생각되는 몇 개의 꼭지들을 소개하고자 한다.

서비스

19세기에 시작된 산업혁명은 인간의 '물질적' 생산력을 폭발적으로 증대시켰고, 20세기에 들어 중화학 공업을 전면에 내세우는 소위 2차 산업혁명을 겪으며 거의 '포화' 상태에 달하게 된다. 하지만 자본주의 경제는 기술적으로 가능한 물질적 생산력의 잠재력을 모두 풀어놓는 생산 체제가 아니다. 산업과 생산 시설을 볼모로 잡은 자본가들에게 납득할 만큼의 이윤이 보장되는 한에서만 생산을 풀어놓게 된다. 기술적 생산력이 뒷받침된다고 해서 과도한 양을 생산해 시장에 풀어놓으면 가격이 폭락해 이윤의 양도 0이 되어 버릴 것이다. 어느 시대 어느 곳에서건 그 사회가 소화할 수 있는 물적 재화의 양은 항상 한계가 있게 마련이다. 따라서 자본가들은 현재 존재하는 시장에서 소화될 수 있는 물량의 수준을 주의 깊게 관찰하면서 그것을 넘지 않는 선으로[1] 생산을 제한하게 된다. 그 결과, 20세기 전반에 걸쳐 가장 높은 기술적 생산성을 자랑했던 미국 경제의 경우에도 그 평균적인 공장 가동률은 40퍼센트를 크게 넘지 않았다고 한다.

결국 자본주의 경제와 자본축적의 확장에 있어서 '그 사회가 소화할 수 있는 물량'을 넓히는 일은 중대한 과제가 된다. 19세기 말이나 20세기 초에는 이러한 '시장 확장'의 방법으로 상품을 소화해 줄 해외의 식민지를 얻기 위한 제국주의 경쟁도 나타났다. 또 흔히 '포드주의' 혹은 '케인즈주의'라고 부르는 20세기 중반경 선진국 자본주의의 경우

---

1 이것이 베블런(Thorstein Veblen)이 자본주의 아래에서 산업 작동의 원리 가운데 하나로서 제시한 '깽판 놓기'(sabotage)의 개념이다.

그것을 이루기 위해 노동자들에게 더 많이 소비할 수 있도록 높은 임금이나 이전 소득 등을 보전해 주는 소위 '총수요 관리 정책' 등으로 이러한 문제를 해결하려 들었고 이것이 상당한 성공을 거두기도 하였다. 하지만 이 두 방법 모두 큰 한계가 있다. 식민지는 공간적으로 제한되어 있었고, 제아무리 주머니에 돈이 있다고 해도 최소한 1960년대까지의 노동자들은 집을 몇 채씩 자동차를 몇 대씩 사려고 들지는 않았다. 요컨대 사람이 즉자적으로 필요로 하는 물질적 수단을 생산하여 그것을 판매한다고 하는 20세기 중반까지의 자본주의 패러다임으로서는 이 '시장의 포화 상태'라는 운명을 타파하는 데에 계속 일정한 한계가 따라오게 된다.

여기에서 '필요 욕구'(needs)와 '서비스'(service)라는 새로운 발상의 전환이 나타나게 된다. 비록 인간의 즉자적 '물적' 욕구는 제한되어 있을지 모르지만 그것이 욕구의 총량 자체가 제한되어 있다는 뜻이 되지는 않는다. 인간의 몸과 마음은 무한한 양의 욕구가 잠재적으로 파묻혀 있는 무진장의 광산이요 유전이다. 부처님은 한 사람 한 사람의 내면의 크기가 우주 전체와 맞먹는 크기를 갖는다고 하셨던 적이 있다. 적절한 방법과 환경 조성으로 그렇게 잠재되어 있는 욕구를 풀어헤칠 수만 있다면 시장의 크기는 무한히 확장될 것이다. 그래서 21세기 자본주의가 진정으로 개척하고자 하는 '노다지'는 광산도 유전도 달도 화성도 아니라 바로 인간의 몸과 마음이라고 할 수 있다.

'서비스'란 바로 그러한 잠재된 상태의 인간 욕구를 풀어헤쳐 내는 행위라고 할 수 있다. 이 말은 사실상 '주인을 모시는 하인의 노력'을 뜻한다. 어느 날 누군가가 나타나 지금까지 상상도 못했던 '서비스'를 제공하게 되면 우리는 어제까지는 전혀 생각지도 못했던 욕구를 가지게 된다. 또 지금까지 아주 소박한 방식으로 대충 해결해 왔기에 굳이 그것이 '욕구'라고까지 미처 생각하지 못했던 것들도 그러한 새로운 '서비스'가 출현하면 당당히 하나의 '수요'라는 이름을 얻고 엄청난 규모의 새로운 시장을 창출하게 된다.

이리하여 1970년대 중후반 이후 미국을 필두로 산업 전체가 제조업에서 '서비스' 산업으로 이행하는 '탈산업사회'의 담론이 나타나게 된다. 그리고 실제로 서비스 산업이 폭발적으로 증가했다. 이명박 정권은 '서비스 산업의 본격적인 확장'이야말로 한국 경제의 미래라고 외쳐댄다. '서비스'란 단순히 서비스 산업을 일컫는 말이 아니다. 제조업도 농업도 이제 소비자의 '욕구'에 '서비스'가 되는 한에서만 생존할 수 있으며 또 그렇게 되는 정도에서 '부가가치'를 창출하게 된다. 이제 '서비스'는 21세기 자본주의의 핵심적 담론의 자리를 이미 굳혀 가고 있다.

문제는, 그 '서비스'를 누가 하느냐이다. 결국 사람이 하는 것이다. 모슬린 옷감은 방직기가 찍어낼 수 있다. 포드 자동차는 컨베이어 벨트가 만들어낸다. 하지만 '서비스'란 '하인' 즉 사람이 할 수밖에 없는 일이다. '주인'의 욕구를 읽어 내고 거기에 대처하는 것은 어떤 기계나 장비도 할 수 없다. 물론 기계와 장비는 그 '하인'의 능력을 배가시킬 수 있고 또 기계적 청소와 같은 몇몇 허드렛일들은 아예 사람을 대체할 수도 있다. 하지만 눈이 많이 내린 아침 도로의 눈을 치우는 따위의 일을 아무도 '인간의 미묘한 욕구를 충족시키는' 서비스 산업이라고 부르지는 않는다. '서비스'의 확장은 결국 '서비스' 노동자의 폭발적 팽창을 가져온다. 그리고 이 '서비스' 노동자들이란 사실 '서번트'(servant), 즉 '하인'의 역할을 맡게 된다.

도시화와 유통업

20세기 후반 들어 도시화(urbanization)는 새로운 형태를 띠게 된다. 자동차의 보급과 도시 개발(gentrification)의 물결은 도시의 공간적 구획을 전면적으로 바꾸어 놓았고 삶의 환경도 급변했다. 여기에서 소위 '유통 혁명'이라는 것이 일어난다. 전통적으로 유통업은 산업과 분리된 고유의 영역을 가지고 있었다. 상품의 판로는 인체의 혈관과 비슷하여 굵은 대동맥과 같은 대규모의 공간적 이동이라는 차원도 가지고 있지만, 적재적소에 필요한 극소량의 물량을 운반하는 모세혈관과 같은 구조도 가지고 있다. 여기에서 인간 문명 몇 천 년 동안 명맥을 유지해 온 도매업과 소매업의 명확한 구별이 나타날 근거가 생긴다. 제2차 세계대전 이전의 미국 도시를 보여 주는 영화들에서는 어김없이 우유 배달부와 길모퉁이 식료품점과 양품점이 나온다. 동네 사람들끼리 익숙하게 모이는 작은 카페와 바도 삶의 한 부분이었다.

하지만 도시의 공간적 구획이 근본적으로 뒤바뀜과 동시에, 컴퓨터 혁명과 물류 구조의 변화 또 지구적인 생산관계의 재배치 등이 겹치면서 이러한 전통적인 제조업-도매업-소매업이라는 구별은 완전히 무너지게 된다. 유통 구조의 단순화를 통해 유통 마진이 대폭 절감되면서 가격 경쟁력을 갖추게 된 '월마트'와 같은 대형 상점들이 온 공간을 휩쓴다. 가장 큰 소비 지역인 도시 공간 구획의 요지를 장악한 이 대형 체인점들은 그 힘을 배경으로 하여 이제 오히려 제조업은 물론 원자재나 농산물의 생산과정에까지 무소불위의 권력을 휘두르게 된다. 이제 닭다리, 커피, 김밥, 만두, 복사와 팩스, 머리 깎기와 같은 소소한 품목에 이르기까지 대형 브랜드를 앞세운 체인점들에 도시 곳곳이 장악당한다. 이제는 결혼도 대형 결혼 중매업체를 통해 이루어지는 판이다. 도시 환경에서 생산자와 소비자의 만남도 이제 대형 브랜드를 앞세운 '서비스업체'의 중매 아래에서만 이루어지는 형국이다.

여기에서 중대한 문제가 나오게 된다. '서비스 노동'의 포드주의화 즉 표준화이다. 대형 브랜드의 서비스업체는 공급하는 서비스의 양과 질을 표준화하고 통일하기 위해 안간힘을 쓴다. 그래야 일률적인 비용과 수익이 정확하게 계산될 수 있으며, 대규모 경영에서 이를 정밀하게 예측하고 계획하는 것은 생사가 걸린 문제이기 때문이다. 하지만 막상 '서비스'의 최전선에 선 노동자들은 어떨까. 노동과정 표준화의 필연적 귀결의 하나는 노동자 자신의 노동으로부터 심각하게 소외된다는 것이다. 그(녀)는 자신이 노동한다고 생각하기보다는 정해진 절차에 따라 팔다리와 손가락과 눈알을 놀리는 몸뚱아리라고 자신을 바라볼 수밖에 없다. 그래서 노동자는 열 받고 지치고 절망하게 되어 있는 것이 노동과정 표준화의 결과이다. 그런데 자동차 공장의 컨베이어 벨트 앞에서 지치고 열 받은 노동자는 몽키 스패너나 공장 기계를 함부로 다루면서 화풀이를 할 수도 있다. 하지만 '고객'을 앞에 두고 공손한 하인이 되어야 할 '서비스 산업'도 그렇게 할 수 있을까.

물론 그럴 필요가 없을 수도 있다. '서비스'를 제공하는 모든 일련의 생산과정 전체가 철저하게 조사되고 합리화되고 정례화된다면 '하인'도 '고객'도 모두 행복할 수 있다. 그런데 과연 그런 일이 가능할까?

노동 표준화의 한계

모든 대공장에서 포드주의적인 노동과정의 표준화가 한참이던 1950년대 프랑스에서 활동하던 '사회주의냐 야만이냐(socialisme ou barbarie)라는 혁명 그룹이 있었다. 이들은 작업장에서 노동자들의 실제 경험을 면밀히 관찰해, 포드주의적 표준화가 현실에서 전혀 가능하지 않는다는 주장을 펴려 냈다. 이들에 따르면, 심지어 자동차 공장과 같이 극도의 기계적 과정으로 점철되어 있는 생산 공정조차 모든 구석구석을 완전히 조사하고 측량하여 표준화하는 것은 절대로 불가능하다. 모든 노동과정을 완전히 기계화하는 것은 가능하지 않기에 반드시 그 간극을 메울 인간 노동의 창의적인 '임시변통'(improvisation)이 반드시 필요하다. 그런데 이런 임시변통은 본질적으로 그 구체적인 작업라인에 붙어 있는 노동자들끼리의 친밀하고도 암묵적인 의사소통과 합의를 통해서만 가능하게 마련이다. 이를 관리자와 '산업 공학자'들이 제아무리 스톱워치를 들고 다니면서 측량하고 표준화한다고 설쳐 봐야 가능할 턱이 없다는 것이다. 게다가 새로운 생산기술은 계속 들어오고 원자재와 노후 장비 교체 등의 기술적 조건은 수시로 변한다. 이를 완벽하게 통제하는 일 따위란 있을 수 없다는 것이다.

그럼에도 불구하고 대규모 경영 조직은 스스로가 '최선의 노동과정'을 표준화했으니 오로지 노동자들이 할 일이란 그것을 그대로 순순히 따르는 것뿐이라고 우겨대며 무한 충성을 요구한다. 하지만 그들이 제정한 절차와 규정을 그대로 따르다가는 아예 공장 자체가 기술적으로 마비될 것이 분명하다. 그래서 노동자들은 그들의 '표준화'된 규칙과 절차를 한 귀로 흘려들으면서 스스로 토론과 소통으로 '알아서' 공장을 굴려 가는 사태가 벌어지게 된다는 것이다.

군대 경험이 있는 남성들이 쉽게 이해할 수 있는 예를 들어 보자. 'FM'대로 굴러가는 군대를 본 적이 있는가. 군 지도부가 만들어서 정해 놓은 FM이라고 하는 교범은 실제 군대의 하루하루 작동의 실상과는 실로 멀리 떨어져 있다는 점을 사단장도 영관급도 장교도 하사관도 병장, 이등병까지 모두 다 알고 있다. 그래서 그들은 실제로는 FM 따위는 무시하고 알아서 '유도리'를 발휘하여 군대를 운영할 수밖에 없다. 그래서 '내무 생활'이 필요하고 '짜웅(아부)'이 나올 수밖에 없는 상황이다. 이 FM이 실제로 발동되는 상황은 상급자가 괜히 하급자에게 생트집을 잡아 영창으로 넘기려고 하는 상황 딱 하나뿐.

자동차 공장과 같은 포드주의의 고전적인 상황도 이런데, 매일매일 사람들을 상대해야 하고 변화무쌍한 모든 경우에서 변함없이 한결같이 고객에게 만족을 주어야 하는 서비스 노동이 과연 FM으로 표준화될 수 있을까. 턱도 없는 일이다. 서비스 노동이 대규모 브랜드업체에서 필연적으로 나타날 수밖에 없는 '표준화'를 거치게 된다면 이는 서비스와는 거리가 멀어질 것이다. 큰 매장을 가보라. 그 어떤 매니저와 팀장이 변덕스럽기 짝이 없는 다양한 고객들의 모든 필요와 욕구와 심통을 꿰고 있단 말인가. 결국 노동자들만 골탕 먹게 된다. 군대 내무반의 일등병 이하의 모든 사병들이 겪는 말 못할 고충이 고스란히 서비스 노동자들의 일상으로 옮겨오게 된다.

'사회주의냐 야만이냐' 집단이 발견했던바, 자동차 공장에서는 사실상의 '이중권력'이 발생한다. 공장 운영의 실상은 집단적 노동자들이 파악하고 또 장악하고 있다. 현장 관리자들은 경영진이 위에서 내려보낸 노동과정이 현실성이 없다는 것, 그래서 이 집단적 노동자들에게 실제 공장의 주도권을 인정해야 한다는 것도 알고 있다. 그래서 이들은 그저 일정에 맞추어 정해진 물량의 자동차가 차질 없이 생산되도록 둘 사이를 타협시켜야 한다는 것을 알고 있다. 그렇다면 대형 매장과 같은 '서비스 노동'의 현장에서도 이런 이중권력 상태가 나타날 수 있을까. 고객들이 큰 불만 없이 필요한 서비스를 얻어 갈 수 있도록 노동자들 스스로가 알아서 현장의 흐름과 운영을 장악하는 일이 나타날 수 있을까.

'아주머니들'

이곳에서 일하는 이들 중에는 도시 생활자 '아주머니들'이 아주 많다. 이들은 살인적 고물가의 서울 생활에서 어떻게든 생활비를 벌지 않으면 안 된다는 절박성에 있어서, 역사상 출현했던 그 어떤 노동자들에게도 뒤떨어지지 않는다. 그런데 딱히 숙련된 기술이나 지식이 있는 것은 아니다. 그리고 작업 과정의 핵심적인 부분은, 바코드나 정해진 품질 관리의 공정 등으로 이들의 재량과 무관하게 표준화되어 있다. 결국 이들이 메우는 자리는 표준화되지 않은 작업들과 고객들과의 대면 접촉 같은 것이다. 이를 자동차 공장 노동자들과 비교해 보면 작업 현장에서 차지할 수 있는 권력의 비중이 현저히 낮다는 것을 뜻한다. 그래서 표준화되어야 하는 핵심적 관리의 부분에서 나타나는 '정규직'의 고용 형태가 아닌, 언제든 필요한 만큼 고용하고 또 필요한 만큼 해고할 수 있어야 하는 '인간 소모품'(expandible)[2]인 세칭 '비정규직'의 고용 형태를 가지게 된다.

여기에서 노동 형태에서 성차(gender difference)를 빌어 나타나는 온갖 낯익은 악폐들이 넘쳐나게 된다. 사회의 가부장적 위계질서를 이용하여 경영자 측은 '아주머니들'에게 고분고분 시키는 대로 할 것을 강요한다. 항상 웃을 것이며, 항상 고객들에게 친절할 것이며, 그들에게 상쾌한 느낌을 주도록 이랜드 박성수 회장이 친히 지시했다는 색깔의 립스틱을 항상 바르고 있어야 한다. 청소 노동자가 갑자기 '잘려서' 곳곳에 쓰레기가 넘쳐나면 그것도 치워야 한다. 불만을 품은 고객이 악다구니를 하고 덤비면, 술 먹고 들어와 행패 부리는 남편을 받아 내듯이 모두 꾹 참고 웃으며 달래야 한다. 그 중노동의 결과로 받는 것은 월 100만 원이 채 안 되는 돈이다.

이런 '화수분'이 어디 있을까. 고부가가치 창출의 '서비스' 산업을 대규모 브랜드로 조직해 엄청난 수익의 흐름을 만들어 낸다는 21세기 자본주의 도시형 유통업체의 사업 모델을 현실적으로 가능하게 하는 것은 바로 이렇게 고개 숙이고 열등한 위계질서를 감내하면서 터무니없는 저임금에 몸을 갈고 마음을 갈아 일하는 특수한 종류의 노동자들이다. 술 먹고 담배 피워 가며 걸핏하면 '곤조' 부리고 컨베이어 벨트를 세워 버리기 일쑤인 1950년대 미국 자동차 공장의 억세고 걸진 남성 노동자들로서는 턱도 없는 일이다.

2 '소모품'이라는 용어는 회계 용어의 맥락에서 쓴 것으로, 그 어떤 부정적이거나 폄하의 의미를 담고자 쓴 말이 아니다.

　이랜드의 '아주머니들'과 여러 노동자들이 이 부조리한 상황에 맞서 싸우고 있다. 거울과 트럼프 카드와 번쩍거리는 조명과 상품만 그득하던 이 앨리스의 '이상한 나라'에 금이 가기 시작했다. 정말로 이 투쟁은 우리가 알고 있던 그 모든 노동자 투쟁의 형태와 또 다른 무엇인가가 있다. 물론 모든 개개의 노동자 투쟁은 특별하며 독특하다. 하지만 21세기의 변모하고 있는 자본주의, 그리고 그것의 성공적인 축적이 가능하도록 급변하고 있는 우리의 도시라는 삶의 환경, 거기에서 나타나고 있는 새로운 노동 형태와 새로운 고통과 새로운 부조리를 생생하게 닮고 있다는 점에서 이랜드 노동자들의 투쟁은 우리에게 새로운 도전을 던지고 있는 것이다. 나는 진심으로 이분들과 연대하기를 원하고 또 내 주변의 모든 사람들에게 연대하자고 간절히 외치고 싶지만, 그냥 그동안 해오던 대로 '노동자 투쟁이 벌어졌으니 당연히 연대하자'는 생각으로 그러는 것은 아니다. 이랜드 비정규직 노동자 투쟁은 우리에게, 우리가 어떤 환경에서 살게 되었는지 그리고 그 속에서 살고 있는 나와 당신의 삶은 무슨 꼴인가를 돌아보고 생각하게 만들어 주는 싸움이라고 믿는다. 그래서 먼저 이곳의 노동자들이 느끼고 겪고 생각하고 좌절하고 분노했던 생생한 이야기들을 먼저 들어 보고 싶다. 이들이 전해 주는 이야기는 우리가 살게 될 21세기 자본주의의 속살을 드러내 주는 묵시(黙示)라고 생각되기 때문이다.

손해배상 청구, '법'의 이름으로 행사하는 폭력

권두섭(민주노총 법률원 변호사)

출근을 해도 재미가 없다. 해고자 모습을 볼 때 가슴이 뭉클해지고 가족들은 어떻게 지내는지? 두산이 해도 너무한다. 해고자 18명, 징계자 90명 정도, 재산 가압류, 급여 가압류, 노동조합 말살. 악랄한 정책으로 우리가 여기서 밀려난다면 전 사원의 고용을 보장받지 못할 것이다.

지금 두산이 사택 매각 식당 하도급화(를) 노동조합과 합의 사항인데도 불구하고 일방적으로 시행한다고 하니 어처구니가 없구나. 얼마 전 징계자들이 출근 정지가 끝나고 현장에 복귀하였지만 무슨 재미로 생산에 열심히 하겠는가. 이제 이틀 후면 급여 받는 날이다. 약 6개월 이상 급여(를) 받은 적이 없지만 이틀 후 역시 나에게 들어오는 돈(은) 없을 것이다.

두산은 피도 눈물도 없는 악랄한 인간들이 아닌가.

나는 매일같이 고민을 해본다. 두산의 노동조합 말살 정책(은) 분명히 드러나 있다. 얼마 전 구속자 선고 재판(에서) 어처구니없이 실형 2년이라니 두산은 사법부까지 개입하고 있다는 것이 눈에 보인다. 공정해야 할 재판부가 절차를 거쳐 쟁의행위를 했는데도 불구하고 모든 것이 불법이라니. 가진 자의 법이 아닌가.

더러운 세상 악랄한 두산, 내가 먼저 평온한 하늘나라에서 지켜볼 것이다. 동지들이여 끝까지 투쟁해서 승리해 주기 바란다. 불쌍한 해고자들 꼭 복직 바란다. 나는 항상 우리 민주광장에서 지켜볼 것이다.

내가 없더라도 우리 가족(을) 보살펴 주기 바란다.

미안합니다.

– 두산중공업지회 "배달호 열사의 유서" 중에서[1]

2003년 초 금속노조 두산중공업지회의 불법 파업을 문제 삼아 법원에서 결정한 가압류를 비관해 한 노동자가 분신했다. 그가 남긴 유서는 노동자들의 기본권을 인정하지 않고 노조 무력화에 골몰하는 재벌 자본과 그들의 편에 서 있는 법원에 대한 분노와 원망으로 가득 차 있다. 해고가 되어 쫓겨난 동료들에 대한 미안함과 안타까움이 교차하면서 그가 마지막으로 남긴 "미안하다"라는 말은 어쩌면 그가 아니라, 우리 그리고 우리 사회가 그와 그의 가족에게 해야 할 사과일 것이다.

그해가 가기 전에 또 노동자들의 곁을 떠난 세원테크 이해남 열사의 유품 가방에서 나온 것은 해고 통지서, 경찰 출석 요구서, 채무 내역, 신용 회복 지원 통보서였다고 한다. 이는 노동조합 활동을 했다는 이유로 해고를 당하고 형사 고소와 손배 가압류로 경제적 파탄에 이를 수밖에 없는 노동자의 삶을 극명하게 보여 주는 사례이다.

2003년 민주노총이 조사한 바에 따르면 노동자들에 대한 사용자들의 손해배상 및 가압류 청구 총액이 50개 사업장, 2,222억9,000만 원에 이른다. 2002년 6월 말 38개 사업장, 1,253억 원에 비해 6개월 사이에 1,000억 가량이 증가했다고 한다.[2] 이른바 불법 파업을 이유

---

1 괄호는 독자들의 이해를 위해 편집자가 덧붙인 것이다.

2 "신종 노동탄압 손배, 가압류로 인한 노동기본권 제약의 문제점과 개선 방안" 토론회 자료집, 2003, 1-2쪽.

로 조합 기금은 물론이고, 노조 간부와 조합원의 임금, 퇴직금, 개인 재산, 심지어 신원보증인의 재산에까지 위와 같은 천문학적 액수의 가압류와 손해배상 청구가 행해지고 있는 것이다.

최근에 와서는 노동쟁의가 발생하는 거의 대부분의 사업장에서 형사고소와 징계라는 고전적 탄압 수단에 더하여 손해배상, 가압류, 가처분, 용역 깡패 동원, 직장폐쇄가 이루어지고 있다. 특히 비정규직 노동자들의 투쟁이 계속되면서 손해배상과 가압류는 비정규직 노동자들과 그 노조에 집중되고 있다.

아직 현재 진행형인 이랜드-뉴코아 투쟁으로 뉴코아 노동조합과 간부들에 대하여 회사와 점주들 이름으로 무려 118억여 원의 손해배상 청구와 12억여 원의 가압류가 행해지고 있고 이랜드일반노조와 그 간부, 조합원들에 대해서도 다시 119억여 원의 손해배상 청구와 6억여 원의 가압류가 내려졌다고 한다. 코스콤 비정규직지부에는 사 측이 고용한 용역업체 직원들에게 폭행을 당한 것도 모자라, 그 용역 경비인 7억7,600만 원을 노조가 내 놓으라며 손해배상을 청구했으며, 도합 13억여 원의 손해배상 청구가 이루어졌다.

뉴코아 노동조합 간부들에 대한 형사재판 최후진술에서 '제가 평생을 벌어도, 아니 저의 아이들과 그 아이들의 아이들이 평생을 벌어도 갚지 못하는 액수의 손해배상 청구가 이루어지고 있다'는 한 노동자의 말처럼 자본주의 법률의 총아라고 할 수 있는 '손해배상과 가압류'는 노조 활동의 봉쇄를 넘어 비정규직 노동자들의 삶을 다시 죽음으로 내몰고 있다.

이렇게 손해배상과 가압류가 급증하고 있는 이유는 무엇보다 자본이 노조 탄압 수단으로 이를 활용하고 있기 때문이다. 노조의 재정적

취약성, 조합원 개인이나 신원보증인에 대한 재산 가압류를 통한 효과적인 노동 통제, 나아가 노조 무력화와 와해를 목적으로 이루어지는 것이지 다른 목적이 있는 것이 아니다. 이로 인해 현실에서 노동기본권은 심각한 상황에 처해 있다. 노조 활동을 그만두거나, 아예 회사를 떠나야만 가압류와 손해배상의 위협에서 벗어날 수 있기 때문에 노조는 더욱 취약해지고 간부들은 위축되어 있다. 거의 와해 직전에 이른 경우도 허다하다. 그리고 이와 같은 손해배상과 가압류는 노동자의 유일한 생계 수단인 임금, 개인 주택과 신원보증인의 재산으로까지 확대됨으로써 생존권과 인권을 침해하는 결과를 가져오는 것이다.

그런데, 이런 손해배상과 가압류는 노조 활동과 파업이 '불법'이라는 점을 이유로 해 모두 '법'의 이름으로 이루어진다. 비정규직 노동자들을 자르고 그 자리를 용역으로 전환하려는 것을 제지하고 매장 점거 농성을 하면 업무방해가, 간접 고용 비정규직 노동자들이 원청 사업장에서 농성과 선전 활동을 하는 것은 주거 침입과 업무방해가 되고 사 측이 이들을 폭행하는 것은 정당행위가, 위장 도급과 불법 파견을 중단하고 법을 지켜서 고용하라는 요구는 파업 목적이 불법이라고 업무방해가 된다. 비정규직 대량 해고와 위장 도급에 항의하는 집회는 업무방해나 명예훼손과 가처분 위반이 된다. 이 모든 것이 손해배상의 대상이 될 수 있게 한 그 잘난 '법'의 이름으로 이루어지고 있다.

헌법에서는 노동 3권을 보장한다고 되어 있지만 현재의 법률과 법원의 해석 태도에 따르면 노동자들이 사용자에게 실질적으로 압력을 가할 수 있는 방법으로 합법적인 파업을 행하는 것은 거의 불가능하다. 대부분의 파업이 불법이 될 수밖에 없고, 불법 파업이 되면 자동으로 따라오는 것이 바로 가압류와 손해배상, 해고를 비롯한 징계, 업무방해죄에 의한 형사처벌이다.

설사 복잡한 절차를 거치고 각종 제한 조항의 협소한 길을 통과하여 합법적인 파업에 들어갔다고 해도 사용자의 공격적인 직장폐쇄, 용역깡패 투입, 노동부와 검찰 공안부의 불공정한 노사관계 개입 등으로 인해 언제든지 불법의 멍에가 씌워질지 모르는 것이 우리 현실이다.

전체 노동자의 56퍼센트에 이르는 비정규직 노동자들에게 노동기본권은 어떤가. 특수 고용 노동자는 노조가 설립이 되어도 판례가 노동자성을 부정하기 때문에 절차를 거친 쟁의행위일지라도 법원으로 가게 되면, 노동자가 아닌 개인 사업자들의 불공정 담합 내지 집단행동으로 치부될 가능성이 높다. 회사가 노조를 부정하고 단체협약을 위반해도 처벌되지 않는 것이다.[3] 여기에 합법적인 단체행동권이 있는가.

사내 하청 등 간접 고용 노동자들은 어떤가. 노조를 설립한다 해도 원청회사가 하청회사와 도급계약을 해지하면 노조는 쉽게 와해된다. 그렇지 않다고 해도 노동조건의 결정권이 있는 실질적인 사용자인 원청회사는 하청 노동자와 직접 고용계약을 체결한 바가 없으므로 노동법의 책임이 없다면서 단체교섭에 응하지 않는다.[4] 계약 해지는 해고가 아니므로 문제를 제기할 수 없는 계약직 노동자들에게 실질적인

---

3 재능교사노조가 회사를 단체협약 위반으로 고소한 사건에서 서울지검(손기호 검사)은 학습지 교사는 노동자가 아니고, 노동조합도 아니므로 단체협약으로 볼 수 없어 혐의 없음 처분을 내린 바 있다.
4 이런 논리 역시 법원의 판례에 의해 뒷받침되고 있다.

노동기본권은 보장되어 있는가. 뉴코아-이랜드 노동자들의 투쟁이 왜 불법인가. 비정규직을 대량 해고한 자본이 불법을 저지른 것이 아닌가.

이와 같이 사용자가 마음먹기 따라서 비정규직 노동자에 대해서는 현재 법과 판례를 무기로 얼마든지 노동기본권을 부정할 수 있게 되어 있다. 이때 노동자들의 선택은 그대로 당하거나 손해배상 청구나 가압류, 형사처벌을 감수하고서라도 강도 높은 투쟁에 나설 수밖에 없는 것이다.

법원은 또한 대부분 무분별하게 가압류를 받아들이고 있는데, 사정이 이렇다면 그들이 이야기하는 실정법에서도 '권리 남용'이라서 기각되어야 하지 않는가. 파업의 정당성을 판단할 때는 주체·목적·절차·수단과 방법 등 복잡하고 엄격한 잣대를 들이대고 한치만 벗어나도 그 이유 여하를 불문하고 '불법'으로 단죄하면서 어떻게 가압류는 그렇게도 쉽게 내려질 수 있는 것인가. 또한 받아들이는 손해배상의 액수는 어찌 그리 큰 것인가.

해결책은 있고 아주 간단하다. 파업권을 포함한 노동기본권이 보장되어야 하고 '합법'적인 파업이 가능하게 해야 한다. 노조 활동과 쟁의행위와 관련한 손해배상, 가압류는 노조 탄압의 수단에 불과하므로 이를 금지하는 입법이라도 해야 한다. 비정규직 노동자들의 모든 활동이 불법으로 단죄되는 현실을 바꾸기 위해서는 비정규직 노동자들의 노동기본권이 온전히 인정되는 비정규법이 만들어져야 한다.

그런데 이 모든 것들이 이 자본주의 사회와 공존이 가능한 꿈일까……

민주노조 패러다임의 극복과 지역, 여성 그리고 연대 : 새로운 방향 전환을 위하여

김원(한국학중앙연구원 연구원)

들어가며

2007년 이랜드 투쟁은 장기간에 걸친 투쟁의 강도, 점거 투쟁 등의 형태로 나타난 전투성과 지속성, 지역을 중심으로 한 사회단체, 정당 조직과의 결합이라는 새로운 노동자 운동의 모델 창출 그리고 기혼 여성 노동자들이 중심이 되어 전개된 투쟁 주체라는 여러 가지 면에서 주목을 받아 왔다. 그 과정에서 보수적 기독교 단체조차 촛불 기도회, 모금 활동, 불매운동 등의 형태로 지지를 표명할 정도로 대중적인 지지를 확보했다.

그러나 이랜드 투쟁을 보면서, 나는 여성 노동 연구자로서 마음이 편치만은 않았다. 아직도 노동운동 내부에 잔존한 정규직 남성 노동자에 대한 신화, 연대를 이야기하지만 실제로 정규직과 비정규직, 남성과 여성 그리고 상이한 지위 속에서 서로가 소통하고 상대방의 처지를 이해하기 위한 준비조차 마련되지 못한 조건, 그리고 이 투쟁에 대한 비관적인 시나리오와 푸념의 확산 등은 편치 않은 마음을 더욱

심란하게 만들기도 했다.

익히 알려진 바와 같이, 1987년 이후 한국의 노조 운동은 민주노조, 특히 대공장 남성 노동자들의 전투적인 집단행동을 중심으로 국가와 자본으로부터 민주노조의 자율성을 지키고자 했다. 하지만 1997년 경제위기에 이어 닥친 변화는 민주노조 조직 노동자들의 의식과 행동에 커다란 변화를 가져왔다. 나는 2005년에 대표적인 민주노조의 주력 사업장인 현대자동차 노조에 대한 조사를 수행한 바 있다. 그 과정에서 목격할 수 있었던 것은 전투적·연대적 노조와 조합원의 모습이 아니었다. 대신에 노조 집행부 장악을 둘러싼 현장 조직 간의 권력 투쟁, 사 측과의 담합 구조, 노조 대의원이 잔업을 따내 주는 대리인으로 전락한 상황 그리고 빨간 조끼로 상징되는 정규직의, 비정규직 및 지역사회 내 타자·소수자에 대한 묵시적 차별, 불안정 노동자 집단에 대한 동정·시혜적 시각 등을 확인할 수 있었다.

1997년 이후 고용불안의 구조화와 기존 노동자 공동체의 분산은 전투적·계급적 민주노조가 아닌, 사 측과의 협상이라는 '구조적인 힘'에 의존하는 경향을 더욱 강화시켰다. 이는 단위 노조에서 민주노총으로 대표되는 상급 단위 조직도 마찬가지였다. 총파업 선언을 하지만 이는 정부와 자본 측을 위협하기 위한 수단일 뿐, 밑으로부터 대중의 힘에 기반을 둔 대중투쟁이 급격하게 약화된 것은 대부분 관계자들이 인정하고 있는 현실이다.

이미 여러 사례 등에서 확인되는 바와 같이 2000년대 들어 전개된 불안정 노동자들의 밑으로부터 투쟁은 민주노총의 지지 선언에도 불구하고, 대부분 단위 사업장 차원의 전투적인 집단행동의 양상으로 전개되었으나, 이들의 조직화라는 성과로 이어지지 못했다. 이는 불안정 노동자들의 열악한 노동조건과 조직화를 둘러싼 조건의 반영이기도 하지만, 불안정 노동자들만의 투쟁으로는 현재 문제를 돌파하는 것이 어렵다는 것을 보여 주는 것이기도 했다.

이런 노동자 운동의 침체와, 시간이 갈수록 확장되는 불안정 노동자에 대한 조직화의 어려움이라는 조건 속에서 발생한 사건이 이랜드 노동조합의 투쟁이다. 이랜드 투쟁은 여러 가지 측면에서 바라볼 수 있지만, 몇 년 사이에 노동자 운동이 제대로 된 조직적 결실을 맺지 못했던 침체 국면에서 하나의 '가능성'을 제공했으며, 이를 기반으로 '새로운 노동자 운동의 방향 전환'의 길을 터 주었다는 점에서 주목할 만한 사건이다. 바꾸어 말하자면, 불안정 노동자를 중심으로 한 한국 노동자 운동의 새로운 조직화 및 주체 형성의 문법과 언어를 제공할 중요한 계기를 마련해 주었다고 평가할 수 있다.

이 글에서는 이랜드 투쟁을 운동 주체, 새로운 투쟁의 시·공간 그리고 여전히 남은 한계 등을 중심으로 살펴보고, 이랜드 투쟁을 통해 제시할 수 있는 새로운 노동자 운동의 방향 전환에 관해 시론적으로 제기해 보고자 한다.

이랜드노조 투쟁, 주체·공간 그리고 한계

이랜드 투쟁의 중요 주체였던 홈에버 그리고 뉴코아 노조는 이전부터 꾸준히 불안정 노동자들에 대한 조직화를 추진해 왔다. 이들은 직접 고용 정규직, 직접 고용 비정규직, 파견직 그리고 용역 등의 형태로 고용되었으며, 주된 투쟁 주도층은 직접 고용 정규직과 비정규직이었다. 하지만 다소간 차이는 존재했는데, 홈에버는 정규·비정규직이 항상 같은 공간에서 근무했고, 두 부문 간의 비율은 각각 50퍼센트 정도였으며 대부분 기혼 여성들로 구성되어 있었다. 반면 뉴코아는 비정규직의 비율이 낮았으며 미혼인 20대가 주축을 이루었다.

한편 잘 알려진 바와 같이 이랜드노조는 독특한 '기업 문화'로 이전부터 알려져 왔다. 하지만 이랜드의 기독교 기업 문화는 조합원들을 순치시키기 위한 기제였다. 단적인 예로 사생활이 문란하다는 이유로 퇴사 종용, 전 사원에 대한 금연과 금주 강요, 기독교 기업임에도 주일 영업을 강요했다. 또한 사내 기도실에는 신앙과 무관한 '목표 달성'이란 기도 제목이 버젓이 적혀 있으며, 기업은 하나님의 것이므로 하나님의 말씀을 실천해야 한다고 강조하면서 신앙의 집단화를 통한 이윤 확보를 위해 노동자들의 희생과 봉사를 강요했다. 나는 이 모습을 보면서, 1950년대 '산업 전도'가 연상이 되었다. 1960년대 중반부터 한국 노동운동의 후원자였던 '도시산업선교회'는 처음부터 노동자들의 인권을 옹호했던 것은 아니었다. 초기 교회는 산업 전도라는 이름으로 공장에 기독교를 전파하고자 했다. 이 시기 교회와 목사들은 저임금, 장시간 노동 그리고 사회적 차별에 시달리는 노동자들의 현실에 눈 감은 채 생산성 향상을 주창하며 고용주의 편에서 전도를 해 왔다. 이른바 '강제 예배' 등으로 대표되던 당시 교회의 모습은 노동자들의 분노를 사기에 충분했으며, 후일 이를 반성한 일부 교회 단체에서 '도시 산업 선교'라는 이름으로 노동자의 벗이 되고자 했다. 이처럼 역사는 '돌고 도는 것'이 아닌가란 생각을 지울 수가 없었다.

뿐만 아니라 손님으로 가장해서 업무를 비밀리에 감시하는 모니터링 제도, 점프 교육, 반장의 허가 없이는 화장실에 다녀오는 것조차 금지되고 심지어 립스틱 색깔까지 지정해 주는 등 비인간적인 노무관리를 자행했다. 더불어 박성수 회장의 신년 문자 메시지는 정규직에게만 보내졌으며, 비정규직에게는 건강검진 통지도 오지 않았고 직원할인 혜택도 부재한 극심한 차별이 진행되었다. 이처럼 불안정 노동자에 대한 가시적·비가시적인 차별이 노골화되는 과정에서 이랜드노조의 정규·비정규직 노동자들은 '공동 투쟁'을 전개했다.

먼저 이랜드노조 투쟁의 특징으로 지적할 수 있는 점은 다음과 같다. 첫 번째, 투쟁 주체에 있어서 불안정 노동자이며 기혼 여성 노동자들이 중심이 된 밑으로부터의 자발적인 투쟁이 공세적으로 전개되었다. 두 번째, 그간 조직화가 어렵다고 판단되었던 민간 유통 부문 노동자들의 꾸준한 사전 조직화를 통한 장기 투쟁이 성사된 점이다. 세 번째로 지역이라는 시·공간을 매개로 지역 연대 투쟁 모델이 창출된 점을 들 수 있다. 그간 노동자 운동에서 산별운동의 한계가 지적되면서, 지역의 중요성이 여러 차례 지적된 바 있으나 실제 운동의 전개 과정에서 지역을 거점으로 강력한 투쟁이 전개된 사례는 쉽게 찾아보기 힘들었다. 하지만 이랜드 투쟁은 노조 이외에도 지역 사회단체와 정치 조직들이 결합해서 지역사회를 거점으로 새로운 노동자 운동의 가능성을 제기해 주었다.

그렇다면 다음으로 지역이라는 시·공간, 여성이라는 투쟁 주체 그리고 이 과정에서 나타났던 한계에 관해 구체적으로 살펴보도록 하자. 첫 번째로 노동자 운동의 투쟁의 시·공간으로 제기된 지역에 관한 문제를 살펴보자. 과거 노동자 운동에 있어서 지역은 노동자들의 주거 공간이나 노동자 밀집 지역 혹은 지역 단위 노조라는 방식으로 이해되어 왔다. 신경숙 소설 『외딴방』에 등장하는 벌집이나 광산 지역 노동자와 가족들의 보금자리였던 '사택' 그리고 울산 등지에 자리 잡았던 '독신자 기숙사' 등은 과거 노동자들의 일상이 아로 새겨진 공간이었다.

익히 알려진 바와 같이 1987년 노동자대투쟁 이후 기업별 노조 체제 하에서 지역은 민주노조 간의 전투적 집단행동과 연대의 주된 매개였다. 당시 노동자들은 지역 내 인접한 노조와 조합원들 간의 연대를 바탕으로 국가와 자본에 대항해 전투적 투쟁을 전개했다. 하지만 전노협이 해소되고 민노총으로 전화되는 일련의 과정에서 한국 노동자 운동에서 '지역'에 대한 고민은 실종되었다. 산업별 조직화와 이에 대한 조직적 대안으로 '산별노조'가 노동자 운동의 조직적 대명제로 정착되면서 지역은 '과거의 유산'처럼 인식되었다.

그러나 민주노총으로 조직적 전화가 이루어진 뒤, 특히 경제위기 이후 조직 대상 노동자의 성격이 질적으로 변화한 이후 양상은 달라졌다. 지역은 삶의 공간인 동시에 신자유주의 이데올로기의 구체적인 작용 지점이며, 정규직 노동자(노조 활동가)나 여성 노동자, 비정규직 노동자(활동가) 등과 그 가족 성원을 포함한 다양한 사회적 타자들을 둘러싼 역량 확보의 거점으로 변화했다. 과거 울산이나 창원 등 정규직 대공장 조합원들의 밀집 거주 지역이 지역으로 주목을 받았다. 하지만 이제 이들 공동체는 '사라져 가는 노동자 공동체'가 되어 버리고 있다. 이제 거주 지역은 연대의 공동체가 아닌, 아이들의 더 나은 교육 환경, 풍요로운 주거 조건 그리고 중산층의 소비 패턴과 닮아 있는 분산된 삶의 공간인 것이다. 다시 말해서 이제 지역은 단순한 '거주' 개념에서 지역 내 노조와 사회단체 그리고 정치조직·시민단체 등 지역을 둘러싼 사회 세력 사이의 관계의 망으로 자리 잡아 가고 있다.

이 글에서 주목하는 지역도 마찬가지이다. 기존의 방식대로라면 이랜드 단위노조의 투쟁에 대해 상급 노조가 지지 성명 내지 지원을 표명하고, 투쟁 지침에 따라 투쟁이 전개되었을 것이다. 하지만 이랜드 투쟁은 지속적인 사전 조직화 단계부터 지역단체, 사회단체 등이 꾸준히 결합해 왔으며, 실질적인 투쟁과 점거 과정에서도 같이 결합했다. 이미 2006년 까르푸·뉴코아·이랜드 3사 공동 투쟁을 통해 비정규 노조를 포함하는 '이랜드일반노조'를 만들어 냈으며, 동시에 투쟁 결합 단위를 중심으로 '지역연대에 기초한 조직화'라는 성과를 낸 바 있다. 이후 민노당 마포·서대문·은평·용산 등 지역 노동위원회가 서울 상암 지역 노조에 대한 사전 조직화를 지속적으로 전개해 왔다.

특히 2007년 '매출 제로 투쟁'이라고도 불렀던 '점거'라는 높은 수준의 투쟁은 상급 노조의 지침에 기초했던 것이 아니라, 조합원들이 스스로를 조직하는 과정, 즉 여성 조합원 주체들의 자기 조직화 과정이라는 점에서 주목받아야 한다. 바로 이랜드 투쟁의 총파업과 점거 투쟁, 그리고 지대위로의 결집은 '미조직 노동자의 결집과 조직화'를 위한 중요한 가능성을 제공해 준 것이다. 하지만 이런 지역적 차원의 연대는 '미조직 노동자의 조직화'라는 의미 이외에도, 민주노동당 지역 위의 실천 등에서 확인할 수 있는 바와 같이, 제도 정치에 함몰되지 않고 지역운동을 스스로 조직하고 실천하는 과정을 통해 기존 운동을 새롭게 변화시키기 위한 토론·실천을 동반한 새로운 실험을 진행했다는 의미를 갖는다.

바로 이랜드 투쟁은 밑으로부터 조합원들의 자발적인 자기 조직화 과정에서 지역단체, 운동 단위, 정치조직이 결합해서 이랜드 매장을 중심으로 한 커다란 연대의 틀을 형성했던 것이다. 투쟁 과정에서 민주노총 서울본부와 민노당 서울시당의 합동 총회 등에서 볼 수 있듯이 연대의 대상이 아닌 연대의 '주체'로 이들 각급 단체가 분명하게 참여했던 것이다.

특히 이 과정에서 민노당 지역위 및 활동가들은 기존 활동 방식의 변화를 경험했다. 과거 제도 정당의 지구당 활동에 익숙했던 지역 당원들은 조합과 지역 문제에 결합함으로써 일상적인 정치 활동을 복원시킬 수 있었다. 또한 지역위 활동가 군을 양성할 수 있었고 동시에 지역에서 공동의 논의 테이블을 형성하는 것 역시 가능했다. 지역 연대 투쟁의 결합을 통해 이들은 비로소 '할 일'을 발견했던 것이다.

더불어 의사 결정 과정에서도 노조는 상급 단위의 지침이 아닌, 투쟁을 사전 조직할 때부터 공동으로 참여한 사회단체, 정치조직 등의 의사를 수렴하고 이를 받아 안으려고 했다. 단적인 예로 점거 지속 여부 등에 관해 과거 일면식도 없던 연대 단위와 논의를 했고, 오히려 이런 태도가 사회단체들을 고무시키기도 했다. 이런 노조의 '개방성'은 노조의 활동이 단위 사업장에 국한된 사안이 아닌, 노조와 지역을 가로지르는 성격임을 시사해 준다.

물론 이런 흐름을 노조의 '사회운동적 성격'이라고 규정할 수도 있지만, 굳이 오해가 많은 이런 규정을 사용하지 않는다고 해도 노조와 지역 사회운동, 사회단체 등이 지역의 이데올로기 지형과 일상에서 지역민들이 타자로 여기던 불안정 노동자에 대한 지배적인 시각에 '균열'을 불러일으켰다는 점은 의미심장한 일이다. 예를 들어 지역 주민들은 이랜드 투쟁을 목도하면서, 이들의 삶의 공간인 마트가 자신들에게 서비스를 제공해 주는 공간이 아닌, 같은 지역에서 살아가는 주민이자 노동자로서 일하는 공간임을 인식하게 된 것이다. 즉 노조, 사회단체 그리고 정치조직이 지역의 투쟁에 일관되게 결합해서 주체를 형성하고, 지역 내 고립된 타자이던 노동자들에 대한 지지를 이끌어 낸 것은 다른 지역사회를 둘러싼 투쟁에서 쉽게 발견하기 어려운 사례다.

두 번째는 투쟁의 주체를 둘러싼 문제다. 앞서 언급한 바와 같이 이랜드 투쟁은 지역을 거점으로 한 정규직과 비정규직의 공동 투쟁이자 기혼 여성 노동자들의 자발적인 투쟁이라는 성격을 띤다. 이랜드 투쟁에 참여했던 노동자들의 특징은 조합원 1,500명 가운데 600여 명이 계약직 여성 노동자였다는 사실이다. 동시에 기존 남성 사업장에서 쉽게 발견하기 어려운 감수성, 내부 규율, 서로 간의 돌봄의 정서 등이 발견된다는 점이다. 하지만 여성 노동에 대한 편견은 산업화 시기와 1980년대부터 존재했다. 당시 여성 노동에 대한 지배적 담론은 근육질의 규율 잡힌 남성 노동자와 대비되는 낮은 의식성, 일시적인 공장 생활, 타협적인 경향 등이었다. 더 나아가 여성노동의 존재 자체가 정치적 노동운동 발전의 '장애물'로 여겨지기도 했다. 이런 지배적 담론과 달리 과거나 오늘날 여성노동은 그들만의 연대(female solidarity)를 적극적으로 창출해 왔다.

바로 이 점에서 이랜드 투쟁은 노동권과 여성권이 중첩된 투쟁이라고 볼 수 있다. 바로 상층 협상이나 구조적 권력에 기초한 협상력이 아닌, 오랜 사전 조직에 기초한 밑으로부터 역동적인 대중투쟁을 여성들이 창출한 것이다. 이는 불안정 노동자, 특히 유통과 서비스 부문 노동자의 조직화의 난점을 지적하며, 여전히 대공장 정규직 남성 노동자들로부터 시선을 거두지 못하는 현재의 지배적 인식에 파열구를 내는 것이었다. 1996~97년 총파업 혹은 2002년 발전노조 파업 이후 매년 패배와 침체를 거듭하던 노동자 운동은 스스로 예상치 못했던 새로운 운동 주체의 자발적인 힘에 의해 역동성과 가능성을 획득한 것이다.

하지만 노동권과 여성권이 결합하는 데 있어서 한계도 분명했다. 과거 산업화 시기도 유사했지만, 여성 노동자의 투쟁에 대한 시선은 동정적·시혜적인 성격이 강했다. 단적인 예를 들어 여성 노동자들의 투쟁에 대해 '집에서 가정을 지켜야 하는 여성들이 얼마나 불쌍한가' 내지 '저임금을 받고 일하는 여성들에게 모성을 되찾아 주어야 한다'는 등이 그것이다. 단적인 예가 지난 시기 민주노총 포스터에 '아이를 업은 여성'을 등장시키며, 여성 주체를 가정으로 유폐시키려는 시선이었다.

이런 동정적·시혜적 시선은 1960~70년대에서 정지된 것이 아닌, 오늘날에도 반복되고 있다. 이랜드 여성 노동자들에 대한 70퍼센트에 가까운 높은 지지는 한편으로 점거 투쟁을 통해 평소 이들을 무시하던 지역민들이 이들이 같은 지역 주민이자 시민임을 인식하게 만든, 즉 불안정 노동자에 대한 지배적 시각에 균열을 낸 효과였다. 하지만 동시에 여전히 여성 불안정 노동자에 대한 동정이나 시혜적 연대라는 시각도 여전히 강했다. '80만 원 받는 비정규 노동자들의 투쟁'으로 이랜드 투쟁이 상징화된 것이나 여성 노동자들을 '우리 누이'라고 부르거나 민주노총이 '불쌍한 우리 주부들을 집으로 돌려보내야 한다'는 식의 호명 기제가 대표적이다. 이처럼 이랜드 투쟁에서 보인 여성 노동자에 대한 '호명 방식'은 여전히 한국 노동자 운동에서 남성 중심주의가 강하게 작동하고 있다는 것을 드러내 준다.

이는 실제 노조의 조직 체계에서도 발견된다. 1987년 이후 민주노조는 남성적 전투성을 기반으로 국가-자본과의 대결을 전개해 왔다. 바로 민주노조운동의 중심 주체로 대공장 남성 노동자를 무의식적으로 상정하고, 나머지 주체들은 보조적인 주체로 간주하는 정치적 효과를 낳았다. 이는 노조 내 대표 체계에서도 그대로 드러났다. 여성 조합원이 다수인 사업장에서도 대표는 남성이, 여성은 보조적인 역할을 맡는 성별 분업이 그것이었다. 이는 이랜드노조에서도 유사했다. 이랜드의 경우도 회사의 직제가 노조의 조직 체계로 그대로 이전되어, 뉴코아의 경우 지부장이 관리자나 과장이었고, 조합원은 이들을 아빠, 엄마라고 불렀다고 한다.

마지막으로 지적할 것은 가족(혹은 가족주의)을 둘러싼 문제였다. 이랜드 파업 시기 조합원들에게 가장 힘든 일은 가족과의 분리였다. 파업이 장기화되고 점거 농성 등 철야 투쟁이 지속되자, 조합원들은 남편과 자녀 등에 대한 걱정과 근심을 다양한 방식으로 표출했다. 과거 민주노조의 경우에도 노조에서 장기 파업이 진행될 경우, 가족을 포함하는 파업 공동체가 형성되기도 했다. 그 대표적인 형태가 '가족대책위원회'(가대위)라고 불리는 조직이었다. 하지만 조주은의 연구(『현대 가족 이야기』, 이가서, 2005)에 따르면, 가대위는 조합원과 가족이 동등한 주체로 파업 전개 과정이나 지역 공동체에 위치하는 것이 아니었다. 오히려 가부장으로 상징되는 남성 조합원들의 식사, 수발 등을 드는 보조자로서 역할을 여성들에게 부여했다. 다시 말해 가대위에도 사적 가부장제의 원리가 지속적으로 관철되었던 것이다.

이랜드노조의 경우 장기 농성의 유지 및 조합원의 능동적인 자기 조직화, 투쟁 과정에서 자기 의식을 확보하는 일련의 과정은 기존의 수동적인 자기 정체성에 균열이 생기는 과정이었다. 바로 '가정으로 돌아가고 싶은 주부'라는 통념을 스스로 깨뜨리는 동시에, 자신을 모성이자 밥해 주는 존재로 규정했던 데서 사회정의, 평등을 위해 활동하는 존재로 바꾸어 갔던 것이다.

하지만 다른 한편 투쟁의 장기화에 따라 가족 간 불화, 자녀 교육 문제, 생활 패턴 변화 등 가족 문제에 대해 '알아서 해라' 내지 '감내해야 할 문제'라는 식으로 대응했던 것은 노조의 일은 '공적 영역'이며, 개별 조합원의 가족 문제는 철저히 '사적 영역'으로 분리하는 사고를 보여 준다. 이렇게 가족 간의 불화나 갈등으로 고민하는 조합원들을 노조와 지도부가 방치했던 것은 가족주의 문제에 대한 인식의 수준을 드러내 준다. 이는 노조운동이 여전히 조합원들에게 노동자로서 정체성은 부여하지만, 자율적인 주체로서 여성의 권리에 대해서는 무감각하다는 것을 단적으로 보여 준다. 이 점에서 이제 노조운동은 노동권과 여성권, 즉 여성주의와의 결합 지점에 대해 구체적으로 고민해야 한다는 것을 보여 준다고 할 수 있다.

노동자 운동의 방향 전환을 위한 제언

1960년대 후반 서유럽에서 젠더·생태·인종 등 새로운 적대의 폭발은 노조운동을 포함하는 기존 사회운동의 패러다임 전환을 강제했다. 그 와중에 탄생했던 것이 구사회운동과 구분되는 신사회운동이었다. 하지만 1990년대 초반 마르크스주의의 위기가 폭발하는 동시에 대중적 노동자 운동이 출현했던 한국의 경우, 새로운 적대와 이에 따른 주체 형성 전략을 구성하는 데 많은 한계가 존재했다. 현재 노동자 운동의 상황은 이를 반영한다.

앞서 언급한 바와 같이 민주노조 패러다임은 1987년 이전 무권리 상태였던 노동자들을 투쟁의 주체이자 노동권의 담지자로 형성하는 중요한 역할을 했다. 하지만 이제 민주노조 패러다임은 시대적 소명을 다해 가고 있다. 민주노조는 '민주'라는 말이 무색할 정도로 관료화된 경직된 조직으로 변했다. 이는 기층 노동자와 새로 조직되어야 할 노동 대중에 대한 근본적인 고민보다, 상층 교섭을 통한 '현상 유지 전략'으로 나타나고 있다. 이는 동시에 대중투쟁 동력의 급격한 퇴조와 사 측과의 파트너십 강화로 나타나고 있다. 그 결과 민주노조운동은 대다수 조직 대상 노동자들을 포괄하지 못한 채, 기존의 조직 동력인 대공장 남성 노동자 중심으로 전개되고 있다. 더군다나 근 10여 년간 주장해 온 '산별 건설' 전략으로 조직적 전환은 이루어졌지만, 실제로 일부 대공장 노조에서는 기업별 노조를 통한 협상력 강화가 여전히 강조되고 있는 형편이다.

이런 민주노총의 모습은 2007년 투쟁에서도 드러났다. 민주노총은 이랜드 투쟁 등 불안정 노동자들의 투쟁을 받아 안기는 했으나, 단위 노조나 지역 차원에서 일상적이고 안정적으로 결합하지 못했다. 오히려 일부에서 지역 본부가 투쟁의 기조를 낮추거나 왜곡하는 사례가 존재했다. 과거 한국통신 비정규 노동자 투쟁에 대한 민주노총과 정규직 노조의 '차가운 태도'는 아직도 잊기 어려운 사건이었다. 더불어 논의의 중심을 기존 기업별 노조 체계로 이끌려고 하는 경향이 강해서 이 과정에서 불안정 노동자와 여성 등을 노동자 운동의 주체로 내세우기 위한 장기적이고 치밀한 전략은 사상되었다.

흔히 노동운동 '위기론'은 이런 맥락에서 반복적으로 재생산되고 있다. 하지만 위기는 동시에 기회이며, 신자유주의의 구조화는 노동자 운동에 있어서 새로운 가능성을 던져 줄 수도 있다. 필자는 이를 비버리 실버의 『노동의 힘』에서 시사할 수 있다고 본다. 실버는 "자본이 있는 곳에 갈등이 존재한다"는 기본적인 사고 속에서 자본은 이동, 형태 변화 등 ― 구체적으로 생산의 지리적 재배치, 하청 및 임시 고용 관계 확대를 통한 기업 조직의 재구조화, 저비용 지역으로 생산 라인 이동 등 ― 을 통해 좀 더 저렴한 비용을 통해 이윤을 창출하고자 하지만, 새롭게 창출된 시·공간 속에서 새로운 노동자 운동과 그들의 저항이 창출된다고 주장한다. 바로 노동자 운동의 최종적인 위기란 존재하지 않으며, 단지 노동자 운동의 불균등 발전과 지속적 재정립이 있을 뿐이라는 것이다. 미국 역사상 가장 노동 소요가 적었던 시기에 사회적 행동주의가 폭발했던 것도 도시 빈민의 임금과 노동조건 개선을 위한 도시 차원의 생계 임금 캠페인, 건물 관리인을 위한 정의 캠페인 등을 중심으로 한 연합적 힘에 기반을 둔 것이었다.

특히 주목해야 할 것은 '연합적인 힘'의 가능성이다. 여기서 연합적인 힘은 시장 교섭력이나 작업장 교섭력 등 구조적인 힘에 대비되는 것이다. 즉 당면 문제에 직접적인 이해관계가 없는 계층과의 연대를 의미한다. 이런 맥락에서 과거 자동차 산업을 중심으로 한 정규직 노동자 운동은 자본과 시장 교섭력을 중심으로 운동을 전개했다. 하지만 이제 노동자 운동은 새로운 주체들을 중심으로 지역을 단위로 연대를 구축하고, 지역 내 연합적 힘의 강화로 나아가야 할 것이다.

하지만 지역을 중심으로 연대 운동을 강조한다고 해서, 자동적으로 연합적 힘이 확보되는 것은 아니다. 다른 식으로 말하자면 지역 노동 운동은 신자유주의적 세계화에 반대하는 노동자 주체를 형성하려고 하는 시도와는 무관하게 지역 차원의 특수한 이익을 강조하는 경향으로 왜곡될 가능성이 크다. 그 대표적인 예가 '지역경제 살리기' 이데올로기이다. 이미 전개되었던 포항의 건설 노동자 투쟁, 현대 하이스코 투쟁(순천), 현대자동차 노동자들이 투쟁했던 울산 등 모두 노동자들의 요구 해결이란 차원에서 제기되었다. 민주노동당 역시 과거 울산 시장 선거에서 "오토밸리의 적임자는 민주노동당"이라는 식의 공약을 제시했는데, 이는 지역과 노조운동의 결합이 아니라, 지역운동에 대한 대안적 방향 없이 지역 발전주의에 포섭되고 역설적으로 강화하는 결과로 나타난다는 점을 경계해야 한다.

이제 노동자 운동은 한 시대를 마감하는 순환의 계기를 맞이하고 있다. 더 이상 산별노조 건설과 이에 기반한 친노동자 정당 강화 전략은 유효성을 상실하고 있다. 1987년 직후 한국 노동자 운동은 초보적이지만 지역을 기반으로 연합적 연대의 가능성을 밑으로부터 대중투쟁에 기초해서 만들고자 한 바 있다. 하지만 이런 역사적 경험들은 전노협의 해소 과정에서 전투성, 최대강령주의 등으로 비난받으며 소멸되어 갔다. 물론 현재 노동자 운동이 다시 '전노협 시기'로 돌아갈 수는 없다. 하지만 위기를 고정된 것으로 인식하고 이를 상층 단위 협상을 통해 해결하려는 전략은 새로운 노동자 운동의 주체 형성을 지체시킬 뿐이다.

이제 작업장에 초점을 둔 조직화 모델을 근본적으로 다시 평가해야 한다. 불안정 노동자, 여성, 비조직 노동 대중을 삶의 공간이자 노동의 공간인 지역에서 '새로운 저항'의 가능성을 모색해야 한다. 그리고 이는 노동자 운동만의 과제가 아닌 인종·젠더·시민권·계급 등의 이슈와 대면한 소수자와 타자들의 다수자화를 지향하는 모든 사회운동이 결합해서 이루어 내야 할 것이다. 앞서 본 바와 같이 민주노총의 상황이 단기적으로 변화되기 어렵다면, 지역을 중심으로 역동적인 흐름을 창출하고 이를 통해 다시 노조 내부를 변화시키려는 시도가 필요하다. 그리고 이는 노동자 운동의 주체, 시·공간, 주체 형성의 방식 등에 있어서 근본적인 재고를 요청하는 '방향 전환'의 성격으로 이루어져야 할 것이다. 이를 위해 우리는 지역과 노조·대학·시민단체 등이 스스로의 공간을 개방하려는 적극적인 인식 전환을 실천으로 옮겨야 할 것이다.

부록

이랜드
조합원들의
편지

홈에버 매장 점거를 시작한 지 5일째와 6일째 되던 7월 3, 4일
매장에 갇힌 조합원들이 친구에게,
가족에게, 권력자들에게 여러 지지자들에게 편지를 썼다.

친구, 동료에게

친구야!

우리 홈에버 식구들은 요즈음 비정규직 철폐와 해고 문제로 월드컵 상암점에서 전면 파업 중이야. 요즘 뉴스 많이 보았니? 밖에서 우리 좀 응원해 주지 않을래? 많이 응원 좀 부탁해.

그리고 네가 아는 사람들한테도 비정규 악법에 대해 설명 좀 부탁한다. 지금 우리가 얼마나 힘들게 싸우고 있는지.

이 싸움에서 이기기 위해 여기 상암점에서 숙식을 하고 있어. 우리가 여기서 지면 모든 비정규 직원들이 정말 힘들어질 거야.

이길 때까지 열심히 싸울 거야.

친구야! 많이 보고 싶다.

싸워 이기고 나가서 만나자.

웃으면서 말이야.

그때까지 우리에게 많은 힘을 불어넣어 줄 거지?

승리를 위해 파이팅!!!

친구야!

벌써 월드컵 매장에서 사흘째 밤이 지나고 있구나.

사실 처음엔 두려움 반, 혹시나 하는 호기심 반으로 농성장에 들어섰는데, 처음 월드컵 매장에 진입할 때 아무것도 모르고 무조건 앞에서 앞으로 나아가라는 소리를 들으며 전진했던 우리 점 식구들 모두는 소화기 세례를 화려하게 맞으며 이 매장으로 진입했지.

그 순간 우리 모두는 또 다른 동지애를 느꼈는지도 몰라. 아니 모두 가슴 저 밑에서 솟아오르는 또 다른 마음이 있었음을 느꼈을 거야.

그렇게 들어온 매장에서 동거동락한 지 오늘 밤 4일째가 지나가고 있네.

며칠 전 친정 엄마가 전화를 하셨어. 뉴스를 보니 당신 딸이 다니는 회사의 이야기더라는 거야. 사실 그때까지만 하더라도 이야기를 제대로 하지도 못했고 머릿속은 엄청 복잡했단다.

남편은 처음부터 반대했지.

시어머님께서 말기암으로 고통 중에 계셨고 나 역시도 목디스크와 어깨 통증 때문에 늘 불편한 몸이었기에…….

그러나 여든이 다 되신 친정 엄마의 전화 목소리에 난 그만 목이 메어 왔지. 친정 엄만 결혼 전 철도청에서 근무하셨고 그곳은 노동조합의 힘이 대단한 곳이었기에 누구보다도 나의 입장을 이해하시더라구.

난 그동안 갈등했던 마음을 다시 한 번 가다듬을 수 있는 기회가 되었고 완벽한 나의 편이 되어 주시는 엄마의 목소리 너머에서 사랑과 용기가 담긴 위로의 말을 들을 수 있었지.

사실 우리 모두는 투쟁가도 아니고 노동운동가들도 아니지. 다만 가정 경제에 조금이라도 도움이 되고자 혹은 피치 못할 사정 때문에 가장의 몫을 대신하여 시작한 일이지만 여기까지 올 줄 누가 알았겠어.

그러나 애들아! 이왕 여기까지 이렇게 많이 오게 될 줄 누구도 생각하지 못했겠지만 조금만 용기를 내자!

친구야!

오늘로 점거 농성 5일째.

밖에는 비가 내리고 있다. 집에서 따뜻한 밥도 먹고 싶고. 편안한 침대에서 잠도 자고 싶고……. 평상시에는 당연하던 것이 지금은 그리워지다니……. 흐린 날씨처럼 기분도 우울하네…….

학교를 졸업할 때만 해도 사회라는 곳에 나가 내가 무엇을 하며 살아야 할까 두려움 반 설레임 반의 생각들로 머릿속이 꽉 차 있던 때도 있었는데……. 사회에 첫발을 내밀던 때에 IMF가 와서 우리의 발목을 잡더니, 이제는 비정규직이라는 신분제 아닌 신분제가 나의 발목을 잡는구나.

내 나이 어느덧 30대 후반…….

학창 시절에도 안 해봤던 민중가요를 부르고 투쟁을 외치고 동지라는 말을 스스럼없이 하는……. 이런 상황에 처해 있는 나의 모습이 서글퍼진다. 어려서 가졌던 이상들도 어느덧 생활이라는 굴레에 갇혀 현실이 우선이 되고. 그 선상에서 들어온 곳이 이곳 홈에버였는데…….

이제 이곳에서도 나를 받아 주려고 하지 않는구나. 불과 1년 반 전에 새로운 일에 적응할 수 있을지 걱정하는 내게 열심히 하라며, 잘할 수 있을 거라며 격려를 보내 주던 너의 모습이 아직도 생생한데……. 좋은 일로 TV에 나왔다면 제일 먼저 전화를 걸어 자랑도 했을 테고, 신문에 나온 사진도 스크랩해서 너에게 보여 줬을 텐데……. 하지만…….

보여 주기는 싫은 모습이지만, 부끄럽지는 않다.

처음에는 잘못된 법 때문에 계약 만료라는 이유만으로 해고되어야 하는 내 처지가 억울하고 분한 마음에 노조에 가입하고 농성 현장을 따라다녔지만. 지금은 나뿐 아니라 너와 나의 아이들이 물려받아야 할지도 모르는 비정규직이라는 신분을 없애는 데 조금이나마 일조를 한다는 마음에 자긍심을 가지고 이곳 홈에버에서 열심히 투쟁을 외치고 있단다.

친구야.

너도 내 마음 이해할 수 있겠지? 응원해 줄 수 있겠지?

다른 사람들이 불편하다며, 누가 비정규직으로 살라고 했냐며 생각 없이 말을 해도, 너만은 뉴스에 나오는 우리 모습을 보고, 하늘색 티셔츠를 입은 우리 모습을 보고 크게 힘내라는 "화이팅"을 외쳐 주렴…….

사랑하는 당신 보시오

　　푸른 물결 붉은 물결이 출렁이는 이곳 현장에는 붉은 피가 흐르고 피눈물이 흐르는 곳. 이곳은 노동자의 한이 뭉친 사명 띤 현장.

이곳에 오기 전엔 '내가 아니면 누가 해주겠지?' 하는 어리석은 마음이 가득 차 있었고, 또 '하면 뭐 얻어지는 게 있을까?' 하는 마음이었는데 이곳에 와서 모두의 힘이 되고 하나되어 뭉쳐 있으니 '단결의 힘'이 얼마나 큰 힘이 되었는지 알 것 같았어요.

......

그래도 마음 편히 여기 와서 투쟁하는 데 큰 도움을 주고 있는 당신께 고맙고 감사하게 생각하고 있어요.

당신이 그랬죠? 우리 집은 거꾸로 되어 있다고. 그래도 이해해 줘서 고마워요. 이 투쟁이 끝나고 웃는 얼굴로 현장에 복귀할 땐 아줌마들의 힘 있는 파워~ 지켜봐 주시고 꼭 승리할 겁니다.

여보, 파이팅~!

그리고 당신 생일인데 신경 못 써 준 것은 미안해.

투쟁이 승리하면 이것 또한 당신에게 더 없는 선물이 될 것 같네요.

여보, 그날을 위해 파이팅이고 사랑해요.

벌써 5일째구나?

전화만 하면 울어 버리는 막내아들아! 아직 초등학교 1학년이라 어린 줄 알지만 엄마는 더욱 정의로운 일을 하기 위해서 너희들 눈에 눈물을 흘리게 하는구나.

지금은 우리가 너무나 힘들고 괴롭지만 참고 이겨 낸다면 너희들은 노동자가 되어도 비정규직이 없는 세상에서 살 수 있지 않겠니? 엄마가 너희들을 너무나 사랑하기에 자본가와 어깨를 나란히 공존하는 세상을 만들어 주고 싶구나.

사랑하는 큰딸, 혼자 기말고사 준비하느라 많이 힘들지? 정말 미안하구나. 엄마가 어깨도 주물러 주고 학원에서 오는 길 무섭지 않게 마중도 나가야 되는데, 정말 미안하구나. 노동자가 중심이 되는 날이 오면 이 모든 것을 엄마가 다 보상해 줄게. 조금만 더 힘내자.

사랑하는 당신에게

지금은 편지 쓰는 시간이에요. 이 순간 노조원의 처참한 심정을 가장 소중하고 존경스런, 아님 아무나 기억나는 사람에게 편지를 쓰래요.

무더운 날씨에 가장 고생을 많이 하는 당신께 씁니다.

내가 힘든 역경 속에서 살아가야 하는 존재지만 언젠가는 희망이라는 두 글자가 우리 가족을 위해 비추어 주리라 믿으며.

항상 미안하고 그래요.

하루가 지나면 힘든 고통이 끝나리라 믿었건만 인생이란 그렇게 안 되네요. 또다시 또 다른 또 고통의 나날이 다가오네요.

이게 인생인가 봐요.

사랑하는 미진이 아빠, 미선이 아빠!

제일 존경스럽습니다.

매사에 열심히 사시고 노력하고 인생의 맛을 느끼며 사시는 모습이
존경스럽습니다.

애들한테도 항상 아빠의 그림자 모습을 자랑삼아 얘기 많이 합니다.

우리 가족 모두 함께 행복한 가족 맹그러 가요.

건강하고 멋진 인생 맹그러 가요. 화이팅!

아이 생각하면, 눈물부터 앞을 가린다

우리 은섭이 네 살 때부터 까르푸에 입사하여 떨어지지
않으려는 아이를 어린이집에 보내고 회사로 향하는 발걸음은 무거
웠지만 앞으로 나 자신을 위해 우리 가족을 위해 항상 최선을 다하
며 열심히 일했다.

그 누구보다 열심히 일했다고 생각했다. 화장실도 못 가고 식사도
제때 못해 방광염이 생겨 가며 위장약을 먹어 가며 버텨 왔다. 그렇
게 해야 하는 줄만 알았다.

어느 순간 근로기준법과 노동법에 대해 알게 되고 참 미련할 정도
로 일했구나, 모르면 당하는구나, 알고 일하자 생각되어 나름대로
책도 사서 봤지만 알고만 있을 뿐 실행에 옮기기엔 우린 약자이기
에 힘들었다.

그때쯤 노동조합이라는 단체를 알았고 여러 동료들과 함께 투쟁하

는 과정에 참 많이 가까워지고 서로의 소중함도 알고 우린 우리를 사랑하는 법을 배웠다.

이번 투쟁은 정말 절실하다. 우린 궁지에 몰릴 대로 몰려 있다. 그럴수록 더욱더 강해지고 그 힘이 어디서 솟는지 우리는 안다. 내 사랑하는 가족만큼 우린 동료도 사랑한다.

우린 다짐한 게 있다. 끝까지 같이 하리라. 그 사랑하는 마음으로 나의 동료 이름을 부르고 싶다. 은주, 은숙, 혜숙, 은영, 수경, 명희, 지선, 명자, 명화, 영란 언니, 미숙 언니, 옥미 언니, 현옥 언니, 또 우리 많은 동료를 나는 사랑한다.

내 인생에서, 내 중년의 삶에서 빠질 수 없는 모든 동료들과 끝까지 함께 일하기 위해 우린 오늘도 상암까지 와서 이렇게 투쟁 중이다.

사랑하는 딸, 아들에게

그동안 잘 지냈느냐?

오랜만에 편지하는 것 같구나.

이 편지에는 아직 너희들이 이해하기 힘든 말들이 있을지 모르겠지만 어쩔 수 없구나. 아빠가 있는 이곳은 서울 마포구 월드컵경기장 내에 있는 대형 마트로 이랜드그룹 홈에버 상암점이라고 한단다. '비정규 악법 철폐'와 '부당 해고자 원직 복직', '임금 인상'을 요구하며 매장 점거 농성을 하고 있는 이랜드그룹 일반노동조합원 아주머니, 아저씨들과 함께 5일째를 맞고 있단다. 여기 모여 집회를 하고 차가운 매장 바닥에 박스를 깔고 밤을 지새우는 분들의 요구는 너무도 소박하고 간단하단다. 이 회사 회장 박성수란 사람이 돈

벌이에만 눈이 멀어 직원들 대부분을 비정규직으로 써 인건비를 줄이고 이제는 그 사람들마저 내쫓고 있단다. 아빠는 이 회사 직원도 아니고 또 이분들의 투쟁에 이해관계가 있는 것도 아니란다. 그렇지만 이분들의 투쟁은 너무도 정당하기에 오늘 여기에 있는 것이고 먼 훗날 너희들이 성인이 되었을 때 이 아빠를 이해해 준다면 그것으로 족할 것 같구나.

할아버지, 할머니께 너희들을 맡겨 놓은 지 어느덧 1년이 다되어 가는구나. 아빠의 책임도 다하지 못하면서 흔한 말로 아무 상관도 없는 그곳에서 무얼 하고 계시느냐고 물어 온다면 이 아빠는 지금은 아무 대답도 못할 것 같구나.

우리 소영이가 고등학교에 입학하는 내년 봄 이곳 생활을 청산하고 너희들 곁으로 내려가마. 그때까지는 이 아빠의 가슴과 머리가 시키는 대로 후회 없는 삶을 살고 싶구나.

잘 지내거라.

사랑한다. 내 딸아! 사랑한다. 내 아들아!

며느리 보렴

보잘것없는 시어머니가 돼서 미안하다. 네가 결혼한 지 몇 달도 안 되었는데 희준이 생일이 되었구나. 시어머니인 내가 미역국이라도 끓여서 할머니를 모시고 너희 시아버지, 나, 너희 내외, 현준, 보람이 우리 일곱 식구가 한 자리에 모여서 즐겼으면 좋았을 것을, 직장 파업 투쟁으로 월드컵점 홈에버에서 종이 박스 한 장을 깔고 내 방인 양 매일 밤을 새우면서 농성을 하느라고 집에도 못 갔다. 미안하다, 며늘아. 너는 이 시어머니의 심정을 충분히 이해하리라 믿는다. 부디 건강만 하다면 이 세상 그 무슨 금은보화라 해도 건강으로 바꾸겠니. 며늘아, 올해는 이렇게 보냈지만 다가오는 내년에는 다른 이변이 없는 한 우리가 한 자리에서 재미있는 시간을 가지자꾸나.

글을 쓰려니깐 자꾸 눈물이 먼저 앞을 가리는구나.

사랑하는 수연, 수민아

장마가 시작되었나 보다. 오늘도 추적추적 비가 내린다. 전면적인 농성이 월드컵에서 시작된 지 5일째로 접어들었다. 몇백 명의 동료들이 차디찬 바닥에 박스 한 장 깔고 누워 잠을 자는 모습을 보고 새벽 2~3시에 집으로 가는 엄마의 마음은 무척이나 무겁단다. 그러나 엄마를 절실히 기다리는 수연, 수민이를 생각하면 엄마가 두 명이었으면 하는 마음이 간절하단다. 엄마가 엄마 일로 한번도 집을 비워 본 적이 없어 엄마 없는 빈자리에 익숙하지 않은 딸들에게 이렇게 오랫동안 엄마를 그리워하게 해서 미안하구나.

그러나 수연, 수민아. 엄마가 처음에는 단순히 파트타이머, 약간의 경제적인 문제를 해결하려고 직장을 다니기 시작했지만 사회생활이 처음 생각과는 다르더구나. 4년 넘게 너무도 열심히 일한 직장에서 동료들이 해고당하고 자신도 생각지 못한 연수(교육 간 사람이 그러는데 사이비 종교집단 같다고 하더구나)를 떠나는 것을 보고 엄마는 다짐했단다.

수연이가 그랬지, 평상시 항상 엄마 일에 당당한 모습이 보기 좋고,

닮고 싶다고. 그래! 수연아 엄마는 특별히 내세울 것은 없지만 항상 가족에게나 사회생활에서나 최선을 다하며 살았고 살아야 한다는 마음이었지.

그러기에 엄마에게도 언제라도 들이댈 이랜드 회사의 횡포에 엄마의 자존심은 용납되지가 않더구나. 그래서 엄마는 동료들과 노동조합에 가입하게 되었고 일자리와 권리를 찾기 위해 가정을 뒤로 미루고 불철주야 낯설게 들리겠지만 투쟁을 하고 있단다.

엄마와 함께 밤새워 농성하는 동료들도 똑같이 수연이, 수민이처럼 이쁜 아이들이 있단다. 그 친구들도 엄마를 그리워하고 엄마들도 가족들을 그리워하지. 그렇지만 참아야 한다는 것. 왜냐하면 우리는 가족이기에 이해해 주고 배려해 줘야 하지 않겠니?

엄마와 동료들이 하는 농성은 너무도 정당하고 누구에게 양심에 부끄러운 일이 아니니까.

어쩌면 엄마가 이러는 것이 서운할지 모르지만 나중에 너희들이 커서 사회생활을 하게 되면 알거야. 왜 그토록 권리 찾기에 열심이었는지를……

엄마는 우리 딸들도 이 사회의 한 여성으로 자라면서 누구에게 꿀리지 않는 당당한 사람으로 커주길 바래……. 이렇게 편지를 쓰면서도 눈물이 나고 가족에게 미안한 마음은 어쩔 수가 없구나. 딸들아 사랑해!

이제는 장대비가 쏟아붓고 있네. 이 비가 그치면 무지개가 뜨겠지. 엄마에게로 희망의 무지개가 하루빨리 떴으면 좋겠다. 엄마나 딸들아 항상 건강하게 살자꾸나.

노무현 대통령님

저희는 홈에버 직원입니다. 저희가 투쟁하고 있는 것을 아시는지요? 저희의 꿈은 소박합니다. 가족과 내가 할 수 있는 일을 하면서 사는 것입니다. 대통령님께서 비정규직을 보호하는 법을 국회에 통과하시고 시행하는 것이 사실은 실업자를 구제하기 위해서라고 알고 있습니다. 하지만, 그 법이 노동자를 거리로 내쫓는 것입니다.

대통령님! 법이 잘못되면 고쳐야 하지 않나요? 50년을 살면서 제가 생존권을 위해 제 일터에서 투쟁할 거라고는 생각하지도 못했습니다. 제발 저희 이야기를 들어주세요. 대통령을 존경하게 해주세요. 저희들이 인간답게 살 수 있게 해주세요.

저희는 돌아가고 싶습니다

저희는 쉬고 싶습니다.

저희는 대우받고 싶습니다.

이렇듯 목소리 높여도 되지 않는다면 오로지 저희 눈에 안타까움과 눈물로 채운다면 이 슬픔은 아마 지금의 장맛비처럼 끊임없이 가슴으로 울 것입니다.

저희 대부분의 노동자는 월 100만 원에도 미치지 못하는 급여를 받아 왔으며, 비정규직인 경우 말할 나위도 없습니다. 더군다나 이랜드 인수 후 시간 외 수당을 주지 않아 급여는 오히려 줄었고 모니터링 제도 도입으로 인해 강요된 미소와, 인력 감소로 인한 노동 착취와, 비정규직과 정규직의 차별로 인한 와해가 시도되고 있습니다. 물론, 경영 측에서 본다면 우린 정당한 사람들이 아니며 불법 파업을 하는 양 떠들어댈 수도 있겠습니다. 하지만 저희는 헌법에 보장된 기본권으로 우리의 주장을 하며 이에 불응하는 회사 측 입장에서 점거 농성이 과격하게 보일지는 모르나 정당하게 행사하고 있는 것입니다. 부디 간언컨대 정부가 경제 회복을 위한 기업의 경영 정책을 지원하는 것도 좋지만 대부분의 국민들, 노동자들의 삶에도 눈과 귀를 기울이는 정책을 했으면 하는 바람입니다. 아울러 저희는 특정 기업의 이미지를 실추하거나 매도하려는 행위가 아닌 저희의 현실을 말해 두는 바임을 분명히 해두겠습니다.

노무현 대통령께

12월의 찬바람을 맞으며 저는 당신의 당선을 모두의 승리로 생각했습니다. 그 이후로 승리감은 당신의 어떤 실수들도 실수가 아닌 투쟁의 산물로 생각하는 신뢰감이 되어 왔습니다. 그리고 비정규직법이 시행되는 지금, 이 모든 생각이 뿌리부터 틀렸었다는 자괴감마저 듭니다.

예전에, 국민을 위한다는 법으로 만들어진 노동법, 국민 복지와 관련된 법들은 법전에서 죽어 지내던 시절이 있었습니다. 오늘날 당신은 또다시 그렇게 될 법을 만들고 그로 인해 수많은 사람들을 궁지에 몰아넣은 채 오늘도 FTA의 불확실한 미래에만 전력투구하고 있습니다. 없는 자를 위해 싸우던 당신이 지금은 있는 자들에게만

유리한 세상을 만드는 데 일조하고 말았습니다. 4년을, 그래도 우리
가 열심히 하면 된다고 믿었던 그 신뢰를, 당신은 청와대 안에서 간
단히 배신하고 말았습니다.

우리는 우리의 미래뿐만 아니라 노동자 모두의 미래에 대한 조그만
희망을 위해 싸웁니다. 사람이 기계 부품으로 전락하지 않는 세상
을 위해 싸우고 있습니다. 청컨대, 당신이 다루는 모든 서류 안에는
이러한 사람들과 세상과 신념이 살아 숨 쉬고 있다는 점을, 잊지 마
시기 바랍니다. 당신이 잊고 있기 때문에 우리는 싸웁니다. 당신이
잊고 있기 때문에.

우리의 대변인 국회의원님들!

제 나이 올해 50살 주부 사원입니다.

몇 년 남지 않은 직장 생활, 곱게 조용히 하고 그만두려고 하는데,
이 무슨 평지풍파입니까? 까르푸를 빈손으로 인수하여 우리를 놀
라게 하던 이랜드 자본이 직원을 완전 고용 승계한다고 해서 조금
은 안심하고 힘들지만 즐겁게 일하고 있었습니다.

그런데 이 무슨 날벼락! 벌써 농성 5일차입니다.

회사에서는 꿈쩍도 안하고 우리들을 법적 대응하네, 어쩌네 하며
겁을 줍니다. 자꾸자꾸 슬퍼지고 더 독이 오르려 합니다. 우리가 직
장을 잃지 않도록 도와주세요. 더 이상 우리를 힘들게 하지 않고 직
장으로 돌아갈 수 있도록 중재해 주십시오. 뭘 믿고 저러는지 이랜
드 자본은 꿈쩍도 안합니다. 여론이 지켜보고 있습니다. 우리를 도
와주십시오. 부탁합니다.

비정규직 보호법을 통과시킨 의원들에게

그대 의원님들은 머리가 있는 건가요. 마음은 있는 건가
요. 국민의 일꾼이 되겠다던 의원님들 오히려 우리를 일꾼 삼고 있
진 않으신지. 그렇지 않고서야 이 악법을 통과시키다니. 우리도 여
러분들을 뽑을 때 비정규직으로 뽑아도 되는 건지, 알고 싶네요. 여
러분이 실제 비정규직이 됐을 때 이 법을 통과시킬지 알고 싶네요.
정신 똑바로 차리세요~. 이 생선 대가리 의원님들…….

박성수 회장

펜으로 편지를 쓰는 게 얼마만인지 모릅니다.
그 영광을 당신께 드립니다.
우리 노동자들은 당신의 그 알량한 경영 방침 때문에 죽어 가고 있
습니다. 십일조로 130억을 내면서 당신의 사업장에서 일하고 있는
노동자들에게는 그렇게 한 푼이 아깝습니까? 우리 노동자들 지난
토요일부터 오늘 수요일까지 벌써 5일째 농성 중입니다. 이랜드 문
제 박성수 당신이 해결해야 합니다. 언론에 비정규직 차별한 적 없
다고 떠드는 언론플레이 그만두시고 하루빨리 이 문제 해결하시기
바랍니다. 이곳 홈에버 상암점은 밤이 되면 아주 춥습니다. 당신은
따뜻한 곳에서 편하게 자면서 이곳 노동자들은 생각 안 하시나요?
교회에서는 모든 사람을 사랑하라고 한다지요?
박성수 당신의 마음속 예수는 어떤 모습일지 궁금하네요. 우리 노
동자도 똑같은 사람입니다. 한번 쓰고 버리는 일회용품이 아닌 인

간 대 인간으로 대접해 주십시오! 비정규직 직원들 정규직화해 주세요. 캐셔 같은 상시 업무는 정규직화해야 합니다. 제발 노동자들 눈에서 눈물 나게 하지 마세요. 우리를 집으로 돌아가게 해주세요. ……"엄마! 고기반찬 없나요? 없어! 비정규직이잖아."

박성수 회장님, 아니 장로님

신앙인의 양심으로 돌아가셔서 장로님이 믿는 또한 내가 믿는 예수님을 욕보이지 마세요.

많은 복을 받으신 존경받을 장로님.

장로님을 복 주실 때는 가난한 자에게 나눠주고 소외된 자와 함께하라고 복 주신 겁니다.

욕심이 잉태한즉 죄를 낳고 죄가 장성한즉 사망을 낳는다고 하였습니다.

더 이상, 욕심 부리지 마시고 가진 것 나누시고 더 많은 복 누리시길 바랍니다.

우리의 요구는 소박합니다.

일자리, 안정되게 해달라는 것.

있는 자리에서 불안하지 않게 일하게 해달라는 것.

예수님이라면 어떻게 하실까요?

보안 직원에게

여러 날들을 우리와 함께 하느라 무척이나 고생이 많은 줄 아오.

하루 종일 움직임 없이 서 있으니 그 얼마나 힘드시오.

여러분들도 우리와 같이 월급쟁이, 비정규직임을 우리도 그리고 여러분들도 잘 알고 있지만 현실에 각자 주어진 업무에 소홀함이 없고저 그 자리에 그렇게 서 있는 게 아니겠소.

서로가 무슨 죄가 있겠소만 조금씩 현실에 귀 기울여 준다면 며칠째 집에도 못 들어가면서 투쟁을 외치는 우리를 이해해 줄 거라 믿어 의심치 않소.

또한 조금씩 우리의 현실에 관심을 가져 준다면 가정을 뒤로 하고 투쟁을 외치는 우리 비정규직들을 충분히 이해해 주실 거라 믿소.

보안 직원 여러분, 힘들겠지만 서로 미워하는 마음, 경계하는 마음 갖지 말도록 합시다.

끝까지 싸워서 승리할 수 있도록 마음속으로 지지해 줄 거라 믿소.

고객님들께

저희는 이랜드 홈에버에 근무하는 비정규직 사원들입니다. 이렇게 농성하는 우리를 탄압하는 박성수를 만나고자 힘들게 농성 중입니다.

이미 여러 공중파에서 보도되었듯이 우리는 비정규직 악법을 철폐하고자 하며 우리의 자리를 지키고자 합니다.

저희를 이해해 주시기 바라며 이 농성이 끝나서 근무에 복귀하게 되면 보다 나은 서비스로 고객님들께 보답하겠습니다.

조금의 불편을 잘 참아 주셔서 대단히 고맙습니다.

난생 처음 좋은 경험이라고 하면 좋은 것이겠지만 안 해봐도 되는 경험을 하고 있습니다. 내가 이 직장에서 이런 상황을 맞이할 줄은 몰랐습니다. 남편이 어느 날 갑자기 하늘나라로 가고 정신없이 생계를 지켜야 한다는 마음으로 직장을 다니게 되면서 진짜로 정말 열심히 다녔습니다. 나이 어린 윗사람에게 수치와 모멸, 실망, 절망, 무시를 당하면서도 이 자리를 지켜 왔는데……

정말 무노동 무임금으로 이 투쟁을 하고 있는 마음, 정말 무겁고 힘이 들지만 여러 사람의 힘을 합해서 이 투쟁이 잘 되었으면 하는 생각을 합니다.

정말 생각을 하고 또 하고 또 해도 박성수 정말 나쁜 놈입니다. 이 많은 사람 맘과 몸을 아프게 하고 천벌받을 것입니다. 잠시 교대하고 집에 가면 아들이 물어봅니다. "어찌 됐냐"고. "아직 계속 농성 중"이라고 하면 아들이 계속 끝까지 해야 한다고 그래서 힘을 받고 옵니다. 너무 답답한 마음으로 기도도 해보고 하늘에 있는 남편에게 박성수 맘 좀 돌려 주게 해달라고 하기도 합니다. 꿈도 꾸지요. 투쟁을 승리한 꿈도 꾸기도 합니다. 저희 자식들한테는 이런 일을 겪지 않게 하고 싶습니다.

우리나라에 살고 있는 모든 분들께 부탁드립니다. 이런 나쁘고 악질적인 사업가는 없애야 합니다. 우리가 무리한 요구를 하는 것이 아닙니다. 나라에서 만들어 놓았고 만든 거, 해달라고 하는 것입니다. 제발 우리의 소원, 우리의 요구를 들어주도록 도와주세요.

홈에버 관계자 여러분!

아름다운 한강철교를 건너면서…… 하루 2교대 오늘은 밤 근무.

밤 10시까지 상암점에 오기 위해 부천에서 버스를 탄다. 성산대교를 지나 색색의 조명으로 빛나는 한강의 다리들을 보며 우리 비정규직의 앞날도 이렇게 아름다울 수 있을까 생각해 본다.

그럴 수 있다는 희망으로 마음을 다잡는다. 비정규직의 서러움은 현장에서도 구구절절한데, 내 직장, 내 동료들, 정규직, 중규직, 비정규직으로 서로 견제하며 차가운 시멘트 바닥에 몸을 눕히면 한없는 한숨으로 가슴이 저려 온다.

나를 위해서가 아니라 모든 비정규직을 위해서 무엇을 해야 하고 어떻게 해야 하는지 이번 투쟁에서 절절하게 깨달으며 승리할 것이라고 흩어진 마음을 다잡는다. 후대에게 좋은 일터에서 차별 없는 근무를 할 수 있도록 힘차게 투쟁한다. 가족을 챙기지 못해 미안하지만…….

관계자는 협상 테이블에 나와서 우리의 심정을 듣고 논하고 우리가 일터로 복귀할 수 있도록 최선의 노력을 다해 주기 바랍니다.

파업한 지도 꽤 지나고 상암점에서 먹고 자고 한 지도 며칠이 지났다. 집에서는 남편이 아이들 학교 보내고 밥 먹이고……. 내가 지금 여기 있는 것은 내일을 위하여, 나의 아이들이 비정규직이 되지 않고 정규직으로 살아가게끔 조금 노력하는 것이다.

비정규직 철폐 파업을 한다고 남편에게 말했을 때, 왜 당신은 정규직인데 파업하느냐고 물었다. 난 자신 있게 대답했다. 내가 비정규직일 때 느꼈던 설움을, 정규직과 같은 일을 하고도 보너스도 못 받을 때의 울분을, 지금은 비정규직이 느끼는 것이다. 또 하나는 나의 사랑하는 아들, 딸이 정규직이 되기 위한 투쟁…….

항상 아이들에게 비정규직이 무엇인지 말하고 어떻게 해야 되겠느냐고 물어본다.

왜 똑같이 태어나서 어떤 사람은 정규직, 어떤 이는 비정규직으로 살아가야만 하는가?

한국을 떠나는 것이 좋을까? 떠나고 싶은 마음이 항상 마음 한 구석에 자리 잡고 있다. 아이들을 위해, 회피하기 위해…….

이랜드일반노조 투쟁 일지

따옴표 안은 월드컵분회 조합원 최승진(여, 39) 씨의 개인 수첩에서 발췌한 투쟁 기록입니다.

시기		주요 내용
2006	11월~	2005년 3월 만료된 이랜드노동조합의 단체협약을 일방적으로 해지하고 이후 이를 빌미로 부당노동행위 자행
2007	1월23~30일	총회 : 이랜드노동조합과 까르푸노동조합이 통합해 이랜드일반노동조합 창립 및 1기 임원 선출
	2월1일	2000년 이랜드노동조합 활동을 문제 삼아 홍윤경 신입 사무국장을 징계 해고 → 지방노동위원회에서 부당해고 판정
	4월17일	비정규직 첫 번째 해고자 발생 → 6월 20일, 부당해고 구제신청 심문회의 결과, 부당해고 판정을 받음
	~5월18일	단체협약 제16조(18개월이 넘은 직원은 특별한 사유가 없는 한 계약 해지를 이유로 해고할 수 없음)에도 불구하고 계약 만료를 이유로 조합원에 대한 해고가 계속 잇따름 → 부당노동행위 판정
	5월21일	사 측의 계속된 교섭 해태와 부당 해고로 인한 노동쟁의 행위 발생 통보
	5월31일	중앙노동위원회에서 조정회의를 진행했으나 ㈜이랜드월드의 2007년 임금 인상 부분을 제외하고는 합의에 이르지 못하고 결렬된 채 조정이 종료됨 → 쟁의행위 발생 통보
	6월10일	1차 뉴코아―이랜드일반노조 공동총파업 돌입
	6월16~17일	2차 뉴코아―이랜드일반노조 공동총파업 돌입
	6월23일	3차 공동파업→ 뉴코아노조는 무기한 전면 파업에 돌입한 후 매일 매장 매출 '제로' 만들기 투쟁을 전개
	6월30일	1차 점거 농성: 이랜드일반노조 홈에버 상암점에서 무기한 점거 농성 돌입
	7월6일	이랜드 지도부 6명 체포 영장 발부, 1차 교섭(관악지청) /파업 이후 첫 교섭 → 사 측 기존 입장 고수
	7월8일	민주노총 1차 전국 이랜드 매장 매출 제로 투쟁(16개 매장 영업 중단, 21개 매장 앞 집회)
	7월12일	월드컵 농성장 봉쇄
	7월13일	봉쇄된 상암농성장 농성 교대 위해 진입하다가 26명 연행
	7월18일	국가인권위원회 긴급 구제 신청 결과 발표 → 이랜드 농성장 소방시설 용접 봉쇄는 중대한 인권 침해/14시 : 이상수 장관 공권력 투입 언급
	7월20일	10시경 : 공권력 투입하여 상암 월드컵점, 강남 뉴코아점을 각각 점거 농성 중인 168명을 2개 매장에서 연행
	7월21일	민주노총 2차 전국 이랜드매장 매출 제로 투쟁 / 나쁜 기업 이랜드 불매 1차 시민행동과 공대위 공동행동
	7월25일	㈜이랜드 측이 민주노총, 서비스연맹, 이랜드노조 등과 조합원 9명을 상대로 영업방해금지가처분 신청 받아들여짐
	7월26일	이남신 수석부위원장, 이경옥 부위원장 재영장 실질 심사 → 구속
	7월29일	2차 점거 농성 : 뉴코아 강남점 점거(뉴코아―이랜드일반노조 공동으로) : 새벽 1시
	7월31일	강남 농성장 침탈됨 → 196명 연행 → 민주노총 기자회견 및 산별 대표자 회의
	8월5일	민주노총 4차 매출 타격 투쟁
	8월15일	16시 면목에서 매출 제로 투쟁. 수백 명의 경찰이 미리 매장을 봉쇄하고 있었으며 시위대에 폭력을 휘둘러 8명을 연행하고 2명의 조합원이 병원으로 후송됨
	8월16일	민주노총 1,000인 선봉대 발대식 : 홈에버 집회 시 사 측 용역 및 점주들이 옥상에서 동시다발로 계란 투척
	8월18일	1,000인 선봉대 투쟁 3일째/서울역 집회 : 비정규직악법 전면 재개정! 이랜드 투쟁 승리!를 위한 전국노동자 대회
	8월21일	울산 홈에버 매장 진입, 계산대 점거 이후 매일 세 시간씩 계산대 점거하기 시작
	8월25일	전국 동시다발 매장 앞 집회 : 서울 2곳, 순천, 충남, 해운대, 울산 매장 봉쇄/월드컵에서 사 측 구사대 폭력 기승 : 조합원 수십 명 폭행, 3명이 병원에 실려 감
	8월31일	상암 월드컵 봉쇄 투쟁 → 경찰 과잉 진압으로 연행자 16명 발생

2007	9월 04일	불광동 2001아울렛 봉쇄 투쟁 → 구사대 200여 명 도발(14여 명 부상) /집회 후 해산하는 조합원 폭행 "처음이자 마지막이 됐다. 술 처먹고 난동 부려 물통 날아와. 집회 끝나고 가는데 [구사대개] 떼로 몰려와 구사일생으로 빠져 나옴."
	9월 08일	이랜드, 뉴코아 집중 투쟁-민주노총 1차 상경 투쟁(4명 연행, 1명 구속)
	9월 09일	뉴코아 강남점 구사대 폭력 극에 달함, 지하철까지 쫓아다니며 폭력 행사(무기 동원: 얼린 물, 짱돌), 응급 후송 1명, 부상 수십 명 발생
	9월 10일	목동 홈에버 집회 중 연행자 발생(집회 신고된 장소-3명 연행, 경찰의 탄압도 극에 달함 " 맥 빠지는 날. 뭐했나."
	9월 16일	3차 점거 농성 : 홈에버 면목점 점거, 3시간 만에 침탈(점거자 연행 55명. 연대 학생 101명 연행) "점거 세 시간 만에 아쉽다."
	9월 16~18일	추석 전 집중 매장 봉쇄 투쟁 전개
	9월 22일	02시 : 박승권 정책국장 강제 연행, 11시 : 장석주 직무대행 강제 연행, 간부 2명 체포 영장 발부 "9월 24일부터 26일까지 추석 연휴, 처음으로 쉰다. 명절 파업이다."
	9월 28일	민주노총 총력투쟁 결의대회 "파업하며 느낀 거 하나. 항상 말만 앞선다는 거. 실망이다."
	10월 11일	비정규 고용 개선을 위한 노사정 대 토론회 참석 조합원 연행(이랜드 16명 외 42명 연행)
	10월 22일	김경욱 위원장 석방(징역 10월 집행유예 1년)
	10월 23일	국정감사(환경노동위 오상흔, 최종량 증인 심문)
	10월 24일	민주노총 전북본부 총파업(1,200여 명 총파업)
	11월 10일	전국노동자대회 전야제(19시부터 실천 투쟁 : 매장 봉쇄 투쟁, 23시부터 문화제)
	11월 11일	전국노동자대회 및 전국여성대회 "멋졌다. 내가 파업 중이 아니었다면 조합원이 아니었다면 구경도 못해 볼 광경이었다. 수많은 깃발, 인파."
	11월 13일	조합원총회(산성교회)/19시 : 상암월드컵 한기연 학생동지와 전태일 열사 추모 예배제
	12월 6일	신도림 홈에버 오픈 저지 투쟁
	12월 13일	세종문화회관 앞 권영길 대선 후보 지지선언
	12월 18일	시흥 본사 집중 타격 투쟁/종로구청 집회 → 열린 공원 집회 → 행자부 항의서한 전달 "대선을 앞두고 막판 스퍼트를 다했지만 대패했다."
	12월 21일	사랑의 교회 농성 시작
	12월 22일	시흥 본사 집중 매출 타격 투쟁 "박성수를 잡아오면 1억 원을 현금으로 준다는 위원장님의 발언 좋았다. 단, 죽이지 말고. 그리고 우린 몽둥이를 준비하면 된다 했다. 미친개에겐 몽둥이가 약이기에. ㅋㅋ. 권성현 동지에게 고맙다. CD 선물까지. "
	12월 23일	평촌 뉴코아 집중 매출 타격 투쟁, 시흥점·중계점·구월점, 집회 "대따 추웠다. 바람이 장난 아니었다. 자판기 커피 400원 어묵 700원 비싸다. 과연 비싼만큼 맛이 있나? 없다더라."
	12월 25일	기독교 대책위 주관 "이랜드 비정규 노동자들과 함께하는 성탄 연합 예배"
	12월 30일	월드컵과 시흥 본사 집회(분회별 2팀으로 나뉘어) "지대위와 함께 송년모임도 했다. 연대 학생식당에서 너무 추워서 옷을 칭칭 싸매고 먹었다. 나름 재밌었다."

2008	1월 2일	조합원 시무식(마석 모란공원) 후 공동체 놀이 및 뒤풀이 "모란공원 열사묘 다녀왔다. YMCA에서 공동체 놀이 했고, 간단하게 맥주로 뒤풀이했다. 새해 첫날 달랑 여섯 명만 나왔다니 실망이다. 우리의 투쟁의지는 어디서……."
	1월 9일	총연맹 중앙위원회(김경욱 위원장). 용산 세대위 집중집회(일산분회). 쟁대위 "시흥집회 및 가두 행진했다. 시흥에만 가면 너무 춥다. ㅠ.ㅠ"
	1월 10일	인수위 기자회견(공투본). 사랑의교회 집중집회
	1월 11일	한솔, 신공항분회 연대집회. 시흥점 200일 문화제 사전집회 이랜드 200일 문화제 "허벌나게 눈 제대로 내렸다. 문화제 시작하자 그침."
	1월 12일	신도림 선전전. 여주 농민회와 자매결연(월드컵분회)
	1월 15일	이상수집 앞 집회 → 이상수 사무실 행진 집회 → 면목점 앞 문화제/태안기름제거 자원봉사(신청자에 한해)
	1월 16일	조합원 총회(무료 진료) "주영과 마포경찰서 집회 신고하러 갔다. '언 넘'이 먼저 와 있어 '마포 농수산물센터' 건너편 2월 9일부터 15일까지 집회 신고 냄. 14시 30분 산업선교회 총회. 생계비 일부 지급. 역시 말 많았다."
	1월 24일	안양 홈에버 집회 → 행진 → 안양 2001아울렛 마무리 집회
	2월 1일	면목 홈에버 집회 및 문화제(서울 본부 주관)
	2월 12일	의류 브랜드 압박 투쟁 시작/현대백화점 미아점 집회 / "후아유" 퇴출 요구
	2월 18일	민주노총 투쟁 사업장 공동 투쟁
	3월 8일	세계 여성의 날 여성대회 참석 및 월드컵 홈에버 문화제
	3월 9일	민주노총 긴급회의 "지도부들 함내세요!!! 특히 위원장님 눈물 펑펑!! 슬펐다. 이런 현실이……. 식사에 술 한잔하고 귀가."
	3월 30일	이남신 수석부위원장(진보신당 비례대표 2번) 월드컵 홈에버 앞 기자회견
	3월 31일	산업선교회 총회, 사무금융 집회, 코스콤 문화제 "고강도 투쟁이 뭔데……. 구속? 결의?! 이제 옳지 않아!!"
	4월 10일	이랜드 리테일 교섭 → 시작도 못 하고 목동 투쟁 문제 삼아 무산/이랜드 교섭 → 무산
	4월 11일	충남본부 주최 이랜드 투쟁 기금 마련 연대 주점
	4월 19일	이랜드 투쟁 300일 결의대회 및 문화제(홈에버 월드컵점)
	4월 25일	시흥점 집회, 임시 대의원 대회(매각설 관련 규약 개정, 08년 임단협 요구)
	5월 1일	제118주년 세계 노동절 기념 대회
	5월 3일	홈에버 목동/야탑점 현장 선전전, 월드컵분회 분회 설립 1주년 전진대회, 쟁대위
	5월 8일	비정규직 해고자 집단 소송 기자회견
	5월 9일	목동 선전전, 쟁대위 "오전에 정형외과 다녀옴. 말로만 듣던 '일자목'이 나타남. 목동점 정말 악질!!! 지랄!"
	5월 10일	면목 홈에버 앞 집중 집회
	5월 13일	조합원 총회 및 현장 선전전, 사랑의교회 오정현 목사와 면담
	5월 14일	홍콩 원정 투쟁단 기자회견, 시흥 집회 및 문화제. 이랜드 홈에버 삼성테스크로 매각 결정, 기자회견
	5월 15일	사랑의교회 앞 기자회견 및 약식 집회, 쟁대위
	5월 22일	홈플러스에서 홈에버에 인수팀 34명 파견함 "삼성 경영권 노조에 대한 혐오증. 돈을 최대한 모으자. 5~6년 뒤를 생각해서. 빚 청산도 해야 되고. 장기적 고민이 필요. 최대한 얻어 갈 수 있는 타협을 볼 거다. '조직력' 떨어지지 않아야. 끝까지 모든 행사에서 활기차게 지도부와 민노총 사이 껄끄럽다. 수습해야 함. 민노총 관계를 다시 회복해 가야. 이랜드 홈에버에서 지도부 일단 함께 가야. 교섭을 따로따로 노조회의는 함께. 현장 확산. 조직 문제다."